Chroniques de la connerie chronique

Tome 3

Dans la même collection

Les Imposteurs, Cavanna, 2003.
Manuel de self-control à l'usage des parents, Pierre Antilogus, Jean-Louis Festjens, 2003.
Chroniques des choses grandes et magnifiques, morceaux choisis, Alexandre Vialatte, 2003.
Chroniques insolentes, Laurent Ruquier, 2003.
Pas de pitié pour les oncles !, P. G. Wodehouse, 2004.
Chroniques de la connerie chronique, Guy Carlier, 2004.
Textes de scène, Alex Métayer, 2004.
Bête de scène, Guy Bedos, 2004.
Portraits télé, Antoine de Caunes, Albert Algoud, 2005.
Le Grand Sottisier des journalistes, Philippe Mignaval, 2006.
Le Petit Militant illustré, Plantu, 2006.
Journal d'un bon vivant, Philippe Bouvard, 2006.
Éloge du Moi et autres pensées, Daniel Prévost, 2006.
Nouvelles chroniques de la connerie chronique, Guy Carlier, 2007.
La Morale et les droits de la femme, Wolinski, 2007.
Le Grand Livre de l'humour noir, Philippe Héraclès, 2007.

Guy Carlier

CHRONIQUES DE LA CONNERIE CHRONIQUE

TOME 3

Bibliothèque de l'humour

Carlier libre

suivi de

Un an dans le bocal

HORS COLLECTION

ISBN : 978-2-258-07390-6
Numéro d'éditeur : 955

Retrouvez-nous sur Internet : www.horscollection.com

CARLIER LIBRE

À Mathilde et Paul-Hugo, beaux enfants.
À Stéphane et Raphaël, si beaux enfants.

À Jean-Luc Hees

Contrairement à ce qu'on a pu lire dans la presse, il n'y a pas eu, à France Inter, après l'entrée en fonctions du nouveau président, de chasse aux sorcières.

La preuve, c'est qu'Edwige Antier et Macha Béranger sont toujours là. Nos sorcières n'ont donc pas été chassées et il faut en donner acte à monsieur Cluzel.

Bon, si on veut pinailler, pas de chasse aux sorcières, mais on note quand même une petite battue au Jean-Luc Hees.

C'est un drôle d'animal, le Jean-Luc Hees. Le nôtre était un vieux mâle à la crinière blanche. Pour le faire sortir de sa tanière, il suffisait de faire passer dans le couloir une assistante de moins de 25 ans à la cuisse longue et au pull trop court laissant apparaître un petit ventre du meilleur aloi.

Le Jean-Luc Hees est un vieux fauve qui avait creusé son terrier à la Maison de la Radio. Parce qu'il aimait le service public, parce qu'il aimait cette maison ronde.

Tout ça pour vous dire que si je suis triste ce matin, c'est d'une part parce que Jean-François Kahn a rasé sa moustache ridicule qui faisait notre joie, mais surtout parce qu'un vieux fauve me manque…

De penser qu'on ne le verra plus là-haut en régie, lorsque nous recevons une jeune comédienne, que je ne lui piquerai plus sa table au restau d'en face où il déjeunait souvent seul avec pour uniques compagnons deux livres (le premier, qu'il ne lisait pas, était généralement un Jim Harrison en version originale qui servait à cacher en dessous les Mémoires de Loana).

Cher Jean-Luc, ton sourire fatigué, ta paupière désabusée et ta voix magnifique nous manquent déjà.

APPELS D'URGENCE

FÉVRIER 2004

Voici la Saint-Valentin avec son cortège d'anecdotes émouvantes et de cadeaux échangés par les amoureux. La télévision n'échappe pas à la règle, puisque cette semaine… Ah ! excusez-moi *(une larme coule)*, j'avais pourtant décidé de ne pas succomber à l'émotion, mais quand l'amour est là…

Je persifle, mais la télévision est capable de nous offrir de merveilleuses histoires d'amour. Il en est une, symbole de pureté, de candeur et d'innocence, c'est la romance que vit Carole Rousseau avec un producteur d'émissions racoleuses dont je tairai le nom.

Quoi qu'il en soit, ces deux-là ressemblent à deux enfants et pour la Saint-Valentin, il ne lui a pas offert un voyage à Venise, il ne lui a pas écrit de poème enflammé, non, il a fait bien mieux, pour la Saint-Valentin, son prince charmant a offert à Carole Rousseau… une émission de merde.

Et ce présent n'en a que plus de valeur, qu'il l'a réalisé lui-même, un peu comme les enfants fabriquent des colliers de nouilles à leur maman.

Il est rentré un soir dans leur nid d'amour, un appartement exquis avec au mur des photos de leur bonheur, par exemple celle du *Droit de savoir* où l'on voit un Arabe tabassé par la brigade anti-criminalité. Au-dessus de la télévision, dans un cadre, une photo de son émission à elle, *Scrupules*, où l'on voit le mari handicapé supplier sa femme de ne pas le quitter pendant qu'en arrière-plan Carole Rousseau annonce avec un grand sourire que 67 % du public souhaite qu'elle le quitte, et puis cette autre photo, très émouvante, prise lors du tournage de *C'est quoi l'amour ?* Alors qu'une actrice porno tournait une scène de double pénétration sous les yeux de sa maman, laquelle expliquait *mezza vocce* – pour pas déranger les comédiens – qu'elle suivait sa fille partout parce qu'elle avait peur « qu'il lui arrive des choses ».

Le fiancé de Carole est donc rentré l'autre soir avec un paquet-cadeau. Carole, toute joyeuse, a demandé :

« C'est pour moi ?

– Bonne Saint-Valentin ma chérie », lui a-t-il répondu en lui tendant le cadeau.

C'était la cassette d'une émission racoleuse de TF1. Carole a ouvert fébrilement l'emballage et a lu le sommaire : les policiers qui démantèlent un trafic de hasch dans une cité des Hauts-de-Seine avec la planque des flics dans un appartement en face du hall d'immeuble où agissaient les petits dealers.

Mais le cadeau ne s'arrêtait pas là. Son amoureux lui a offert en plus de présenter l'émission !

Voilà pourquoi, mercredi en deuxième partie de soirée, Carole nous a annoncé avec gourmandise le sommaire de l'émission en précisant :

« Après le reportage sur la brigade de sûreté des Hauts-de-Seine et le trafic de drogue, nous verrons un deuxième reportage *(NdA : et là, je vous demande de me croire, je vous jure que c'est vrai),* sur un délit en pleine augmentation... le vol de pelleteuses. Car dans nos banlieues, on vole de plus en plus de pelleteuses, et nous avons suivi les policiers de la sûreté des Hauts-de-Seine dans une poursuite après des voleurs de pelleteuses. »

Remarquez, une poursuite de flics derrière une pelleteuse, ils ne risquaient pas de dépasser les limitations de vitesse. C'était une poursuite pour Navarro, il aurait installé le gyrophare, attaché sa ceinture, mis en marche une cassette de Franck Mickael et en avant !

Tout ça prêterait à rire si Carole n'avait conclu sa présentation en disant : « Quand le rap dérape, voici "Razzia sur Nanterre". »

Et voilà : le rap, les dealers, les Arabes, les voleurs de pelleteuses et le mot *razzia*, rien ne manque.

Bonne Saint-Valentin, mes chéris.

BACHELOR

JANVIER 2004 (I)

Hier soir, j'ai regardé le *Bachelor* sur M6. Vous remarquerez qu'on dit le *Bachelor* tout court et non plus le millionnaire comme avec Greg, vous vous souvenez de Greg le soi-disant millionnaire ? Remarquez, moi, dès le début j'ai eu des doutes, le jour où il a retiré de l'argent avec une carte Indigo.

Le Bachelor se prénomme Steven. Il prétend qu'il possède deux restaurants à New York. En fait, il accueille les clients et il passe un coup de balai à la fin du service.

Quant aux filles, elles se prénomment Candice, Karine ou Morgan et elles passent leur temps à répéter des phrases du genre : « Les sentiments, c'est pas évident à gérer. »

Remarquons qu'à la base, il faut qu'elles soient particulièrement idiotes pour croire qu'un type jeune, beau et riche vivant à New York a besoin d'écrire à M6 pour rencontrer la femme de sa vie.

Remarquons aussi qu'il n'est guère mieux doté du point de vue cérébral, puisqu'il répète sans arrêt : « Je sais pas où j'en suis. »

Autant vous dire que les dialogues deviennent vite assez lassants, puisque les filles ne cessent de rabâcher : « Je ne croyais pas que je tomberais amoureuse, mais les sentiments, c'est pas évident à gérer », tandis que le Bachelor répond inexorablement : « Je sais pas où j'en suis. »

Du coup, en raison de son Q.I. évoqué ci-dessus et de son vocabulaire limité, dans l'épisode d'hier soir, les producteurs ont fait venir dans la maison des filles la sœur de Steven, prénommée Stéphanie, dont la mission était de décrire aux candidates la personnalité de son frère. La Stéphanie en question commença en disant : « Vous ne pouvez pas imaginer à quel point il est généreux. » Oui, ça c'est à cause de la crêpe au sucre. Il avait invité une fille dans une crêperie et comme elle en avait pris une au Grand Marnier et lui au sucre, il a voulu que chacun paie sa part. Non, je déconne, mais ce qui est vrai, c'est qu'elle expliquait aux filles à quel point Steven était généreux, en leur disant : « Des fois, c'en est gênant tellement il est généreux, y a même des fois où les gens sont tellement impressionnés par sa générosité qu'ils disent… ouah ! »

Là, je pense qu'elle a parlé chien volontairement pour être sûre que les filles comprennent. Et elle n'a pas eu tort, vu qu'on venait d'entendre Sarah déclarer : « J'aimerais arriver un jour à être aussi heureuse que je le suis… » Après une phrase comme ça, y a rien d'autre à dire que « ouah ! »… ou « miaou », à la rigueur.

Pendant l'émission, on assiste à une série d'activités et pour chacune d'elles le célibataire choisit une fille comme compagne. La première épreuve consistait en une randonnée en spéléo et c'est Sarah-30 ans-mannequin qui a été choisie. Elle a compris de quoi il s'agissait car elle a déclaré : « Ça doit se passer dans une grotte puisque c'est de la spéléo. »

Dans la grotte, la production avait installé des centaines de bougies et dressé une table. C'était très joli, ça faisait une lumière un peu David Hamilton, mais ça n'a pas duré vu qu'avec l'élévation de la température due aux flammes des bougies, l'eau s'est mise à suinter du plafond, c'était surréaliste : ils étaient tous les deux à table pour un dîner romantique et on voyait de grosses gouttes qui leur tombaient dessus. Lui était trempé, son costume lui collait au corps, et la fille grelottait. À un moment, elle a servi le café à côté de la tasse, personne ne s'en est rendu compte tant c'était la débâcle, pendant que les deux andouilles faisaient semblant de passer une soirée romantique, comme le leur avait demandé la production…

Ensuite, il y eut un grand moment avec le saut en parachute. Pour cette épreuve, le Bachelor avait choisi Nathalie-chef de produit, qui déclara : « Il a compris que j'étais une femme de l'extrême et puis, surtout, il veut vivre l'intimité à 4 000 mètres d'altitude. »

Là, pour l'intimité à 4 000, c'était un peu râpé, vu qu'ils sautaient avec chacun un moniteur collé dans le dos. Précisons que les moniteurs avaient choisi leur élève et que celui qui avait choisi le Bachelor revenait juste d'un stage à Mýkonos. Arrivé en bas, il a fallu que la sécurité intervienne pour le décoller. Est-ce pour ça que Steven, en faisant le bilan de la journée, déclara : « J'ai beaucoup été touché aujourd'hui » ?

Il y eut ensuite la journée à cheval en Camargue, et le soir, un merveilleux moment romantique où l'on eut droit à ce dialogue sublime :

La fille : – J'trouve qu'y s'passe un truc.

Le Bachelor : – Y s'passe un truc.

La fille : – Je sais pas c'que c'est, ce truc.

Le Bachelor : – C'est un truc.

La fille : – C'est un truc qu'on sait pas ce que c'est, mais que j'ai pas envie de foutre en l'air.

Et c'est vrai qu'un truc pareil, ce serait dommage de le foutre en l'air.

Comme niaise, il y a également Candice, qui ponctue toutes ses phrases en s'exclamant : « Excellent, hi hi hi ! » Le Bachelor lui a proposé d'aller au marché.

Candice : – On va au marché ? Ah ! excellent, hi hi hi !

Le Bachelor : – Oui, au marché de Saint-Tropez.

Candice : – Ah ! Saint-Tropez, excellent, hi hi hi !

Ensuite, l'épreuve consistait pour la fille à préparer le repas. Pour l'entrée c'était facile, il s'agissait de crevettes, elle n'avait donc qu'à couper un citron. Se saisissant d'un citron de la corbeille de fruits posée sur la table, elle s'écria : « Ouais ! super, couper un citron c'est pas difficile ! » À cet instant, on vit le regard atterré du Bachelor, qui se racla la gorge et qui finit par articuler : « Candice, ceci est une orange… »

Alors elle éclata de rire et s'exclama : « Une orange… Excellent, hi hi hi ! »

Mais le Bachelor excédé posa sa main sur sa bouche et lui dit : « Je te prie d'arrêter de rigoler nerveusement comme ça… »

Ensuite, il y eut la cérémonie des roses. La perdante, Marie-Laetitia, murmura : « Je pars d'ici avec une déception de plus dans ma vie… »

On avait envie de lui dire : « T'as pas fini, ma poule. »

Le Bachelor, voulant la rassurer, déclara : « C'est vrai, c'est une déception, mais c'est une déception qui n'en est pas une… »

Je ne suis pas certain qu'elle ait été vraiment rassurée.

Février 2004 (II)

Je vous sens avides de connaître les derniers rebondissements de Steven le Bachelor, d'autant que l'épisode d'hier soir était particulièrement important puisque les prétendantes présentaient le crétin à leur famille.

Rappelons qu'il ne reste que trois filles, dont Hélène. (Pour vous la situer, c'est celle qui entrait dans la piscine avec sa coupe de champagne et s'exclamait : « Oh ! putain elle est bonne. ») Hélène, et je vous demande de me croire, dont le chirurgien a refait la lèvre supérieure avec tant d'enthousiasme qu'on dirait qu'il lui a greffé un pneu de semi-remorque. En plus, il a tellement tiré les chairs que cette nouvelle configuration de la sphère ORL lui donne une voix de canard... À un moment, le chirurgien avait envie de remplir avec du cerveau, vu qu'elle n'en a pas l'utilité, mais l'opération n'est pas au point. Du coup, elle a non seulement un bec de canard, mais aussi la voix qui va avec.

Hélène avait donné rendez-vous à Steven dans un cirque et ce dernier s'exclama :
« Oh ! super, j'adore le cirque, j'y suis allé souvent.
– Ah bon ? demande Hélène. C'était quand ?
– En fait je m'en souviens plus du tout, mais je sais que j'y suis allé. »

Après le cirque, Hélène dit à Steven : « Maintenant, je vais te présenter mon papa… »

Je vous explique comment ça se passe une fois pour toutes, puisque pour chaque fille ce fut la même scène : Hélène, accompagnée de Steven, sonne au domicile familial, à Fourqueux – ça ne s'invente pas –, et là, le papa ouvre la porte et Hélène s'exclame : « Surprise ! » Le papa s'exclame à son tour : « Oh, c'est pas vrai ! », comme s'il ne s'y attendait pas, et c'est vrai qu'il ne s'y attendait pas du tout, y a juste une équipe télé avec éclairage et micro-perche dans son salon depuis trois heures, même que le monsieur du son a sali les cabinets, donc le papa d'Hélène joue la surprise comme à la répétition et tout ce petit monde s'installe autour d'une table basse et consomme du mousseux tiède en échangeant des banalités suivies de petits rires nerveux pour remplir les silences…

Pour chaque fille le cérémonial fut donc le même, le mousseux tiède suivi d'un déjeuner, avec, au milieu de la table familiale, un grand plateau de fruits de mer dans lequel chacun pioche. Cette famille recevant son futur gendre en suçant bruyamment l'intérieur de têtes de gambas, c'est le romantisme absolu comme le conçoit notre ami Gonzague Saint-Bris.

Je me demandais pourquoi des fruits de mer, j'ai compris un peu plus tard : comme la production de l'émission a besoin d'avoir les commentaires de la famille au fur et à mesure du repas et que, bien entendu, il ne faut pas que Steven soit présent, ils lui ont servi des gambas périmées. Du coup, une demi-heure après le début du repas, le Bachelor demande où sont les toilettes, et il y va cinq fois pendant le dîner, et il y reste longtemps.... Pendant ce temps-là, Marraine s'exclame : « Il est mignon », et la mère émet une réserve : « Oui, mais il vit à New York. » Heureusement, Hélène la rassure (*voix de canard*) : « Oui, mais il est prêt à quitter New York pour fonder une famille. »

Ensuite, interview de la mère, interview de Marraine. Au loin, on entend : « Excusez-moi, quelqu'un pourrait-il me passer du papier ? »

Vint ensuite le tour de Candice, qui devait présenter le Bachelor à ses parents, mais ces derniers ont refusé en lui disant : « Ma p'tite fille, que t'ailles faire la pute à la télé avec un faux milliardaire, c'est ton problème, mais ne nous le ramène pas à la maison, en plus tu sais bien qu'on est en travaux, papa refait le papier peint du couloir, tu nous auras tout fait ma pauvre fille. » Alors elle s'est retrouvée au restaurant avec sa sœur et deux copines.

Candice : « On a déjà des complicités. Par exemple, quand il a envie de m'embrasser, il souffle sur l'endroit où il souhaite le faire... » Bon ! Du coup, Candice souffre de ballonnements. Un mot aussi sur la façon de boire de Steven, il veut faire comme les sommeliers pour faire croire qu'il s'y connaît, mais il n'a pas bien compris : ça fait comme un gargarisme, en plus il fait passer le vin entre ses dents pour décoller les reliefs alimentaires. Du coup, là encore, tourista…

Février 2004 (III)

Vous vous souvenez que lorsque nous l'avons quitté la semaine dernière, le Bachelor n'avait plus que trois prétendantes, Candice, Karine et Hélène.

Hier, le thème de l'émission était : « Le Bachelor va conclure », et pour ce faire, il emmenait chacune de ses dulcinées dans un endroit idyllique.

D'abord, Steven a emmené Candice à Rome. Candice, c'est celle qui dit toujours « excellent » pour marquer une forte émotion et « ouah » pour marquer une plus forte émotion. Là, quand elle a vu le Colisée, elle s'est exclamée « excellent », et en voyant la place d'Espagne, elle a fait « Ouah ». Le soir, ils sont allés dîner dans un bar à vins. Ah ! oui, parce qu'il faut que je vous dise, ils n'arrêtent pas de picoler, c'est une ruse de la production pour que les filles soient moins sauvages. Seulement le problème, c'est que le Bachelor ne tient pas l'alcool et alors qu'au début du repas, il prend des mines en regardant la fille et qu'il lui parle en modulant dans les graves, au bout de deux ou trois verres, il a l'œil torve et lubrique, il hoche la tête comme un parkinsonien et se contente d'onomatopées baveuses. Quand je vous aurai rappelé qu'avant d'avaler chaque gorgée de vin, il procède à un gargarisme complet avec passage d'une joue à l'autre permettant un décapage interdentaire, autant vous dire que le romantisme du tête-à-tête dans un bar à vins sous la nuit romaine en a pris un coup, d'autant que cette andouille de Bachelor attend que la fille prenne une bouchée pour lui poser une question, du coup, en répondant, l'autre lui recrache sa bouchée au visage…

À la fin du repas, l'alcool aidant, la conversation eut tendance à tourner en rond. Elle disait : « On a beau dire, mais Rome c'est beau. » L'autre : « Non seulement c'est beau, mais c'est bon, le rhum. » Alors la production, voyant qu'ils ne pouvait plus parler, leur a dit : « Embrassez-vous. » Ce qu'ils ont fait, accompagnant leurs baisers de bruits de succion et en poussant des soupirs, c'était insupportable, d'autant qu'à la fin de chaque baiser, il subsistait entre leurs bouches qui s'éloignaient un très fin filet de salive qui reliait leurs lèvres luisantes à cause de l'huile d'olive. On n'était pas à Venise, mais ça faisait quand même le pont des soupirs. Ensuite, la production remettait une enveloppe dans laquelle elle proposait aux tourtereaux une nuit dans le plus grand hôtel romain, au choix pour la fille de dormir dans la même chambre ou à part.

Candice : « Je ne sais pas si je suis prête à passer la nuit avec toi. »

Dix minutes plus tard, elle était à califourchon sur lui en travers du canapé, tandis que le réalisateur faisait un plan pudique sur une rose. Du coup, on n'a pas vu qu'elle s'est arrêtée tout de suite, vu qu'elle n'aurait pas dû prendre du melon avec son jambon de Parme et qu'elle a eu la diarrhée toute la nuit.

Karine, elle, a eu droit à un voyage à Malte. Bon, là, c'était pas un palace, on sentait que la production avait fait un *deal* avec l'office du tourisme, et la chambre était assez rustique. Mais la salle de bains était bien puisqu'il y avait une baignoire avec la porte qui s'ouvre. Karine s'est exclamée : « Oh ! la baignoire de Micheline Dax, j'en rêvais ! » Là, pareil, le dîner, la picole, l'enveloppe avec le choix, la fille qui dit non, et Steven qui argumente : « Mais y a rien de sexuel, on peut se coucher ensemble dans le même lit, se serrer l'un contre l'autre et s'endormir. » Et l'autre andouille, qui avait abusé du vin de Malte, qui dit : « Ah ! bon, d'accord. » Dix minutes après, elle aussi, comme sa copine, était à califourchon sur lui en travers du canapé et le réalisateur faisait un plan pudique sur une rose.

Février 2004 (IV)

Avant de vous raconter l'émission d'hier, je dois vous faire part de quelques révélations parues dans la presse concernant notre ami Steven le Bachelor. Bon déjà, *bachelor*, ne vous affolez pas, ça veut pas dire « bachelier ». Quand on a vu l'émission, on en est convaincu. Non, *bachelor* ça signifie « célibataire ».

Ensuite, Steven, qu'on nous présentait comme un propriétaire de restaurant à New York roulant en

Porsche, est en fait serveur dans un boui-boui. Pour finir, on apprend qu'il s'est présenté au casting de l'émission non pas pour trouver l'âme sœur, mais pour chercher une partenaire dont l'exposition médiatique dans *le Bachelor* fera venir du monde dans un restau chinois qu'il veut prendre en gérance.

Vous voyez qu'une fois de plus, on est loin du romantisme annoncé et que, comme dans toutes les émissions de télé-réalité, tout le monde ment, aussi bien les producteurs que les participants. Remarquez, c'est pareil pour les candidates : celles qui se présentaient comme étudiantes en sociologie sont en fait des strip-teaseuses ayant tourné à l'occasion des films X.

À ce propos, dans l'émission d'hier, une des candidates éliminées, Marie-Laetitia, a déclaré : « J'ai quitté le jeu, parce que y a un moment où tu en as assez d'être un objet physique. Je suis pas de la viande de bimbo sans cervelle. »

Une brillante diatribe, sauf qu'elle parlait vêtue d'un tee-shirt blanc ultra-moulant et d'une minijupe sous laquelle il nous semblait apercevoir un string en fourrure.

Elle poursuivit en disant : « Je vais attaquer tous ceux qui ont dit que j'avais fait un film X, c'est n'importe quoi, j'ai fait un film érotique... avec Greg le strip-teaseur. » Celui qui est connu sous le surnom de Greg le strip-teaseur, c'est Greg le faux maçon, le faux millionnaire.

Et Marie-Laetitia conclut par cette phrase magnifique : « La plupart des garçons vont pas plus loin que mes gros seins, heureusement, y en a qui creusent… »

L'émission d'hier soir était atypique, car avant la finale entre Karine et Candice, toutes les éliminées des épisodes précédents se retrouvaient en plateau pour régler leurs comptes. L'émission était présentée par Stéphane Rottenberg, une sorte de Castaldi mais dont personne dans la famille n'a eu la chance de se faire tripoter par Yves Montand. Voici donc un compte rendu de l'épisode d'hier, qui s'intitulait « Des histoires de filles ». Avec une délicatesse inouïe, la production avait fait sponsoriser l'épisode par un fabricant de serviettes périodiques et ça commençait par une Voix *off* qui disait : « Voici des histoires de filles avec *Nana*… »

Ça a commencé par Hélène, à qui Rottenberg demanda quelle était la principale qualité du Bachelor, et qui répondit : « Il est très pénétrant… »

Évidemment, tout le monde éclata de rire, alors elle se crut obligée de préciser en haussant les épaules : « Ça, évidemment, si quand je dis pénétrant, vous pensez à la connotation pénétrant… »

Et elle enchaîna en disant : « Quand il m'a regardée, il a pas regardé seulement ma plastique, il m'a regardée moi. »

Vint ensuite Marie-Laetitia, qui confirma : « Oui, il est très pénétrant, d'ailleurs ça m'a beaucoup touchée... » Et quand Rottenberg lui a demandé : « Mais vous étiez souvent en train de pleurer ? », elle a confirmé : « Justement, j'ai pleuré parce qu'il m'a beaucoup touchée. »

Morgane habite Pau, la ville de Henri IV, ce dont elle est fière, puisqu'elle a déclaré : « Si Henri IV n'avait pas été tué par Ravaillac, il serait encore roi de France... »

Puis on eut droit à ce magnifique dialogue entre Marie-Laetitia et Morgane, rigoureusement authentique, sinon ça n'aurait pas de sens... Lors d'un épisode précédent, Marie-Laetitia, jalouse, avait jeté des cailloux sur la tente où le Bachelor avait dormi avec Morgane.

Hier soir, Marie-Laetitia commenta l'événement : « Je trouve que Steven manque de couilles », et elle ajouta perfidement :

– Envers moi en tous cas. Avec Morgane, peut-être pas, mais avec moi, oui.

Morgane : – Tu dis qu'il a pas de couilles, pourtant tu lui as bien cassé les couilles en jetant des cailloux sur la tente.

Marie-Laetitia : – Eh bien, tu veux que je te dise ? Toi, avec Henri IV, t'as cassé les couilles à tout le monde.

Et là, elle ajoute *mezza vocce* :

– De toute façon, moi je préfère être une casse-couilles plutôt qu'une salope.

Morgane : – Quoi ? Tu m'as traitée de salope ?

(*Huées du public.*)

Laetitia : « Oui, j'ai dit salope, mais à Marseille, ça veut pas dire la même chose qu'à Paris. Chez nous, une salope ça veut dire fille facile qui couche avec tout le monde… Ça veut pas dire salope…

Morgane (rassurée) : – Ah ! bon.

Ensuite, Rottenberg passa à une autre candidate.

« Hélène, votre histoire avec le Bachelor est allée *crescendo* et de plus en plus fort. »

Et toi, ma poule, tes pléonasmes, ils vont comment ?

Ensuite, on nous présenta les images du « journal intime ». Ce qu'ils appellent le journal intime, c'est comme le confessionnal, un endroit où les filles peuvent venir dire des choses essentielles :

– Je voudrais dire que personne ne joue au *Scrabble* avec moi…
– Je voudrais dire qu'il n'y a plus de balayette, elle a disparu.

Puis on eut droit à un débat sur la taille du sexe du Bachelor, certaines candidates affirmant avoir aperçu l'objet, d'autres prétendant qu'il mettait des caleçons larges pour le cacher. Bref, à l'unanimité des filles, Steven le Bachelor a une toute petite bite.

BÉNAÏM Valérie

Septembre 2004

Hier, en début d'après-midi, j'ai cru que France 3 diffusait un hommage au regretté Élie Kakou, le sketch de madame Serfati, vous vous souvenez ? Bon, très vite je me suis aperçu que c'était pas madame Serfati, mais Valérie Bénaïm dans la nouvelle émission qui remplace *C'est mon choix*.

Honnêtement, c'est la même chose, ils ont même copié grossièrement la musique, avec toujours des invités prestigieux, Sonia Dubois, Fabienne Thibeault ou le danseur blond de *Popstar*, celui qui pleurait tout le temps et qui a un fusible greffé dans l'arcade sourcilière. Un garçon au sens artistique très sûr, puisque après avoir humilié 10 000 candidats avec ses deux acolytes, il avait fini par sélectionner ceux qui sont devenus les What Four, à qui on avait promis des albums, des tournées et la gloire, et dont l'album a été retiré des bacs, la tournée annulée, et qui sont retournés au néant, avec juste dix ans de psychanalyse devant eux.

L'émission de Valérie Bénaïm ressemble donc à *C'est mon choix* en un peu moins trash, et sans Évelyne « Cruella » Thomas. Mais comme ça marche moins bien, on devine que ça va très vite retrouver le même niveau de racolage, sinon je ne lui donne pas trois mois d'existence.

Ce qui n'a pas changé, ce sont les thèmes traités et les participants. Hier, une grosse dame à lunettes qui voulait savoir comment faire pour être heureuse.

Valérie Bénaïm, hypocrite, lui demande : « Mais vous avez eu des fiancés quand même ? » L'autre : « Oui, mais y a longtemps, je crois que je les fais fuir, je crois que c'est de ma faute, parce que je ne crois pas en moi… »

Bénaïm : « Mais exactement, parce que vous êtes ravissante… Par exemple, vous avez de beaux yeux ! »

En fait, la grosse dame louchait comme Clarence, le lion de *Daktari*. Alors elle répond : « Oui, mais mes lunettes sont comme un maquillage pour moi… »

CASTALDI Benjamin

Mars 2004

On n'a pas le droit de dire que Benjamin Castaldi est un… Non, on n'a pas le droit de dire ça parce que c'est considéré comme une injure et il peut nous attaquer en justice, comme l'a fait Carole Rousseau, dont on n'a même pas dit d'ailleurs qu'elle était une… On a juste répété ce qui était écrit dans *Le Parisien*, à savoir qu'elle était heureuse en amour. Étrange époque où les animatrices se foutent complètement qu'on souligne qu'elles se vautrent dans la vulgarité la plus obscène, qu'elles présentent des émissions indignes et racoleuses, qu'elles pratiquent l'ignominie, l'indignité, la bassesse, l'abjection. Ça, pas de problème, elles s'en foutent, mais dès que tu dis qu'elles ont un amoureux, paf, elles t'envoient leur avocat.

Eh bien, Castaldi, c'est pareil : on n'a pas le droit de le traiter de… Comme ce n'est pas permis, on va juste rappeler que ce type-là a réussi à faire oublier sans peine qu'il est le petit-fils de Simone Signoret, mais nous rappelle en permanence qu'il est le fils de Castaldi, le comédien dont le talent essentiel a consisté à s'introduire une enclume dans la mâchoire.

Castaldi présente *À la recherche de la nouvelle star* sur M6, avec ses cinquante mots de vocabulaire. De toute façon, la chaîne n'exige pas plus, d'autant que le rôle de Benjamin consiste à rappeler le nom des candidats et à exhorter les téléspectateurs à téléphoner en rabâchant cette phrase qu'il a dû apprendre par cœur : « Téléphonez nombreux, car on me dit en régie que c'est très serré. »

Pourtant, hier, Benjamin a vécu une soirée difficile.

Pourtant, tout avait bien commencé. Il animait l'émission avec sa légendaire légèreté d'esprit. Par exemple, un candidat ayant chanté *J'ai encore rêvé d'elle,* il en fit des tonnes sur les draps qui s'en souviennent.

Ah ! bon, vos draps s'en souviennent ? Et à qui dédiez-vous cette chanson ? (Là, il ponctuait d'un bon gros clin d'œil.)

Bon, évidemment, le candidat qui, malgré la grossièreté de la blague, ne l'avait pas comprise (ben oui, rappelons qu'il s'agit d'un participant à un jeu de M6), le candidat lui répondit : « Je dédie la chanson à ma fiancée », et tout le monde rigola d'un rire gras.

Ne voulant pas être en reste, le jury plongea dans la grivoiserie la plus grossière puisque, après qu'une candidate eut chanté en dansant de manière particulièrement suggestive, on la qualifia de volcan – un membre du jury ajoutant : « Vous êtes un volcan et j'aimerais être votre vulcanologue. »

Ça me rappelle une mauvaise blague qui a au moins vingt ans, à l'époque où l'on disait qu'Haroun Tazieff était le gynécologue de Macha Béranger.

Quoi qu'il en soit, la soirée fut particulièrement difficile pour Castaldi. D'abord parce que c'était son anniversaire, et qu'aux répétitions on lui avait expliqué qu'à un moment on ferait entrer un gâteau sur le plateau, mais que comme c'était une surprise, il devait feindre la surprise.

Il a dit : « Ah ! d'accord », et ils avaient prévu une phrase au milieu de laquelle les pâtissiers devaient entrer sur le plateau, en tenant un gigantesque gâteau. La phrase, c'était : « Tous les candidats ont travaillé dur cette semaine, malheureusement... » Et sur le « malheureusement », entrée des marmitons.

Arrive le moment de la surprise, et Castaldi commence sa fameuse phrase : « Tous les candidats ont travaillé dur cette semaine, malheureusement... » Et là, il regarde derrière lui... rien. Alors il recommence : « Tous les candidats ont travaillé dur et malheureusement... » Et là, il regarde à nouveau derrière lui, vers les coulisses, en s'écriant : « Tiens, qu'est-ce qui se passe ici ? »

Rien, il ne se passait rien du tout... C'est tout juste s'il ne demandait pas : « Alors ça y est, elle est prête, ma surprise ? » Finalement, après un dernier « malheureusement », les pâtissiers sont enfin entrés et il a dit : « Oh ! quelle surprise ! »

À la fin de l'émission, un des candidats devait être éliminé par les votes du public, et ce fut le jeune Geoffrey, 16 ans, celui dont on voyait depuis le début la maman omniprésente. Lorsque Castaldi lui annonça le verdict, le gamin s'écroula. Puis, reprenant ses esprits, le voilà qui entre dans une terrible crise nerveuse, quitte le plateau, puis revient hurler à Castaldi : « Mais qu'est-ce que je vais devenir, moi, maintenant, je n'avais que ça dans la vie ! »

Alors, avec un cynisme inouï, Benjamin Castaldi prit l'enfant détruit par les épaules. On pensa avec angélisme qu'il allait le réconforter. Mais l'infâme, s'adressant à la caméra, déclara : « Vous voyez à quel point il est important de téléphoner. Vous voyez que vos votes ont des... conséquences, alors, la prochaine fois, n'oubliez pas d'appeler ! »

Castaldi venait juste d'assurer le boulot pour lequel on le paye, et le seul qu'il est capable d'assurer. Celui de représentant en télécommunications.

On n'a pas le droit de dire que Castaldi est un salopard, mais on est libre de penser ce qu'on veut. Alors, devinez ce que je pense de Benjamin Castaldi.

101 SOSIES, DU PIRE AU MEILLEUR

Avril 2004

Samedi soir, j'ai regardé sur TF1 l'émission intitulée *101 Sosies, du pire au meilleur*. L'an dernier, la même émission s'appelait *L'émission des sosies*. Le pire, vous avez compris, ce sont les mauvais sosies, ceux qui sont les seuls à se trouver une ressemblance avec une célébrité.

L'émission répondait parfaitement au cahier des charges de TF1 avec des *has been*, un jeu idiot où le public devait téléphoner, de l'autopromo, des images achetées aux télés étrangères et du racolage par l'humiliation de candidats nuls.

Le jeu consistait à téléphoner pour dire si c'était la vraie personnalité ou son sosie qui était dans l'émission. Bon, comme ces cons avaient communiqué le nom des vedettes invitées à *Télé 7 Jours*, c'était pas trop difficile. Remarquez, même si on n'avait pas eu le nom des vrais, on n'aurait pas eu grand mal non plus, vu l'allure des sosies.

À un moment, on a vu une Américaine qui s'était tout fait refaire pour devenir le sosie de la poupée Barbie. Bon, là on n'avait pas trop de mal à deviner qui était la vraie. C'était la plus con. À un moment, on lui demande si elle n'est pas devenue accro à la chirurgie esthétique. La fille répond : « Pas du tout, je me suis juste fait refaire les lèvres, deux fois le nez, deux fois les seins, j'ai changé mes yeux (là, on ne nous a pas expliqué en quoi consistait cette modification). C'est tout, c'est pas exceptionnel pour les deux dernières années. »

Autant vous dire que quand on a vu Alain Souchon se mettre à chanter *Foule sentimentale*, on n'y a pas cru une seconde. On y a d'autant moins cru que le type ressemblait à Souchon d'il y a trente ans, vous savez, les nouveaux romantiques, alors qu'aujourd'hui, Alain Souchon ressemble à Suzanne Flon.

Un autre qui ne ressemblait pas du tout, c'était Jean Gabin. Ils ont dû prendre un type qui jouait au tiercé dans un PMU avec une casquette et des lunettes aux verres fumés, à part ça, il ressemblait plutôt à Sim.

Y avait aussi le sosie de Gilbert Montagné, là il aurait fallu être aveugle pour pas voir que c'était pas le vrai.

Un autre exemple : une brave fille qui s'ingénie à être le sosie de Lara Fabian. Bon, elle a compris la gestuelle, elle chante pliée en deux, la tête en avant et la bouche grande ouverte pour l'exploration de la sphère ORL. Mais le problème, c'est que physiquement elle ne ressemble pas à Lara Fabian : elle n'a pas des hanches de jument poulinière, ni les yeux globuleux, signes d'un problème thyroïdien. Et un sosie de Lara Fabian sans yeux globuleux n'a aucun intérêt.

À part Lorie, la deuxième vraie star présente était Emma Daumas… Mais personne ne sait qui c'est, Emma Daumas. Elle n'avait pas bien compris le principe de l'émission, puisqu'elle a déclaré à Foucault : « Oh ! c'est incroyable, j'ai jamais croisé autant de stars qu'en coulisses. »

Une qui a enthousiasmé Foucault, qui a souligné à quel point elle ressemblait à l'original, est une dénommée Acageot. Madame Acageot était le sosie d'Avril Lavigne. Vous voyez Avril Lavigne ? Eh bien, Acageot lui ressemble comme une sœur.

Y en avait un autre pas mal, c'était le sosie de Ronaldo le footballeur, un prénommé Bachir, qui s'était fait la même tête que son idole, mais qui mesurait 1 m 37.

Il y avait également le sosie de Stéphane Bern, mais le type n'ayant pas effectué la mue de Stéphane, il ressemblait au Stéphane de *Sagas*, avec le balai intégré, la coupe de cheveux Charles Trenet 1942 « bonjour mon *Oberleutnant* ».

CHIENS (LES)

Mars 2004

L'autre soir, au moment où, dans la dernière scène des *Bronzés*, Thierry Lhermitte annonce à Luis Rego que les arrivantes au Club Med sont mignonnes, le générique de fin a commencé à défiler. En accéléré.

Je ne sais pas si vous avez remarqué, dorénavant tous les génériques sont accélérés, et parfois même tronqués, pour laisser plus de place à la publicité.

On se fout du nom du cadreur de la deuxième équipe, puisque le Crédit agricole attend pour annoncer sur la musique de John Lennon qu'il nous offre un monde de bonheur.

J'imaginais la tête de Paul Héroussier, un type dont j'ai vu le nom passer dans le générique à la vitesse de l'éclair sans avoir le temps de lire ce qu'il avait fait dans ce film.

Je l'imaginais dire à sa fille : « Quand on a tourné la scène de la pirogue, là, si tu savais comme on s'est marrés. »

Et à la fin du film, avec sa fille, il a guetté son nom dans le générique et s'est mis à crier : « Tiens là, là, regarde !... » La fille n'avait rien vu, heureusement ils ont enregistré une cassette qu'ils ont fait défiler au ralenti.

L'autre soir, disais-je, à l'instant du générique des *Bronzés*, commença le concert de chasses d'eau qui marquent la fin des films et le début de la promenade nocturne de nos chiens. L'homme pisse, puis va faire pisser son chien.

C'est l'heure où s'allume la lumière des cours de pavillon. Où l'on sort la poubelle en pestant contre un chien qui nous déséquilibre en tirant sur sa laisse.

Arrivé au petit square, on détache le chien qui part à toute allure, puis revient comme un fou et s'arrête brusquement comme s'il avait entendu un bruit inquiétant.

Lorsqu'il aperçoit une connaissance, le moins qu'on puisse dire est qu'il ne fait pas de chichi, puisqu'il se met d'entrée à lui renifler le cul. Nous, gênés, on reste un peu plus réservés avec le maître de l'autre chien. On se racle la gorge et on parle du temps qui s'est radouci, tandis qu'après une étude approfondie, l'un des chiens demande à l'autre :

– Dites donc, qu'est-ce que je sens là comme odeur, ça s'rait-y pas du Canigou avec de vrais morceaux de lapin ?

L'autre : – Absolument, une petite promo que ma maîtresse a trouvée chez Auchan.

– Vous permettez que je vous lèche un peu ?
– Mais je vous en prie, faites donc.
– Je vous remercie. Hum, c'est délicieux... Voulez-vous à votre tour me lécher l'anus ? Mon maître m'a donné hier soir de savoureuses croquettes au poulet.
– Je vous remercie. Je ne lèche plus en dehors des repas.

– Je vous remercie d'avoir reniflé ma merde... Tiens, à propos de renifler la merde, avez-vous regardé la télévision cette semaine ?
– Oui, Bataille et Fontaine, j'en retrouvais le goût à l'instant en léchant vos reliefs.
– Mon maître en a déjà parlé l'autre jour.
– Oui, il a évoqué le garçon éconduit, mais a-t-il parlé des deux jolies lesbiennes ?

– Je ne crois pas.
– Parce que c'est marrant, c'est comme chez Delarue, on vous montre des lesbiennes en faisant voir comme on est tolérant, mais pas du tout, la télé nous dit : « Regardez, regardez par le trou de la serrure, deux femmes qui s'embrassent ! Tiens, on vous les a choisies jolies pour les fantasmes, comme vous allez bientôt vous coucher avec Lucienne. »
– Oui, il paraît que le maître de Médor adore faire la lesbienne. Il dit à Lucienne : « Appelle moi Clara. » Ça les excite.
– C'est répugnant. Ils peuvent pas se lécher le cul, comme tout le monde ? À part ça, t'as regardé quoi ?
– Ben, j'ai regardé des débats politiques et philosophiques.

Là, j'ai tendu l'oreille, car je ne me souvenais pas avoir entendu le moindre débat philosophique cette semaine à la télévision.

– Oui, a poursuivi mon chien, j'ai regardé Christine Bravo et Isabelle Alonso analyser les événements madrilènes.

À cet instant, d'aucuns pourraient penser que qualifier la pensée de mesdames Bravo et Alonso de philosophique est quelque peu exagéré, mais je leur rappellerai que ce sont deux chiens qui parlent et que pour les chiens, Isabelle Alonso est une sorte de Schopenhauer. D'ailleurs, elle s'est elle-même baptisée chienne de garde.

Mais revenons à nos amies les bêtes.

C'était très intéressant, ce qu'elles ont dit sur l'Espagne. Comme elles ont un parent espagnol, comme moi, elles se sont cru habilitées à parler au nom du peuple espagnol.

Et là, quand on pense qu'un pays a souffert dans sa chair pour ensuite entendre Christine Bravo et Alonso redoubler de lieux communs sur la situation politique en Espagne, c'est l'humiliation après la souffrance. Dieu merci, Steevy n'a pas demandé : « C'est quoi l'Espagne ? »

CHIRAC Bernadette

Octobre 2004

Une soirée sans surprise hier soir à la télévision.

Enfin, si, l'émission de France 3 consacrée aux bonnes œuvres de madame Chirac. Trois heures de flagornerie présentées par Michel Drucker et Valérie Bénaïm, à qui je voudrais dire qu'on ne doit pas appeler Bernadette « madame la présidente » : on ne l'a pas élue, elle, et si on avait eu le choix, je suis pas sûr qu'on l'aurait fait…

Je ne voulais pas vous parler de cette comédie, mais ce matin, Stéphane, dans le bureau, m'a dit : « J'espère que tu vas nous raconter la soirée que France 3 a consacrée à la vieille. » Il a ajouté : « En plus, t'as vu comment elle était habillée, maman ? »

Il faut quand même reconnaître, madame Chirac, que Stéphane Bern a raison quand il dit que vous êtes habillée comme l'as de pique.

Vous portiez hier soir une espèce de veste trois-quarts fripée en imitation de tweed blanc cassé que vous aviez dû laver avec une autre lessive qu'Ariel tellement elle avait de bouloches. Mais surtout cette veste se terminait, en bas, par de grandes franges qui faisaient penser à ces balais-serpillières qui vont avec les seaux munis sur le dessus d'un trou pour essorer. Sous cette veste trois-quarts, vous portiez une jupe du même tissu qui se terminait également par un balai-serpillière... Ça faisait donc deux couches...

L'émission était présentée par Michel Drucker et Valérie Bénaïm, disais-je, qui minaudait en face de Bernadette. Pire même, elle ronronnait carrément, on aurait cru Louis de Funès dans *Le Grand Restaurant* quand il reçoit un président de république bananière. Pour vous donner une idée, Bénaïm a dit quatre fois bonjour à Bernadette.

Avant de vous raconter, permettez-moi d'être sérieux quelques instants. J'imagine déjà les politiquement corrects qui s'indignent sur le thème : « Ne nous moquons pas de Bernadette, elle récolte de l'argent pour améliorer les services gériatriques qui sont dans un état déplorable... »

Ah ! bon, mais qui est responsable de l'état des services gériatriques ? Le gouvernement. Donc son mari…

Autrement dit, Bernadette vient nous jouer le grand air de la solidarité bénévole, alors que son mari a le pouvoir de changer les choses officiellement… Mais de qui se moque-t-on ? Ah ! ben non, parce que si le budget affectait des fonds publics supplémentaires aux hôpitaux gériatriques, le Medef gueulerait. Donc c'est à nous de donner, et en plus, on est obligés de se taper trois heures à la gloire de maman sur France 3.

Pour faire un don, il fallait téléphoner à un numéro à 4 chiffres et, pour inciter les téléspectateurs à participer, certains appels étaient tirés au sort. On pouvait ainsi espérer gagner un des lots proposés, le premier prix étant… de passer une journée entière à l'Élysée avec Bernadette.

On se croirait revenu à l'époque de Louis XIV !

Si vous gagnez, vous aurez le privilège de passer une journée avec la reine, une journée d'émotion, avec des moments de joie, mais aussi des moments d'angoisse, par exemple lorsque vous assisterez au réveil de Bernadette !

Et Drucker, se rendant compte que la journée avec Bernadette n'allait pas exciter les foules, ajoute : « Et puis surtout, pendant cette journée à l'Élysée, vous pourrez rencontrer… Sumo ! » (Le chien de mamie.)

À part ça, des artistes merveilleux de générosité participaient à l'émission. Des artistes généreux, mais en promo, comme c'est étrange. Par un hasard incroyable n'étaient présents que des artistes qui ont une actualité : Aznavour, dont l'intégrale sort dans un coffret en forme d'Arc de triomphe – pas mégalo à part ça –, Véronique Sanson et Calogero dont les disques sortent en ce moment et qui venaient avec altruisme offrir deux places à leurs concerts respectifs, plus une visite de leur loge, et Valérie Bénaïm ajoute : « Comme si vous étiez un VIP ! »

Robert Hossein était là aussi, avec son audiozoom de Phonax qui faisait du larsen.

Puis, nous eûmes droit à un reportage sur une journée de madame Chirac. Drucker nous lance ça du genre : « Vous allez voir comme elle est débordée… »

Honnêtement, le mot « débordée » est excessif.

Bernadette, c'est pas vraiment une femme Barbara Gould. Déjà, la journée commence à 9 h 45, elle n'est pas du matin, maman. 9 h 45, donc, un chauffeur vient chercher Bernadette pour l'emmener visiter un service de gériatrie. Là, on lui présente des petits vieux, et le dialogue s'installe. Elle leur dit : « Alors, vous êtes bien ici ? » Les petits vieux répondent : « C'est déjà passé, *Derrick* ? »

Ensuite Lorie – qui elle aussi sort un album – est venue chanter sa petite chanson. À la fin, Valérie

Bénaïm s'est exclamée : « Alors là, je ne dirais qu'un mot : wa-ouh... » Heureusement qu'elle n'a dit qu'un seul mot.

Puis on a vu un reportage sur Michou, qui a accueilli des petits vieux dans son cabaret. Pareil, les petits vieux demandaient : « C'est passé, *Derrick* ? » Puis, en voyant un travesti chanter *Comme un garçon*, ils disaient : « Qu'est-ce qu'elle a forci Sylvie Vartan ! »

Et puis surtout, il y eut la grande rencontre entre Olga, le chien de Michel Drucker, et Sumo, celui de la mère Chirac. Et là, tenez-vous bien, Drucker a fait applaudir le chien de Bernadette. Vous imaginez ça ?

Si on y pense, quelle humiliation d'applaudir un chien...

Parmi les prix proposés dans les appels tirés au sort, il y avait aussi une journée à Roland-Garros avec Nelson Montfort. Là encore on devait assister au réveil de Nelson, à la pose du complément capillaire, ça devait être très émouvant. Mais surtout, le plus beau lot, c'était, tenez-vous bien, une journée entière de soins du corps à l'hôtel Ritz avec Arielle Dombasle. Valérie Bénaïm remet ça : « Pendant une journée, vous vous prendrez pour un VIP ! » (Sous-entendu : « Alors que vous n'êtes qu'une pauvre merde ».) Enfin, c'est quand même magnifique, le Ritz vous prend en charge une journée entière et vous fait ramener chez vous le soir dans une Mercedes conduite par un chauffeur bourré et sous antidépresseurs ! Et là, Valérie Bénaïm s'enflamme : « Et vous pourrez vous faire masser avec Arielle Dombasle ! » L'autre : « Euh, non, on n'a pas prévu ça, mais je passerai dire bonjour… »

Décembre 2004

Tel est pris qui croyait prendre, vous connaissez l'adage. Deux mois après ce qui précède, l'émission de Marc-Olivier Fogiel *On ne peut pas plaire à tout le monde*, à laquelle je participe, recevait madame Chirac.

Ce soir-là, elle venait parler de sa fille anorexique et de la fondation pour les ados souffrant de cette maladie, la maison de Solenn, dans laquelle elle s'est investie avec P.P.D.A.

La boulimie et l'anorexie sont des maladies sœurs et le témoignage de cette femme me toucha d'autant plus qu'il faisait écho à ma propre souffrance.

Je suis désolé d'abandonner pour un instant le ton léger de ce livre mais ces quelques lignes me semblent nécessaires pour éclairer ceux qui m'ont reproché après cette émission de minauder devant Bernadette comme j'avais reproché à Pierre Bénichou de le faire après une mémorable émission de Michel Drucker.

Ce soir-là, je n'avais pas envie de rire. J'avais mes raisons.

CONFESSIONS INTIMES

Septembre 2004

À chaque fois, on pense que ce n'est pas possible, mais TF1 a encore une fois repoussé les limites de l'abject hier soir avec la merde qui s'intitule *Confessions intimes*, diffusée en deuxième partie de soirée, et plus précisément avec le sujet intitulé « Le petit garçon qui ne veut pas obéir ».

Je vous explique : dans une famille cobaye type de TF1, c'est-à-dire le pavillon Phénix avec crépi rustique, déco Conforama avec un poster de montagnes au mur, une mère a des problèmes avec son petit qui ne veut pas obéir. L'enfant, prénommé Florian, est capricieux et pique des colères. Mais on s'aperçoit très vite que sa mère est hystérique et que le môme ne fait que lui renvoyer sa névrose au visage.

Une équipe de TF1 les a suivis pendant les courses. On voit la mère amener le gosse devant la vitrine d'un magasin de jouets. Du coup, évidemment, il réclame un jouet – je rappelle qu'il y a autour d'eux l'équipe de TF1. Sa mère, qui n'attendait que ça, répond au petit : « Non, non, tu n'auras pas de jouet ! » Aussitôt le môme pique une crise et là, il a cette phrase terrible ; il lance à sa mère : « T'es méchante, je vais le dire à... » Et là, il s'arrête, et sa mère en profite : « Tu vas le dire à qui ? » Ben oui, la suite c'était : « J'vais le dire à ma mère », mais sa mère, elle est là, à l'exciter devant une équipe de télévision qui dit : « continuez à l'exciter, madame, c'est bon, on tourne » et à détruire son enfance pour avoir droit à un misérable quart d'heure de gloire médiatique.

Octobre 2004

Ce soir, j'ai zappé sur TF1 qui diffusait *Confessions intimes.* Toujours les mêmes pauvres gens, un couple qui s'engueule tout le temps, qui vient déballer sa médiocrité : Stéphanie et Manu. À la fin, ils se réconcilient spontanément – mais équipés d'un micro HF – au-dessus de la mer avec un soleil couchant derrière, avec le réalisateur qui dit : « Bon coco, on la refait. »

Sujet suivant : nous découvrons Dylan, un garçon de 14 ans, adolescent rebelle, qui passe ses journées à jouer à la console vidéo. Ses parents ont baissé les bras et attendent beaucoup du psychologue de TF1… Des parents qui attendent beaucoup du psychologue de TF1, moi je dis que ce sont eux qui ont besoin d'aller voir un psy en urgence…

Mais là, on colle une oreillette aux parents et on les relie à une « coach-psychologue », madame Muller. En fait, on devrait écrit coche-psychologue, le féminin de cochon, parce que c'est une psy qui salit le métier.

Donc, là, la truie psychologue se cache dans la chambre d'amis, pilote le père grâce à l'oreillette et elle lui dit : « Peut-être que si vous preniez votre enfant dans vos bras… » Et là, le père répond tout fort à l'oreillette, oui, parce qu'il a pas l'habitude, alors le gamin le voit parler tout seul, on sent qu'il a des doutes sur sa spontanéité…

– Ben, c'est que j'ai pas trop l'habitude.

Nous, on avait compris depuis le début que le problème était là et qu'il n'y avait pas besoin de faire venir un porc psychologue. Je vous laisse imaginer ce qui peut se passer dans la tête du petit Dylan quand il voit arriver son père, à contrecœur, qui vient le prendre dans ses bras, téléguidé par une oreillette…

Hier soir, à la télé, on a détruit un gamin. En somme, c'était une soirée sans surprise.

DABADIE JEAN-LOUP

JANVIER 2004

Greg le millionnaire n'a pas de chance. Il va venir tout à l'heure, le jour où l'on reçoit Jean-Loup Dabadie.

On viendra de passer une heure avec un homme qui recherche en permanence la qualité, un laborieux en permanence insatisfait de son travail d'écriture, et en deuxième heure arrive l'autre, avec un bouquin qu'il n'a pas écrit, symbole de cette médiocrité qui vient comme une marée noire engluer les cormorans de nos âmes résignées.

Oui, je sais, « les cormorans de nos âmes résignées », ça ne veut rien dire, mais ça sonne bien. D'aucuns me diront…

« D'aucuns me diront… » Tiens, ça c'est une expression que j'ai volée à Dabadie, comme je lui ai volé tant de choses, cette façon de s'attacher aux détails si importants quand il s'agit d'amour, ces couples attablés derrière la vitre d'un café, merci pour Romy qui parlait en Dabadie comme Gabin parlait en Audiard, merci pour Marthe Villalonga en mère juive faisant irruption sur le cours de tennis avec son manteau de vison en disant : « Jouez, jouez, les enfants » à des quadragénaires interloqués…

Merci pour les repas du dimanche de *Vincent, François, Paul et les autres*, pour les femmes préparant une salade composée d'*Une Histoire simple*, pour au moins dix scènes de *Garçon*, Villeret dans la R5 de Montand lui reprochant son égoïsme, pour le « tête-à-tête qui lui vient de sa mère », pour « j'ai bien tenté la parade classique », merci pour *Courage fuyons !* quand Catherine Deneuve se jette sur le lit où dort Rochefort et qu'elle lui serre la tête entre ses mains en lui disant : « Oh ! toi, toi, je t'aime », et Rochefort qui dit : « Excusez-moi, je ne vous entends pas, vous avez les mains sur mes oreilles. »

Merci pour *Clara et les chics types*, film culte, avec Thierry Lhermitte qui lit à sa copine Balasko la lettre de rupture qu'il vient d'écrire à sa femme. Et qui commence par : « Ma chérie, je ne t'ai jamais autant aimée que ce soir, et pourtant, tu vas rire, mais je te quitte. » Et la voix de Balasko qui dit : « Supprime *tu vas rire*... »

Merci pour tout ce qui se dit dans *César et Rosalie*, quand Montand, voulant à tout prix garder Romy, dit à Samy Frey : « Je suis allé très loin pour Rosalie, j'ai même tué un type... »

Pour la scène de restau avec Montand et Romy, Montand qui a peur de la perdre et qui dit : « C'est bien ici comme endroit. Tu sais que je peux t'acheter le restau si je veux, et même la pharmacie d'à côté, parce que dessiner des Mickey c'est bien, mais l'important c'est ça », et en disant « ça », il frottait son pouce contre son index pour dire le fric, et Romy qui regarde les doigts de Montand et qui dit : « Très élégant ce geste, tu peux le refaire ? »

Avec Montand qui chante un lied de Mozart, qu'il a appris par cœur... « Pourquoi ? » demande Samy Frey à Romy. « Pour moi », répond Romy. Après ça, j'ai appris par cœur un lied de Mozart, *Das Veilchen*.

Avec la lettre de Rosalie à David, où elle écrit : « J'ai acheté deux robes au marché du matin, une blanche et une rouge... Non, pour les robes, ce n'est pas vrai, c'était juste pour avoir quelque chose à t'écrire. »

César sera toujours César, David sera toujours David et Dabadie sera toujours celui qu'on aime, qu'on ne peut dissocier de Sautet, de Romy, de Dewaere.

Je vous ai parlé l'autre jour de la mort imbécile de la publicité. Eh bien dans le cas de ces trois-là, elle s'est bien trompée. Alors écoute bien, la mort : si tu veux te rattraper, oublie Dabadie, parce qu'un homme comme lui ne devrait jamais mourir.

T'as qu'à prendre un de mes amis, Sulitzer, Balkany, Villeneuve ou Greg le millionnaire.

D-DAY

Juin 2004

Hier après-midi, j'ai regardé le *D-day* sur TF1. Au début, j'ai beaucoup ri, c'était présenté par nos deux amis Charles Villeneuve et Jean-Claude Narcy, et l'émotion de la commémoration était quelque peu altérée par une série de problèmes techniques. Alors ça donnait. « Et voici maintenant une évocation de la libération de Paris... » Et tandis qu'on voyait des comédiens danseurs à l'image, on entendait derrière la voix de Narcy qui gueulait : « Alors quoi, Paulo, sur le conducteur y a écrit “lancement 20 secondes” ! » Et hop ! on revenait au direct : « Les troupes anglaises n’étaient pas les plus nombreuses, alors merde !… » Et puis, et puis… et puis y avait Bernadette, qui avait frappé fort sur le plan vestimentaire. Compte tenu des circonstances, je pensais qu’elle allait porter la veste de camouflage qu’elle arborait l’an dernier sur le Tour de France. Déjà, ça, ça aurait été drôle, la mère Bernie en treillis de camouflage, c’est un moment inoubliable ; mais là, non : elle portait une robe spéciale débarquement, un truc grisâtre couleur barge de débarquement, sur laquelle apparaissaient de grosses taches rondes de couleur noire. C’était le débarquement après le passage de *l’Erika*.

La reine d’Angleterre, toute sobre en bleu ciel, jetait des regards à la dérobée vers Bernie ; on voyait bien qu’elle était songeuse. À un moment, Chirac a décidé de la *standing ovation*. La reine ne voulait pas broncher, il a été obligé de la menacer à l’oreille. Chirac a eu raison pour la *standing ovation*, car c’était le défilé des vétérans. Et là, en voyant ces octogénaires tremblant de tous leurs membres, l’œil couvert par la cataracte, souffrant à chaque pas, mais trouvant le courage de surmonter l’arthrose pour parvenir à marquer le pas, avec le regard de ceux qui savent, mais ne la ramènent pas – c’est au passage de l’un d’entre eux, un officier écossais en kilt, que j’ai pleuré. Hier après-midi, à 16 h 02, j’ai éclaté en sanglots en regardant la télévision.

J'ai détesté l'armée, mais ces types-là sont juste venus nous libérer.

DELARUE JEAN-LUC

Avril 2004

Une télévision pas très gaie cette semaine, comme ce garçon encore jeune, on lui donnerait à peine 20 ans, s'il n'avait au fond des yeux cette lassitude de ceux qui en ont trop vu.

Il est venu mercredi soir témoigner chez Delarue de son parcours dans la drogue. Delarue debout, face à lui, tient son bloc à pinces sur lequel ses assistants ont noté le nom des candidats et les questions à poser. Dès que c'est fait, il les pointe consciencieusement d'un trait court comme les comptables le font pour indiquer qu'ils ont vérifié un solde.

Delarue interroge le jeune homme et, comme d'habitude, seul le spectaculaire ou l'émotionnel l'intéresse. En l'occurrence, c'est la quantité phénoménale de drogues que le gamin a consommées, pas le pourquoi, pas les raisons. Les raisons, dans les émissions de Delarue, elles sont souvent là, au deuxième rang du public : la mère qui dit « notre problème » pour parler des problèmes de son fils.

Delarue interroge le jeune homme, ce dernier joue le jeu et énumère une liste terrifiante de drogues qu'il a consommées en une soirée : « Dix pétards, quatre comprimés d'ecstasy, etc. » Delarue prend des poses compassionnelles en vérifiant ses cheveux dans un moniteur de contrôle, lorsque, tout à coup :

– J'ai oublié votre question, dit le jeune homme. Ça, c'est le problème du shit… Ça fait des trous dans le cerveau…
– Comment ? sursaute Delarue.
– Je disais que je ne me souviens plus de votre question.

Et là, Delarue, tentant de gagner du temps pour qu'on lui vienne en aide à l'oreillette :

– Eh bien, c'est-à-dire qu'il y a eu différentes questions…

Le témoin, impitoyable : – Vous pouvez pas m'aider ?

Delarue : – Laissez tomber, ça n'est pas grave.

Le type crève de ça, il se drogue parce que personne ne l'écoute. Il vient chez Delarue et l'autre n'écoute pas davantage ses réponses. Franchement, y a de quoi éteindre la télé et allumer un pétard.

Septembre 2004

C'est la rentrée, et mercredi a eu lieu celle de Jean-Luc Delarue. Je voudrais tout de suite rassurer ceux qui avaient peur qu'il ait changé, que pendant les vacances, il ait fait une retraite dans un quelconque ashram où, au rythme de la méditation et des moulins à prières, il ait pris conscience de la médiocre putasserie de ses émissions, qu'il soit revenu dégoûté de cette comédie de la compassion qu'il joue chaque mercredi devant des femmes battues ou des enfants malades, bref, qu'il ait changé.

Eh bien, non : Delarue est revenu de vacances plus en forme que jamais et le premier numéro de *Ça se discute* avait pour titre : « Rester femme dans son corps malgré tout. »

Déjà, là, rien qu'au titre, on devinait que ce serait bien racoleur, et on n'a pas été déçu.

En effet, pour cette première émission, Delarue nous a présenté comme un catalogue de ce qu'allait être cette nouvelle année de *Ça se discute*, puisqu'on avait sur le plateau : une grosse, une poilue, une transsexuelle, une malade, une culturiste. Bref, Delarue faisait penser à ces VRP qui viennent vous présenter les échantillons de leur nouvelle collection.

Et là, je dis : stop.

On se moque de TF1, moi le premier. On fustige Lelay pour son cynisme lorsqu'il dit que ses programmes ne sont que des entractes permettant à ses téléspectateurs de mieux apprécier la publicité, mais au moins, ces gens-là sont dans leur logique commerciale. Ils vendraient des boulons de 12, ils auraient le même pragmatisme.

Mais les émissions de Jean-Luc Delarue sont diffusées sur France 2, et que le service public diffuse ce genre de programme est proprement scandaleux. Le pire de tout, c'est l'hypocrisie. La tartufferie. C'est lorsque les dirigeants de France 2 font croire que Delarue, c'est « apprendre la différence ».

Mais pas du tout, au contraire : on est revenus au temps des monstres des fêtes foraines ! C'est juste le ton qui est différent. Au lieu de crier : « Mesdames et messieurs, venez voir la femme à barbe ! », ou de montrer le slip de la femme la plus grosse du monde, Delarue prend un ton doucereux, plein de commisération, du genre « moi, Jean-Luc, je suis ton ami ».

– Et dites-moi, Catherine, sur le plan affectif comment ça se passe ?
– Ah ben, je n'ai plus de vie sexuelle depuis trois ans.
– Mais pourquoi, Catherine ?

Ça, c'est le sommet, quand il écarquille les yeux et qu'il fait l'étonné, le type qui ne comprend pas que la fille cul-de-jatte n'ait pas de vie affective. Généralement, il conclut par : « Moi, je vous trouve ravissante. » Et le public applaudit, le même public qui dans la rue une heure plus tard la montrera du menton.

DRUCKER MICHEL

Janvier 2004

Hier, Michel Drucker recevait la petite Lorie, toute fraîche, 20 ans, un public très familial donc, et notre ami Bruno Masure, toujours aussi psychologue, décida de commencer l'année en faisant dans la dentelle. Quand Michel Drucker lui demanda si les vacances s'étaient bien passées, Bruno répondit : « Bof, pas terrible, j'étais aux Antilles, j'ai abusé des boudins créoles, et après on se sent mal. »

Est-ce Bruno qui troubla Michel Drucker ? Toujours est-il que ce dernier raconta une anecdote qui me laissa pour le moins perplexe, Mimi témoignant que, dans une chambre d'hôtel à Bruxelles, il avait vu Céline Dion nettoyer son lit….

Là, plusieurs questions se posent : tout d'abord, la présence de Drucker dans la chambre au lever de l'organique… Ensuite, qu'a voulu dire Michel par « Céline nettoyait son lit » ? Bon déjà, on est sûr que c'est pas des p'tits R'né qu'elle épongeait, vu que l'autre, d'après ce qu'on a compris au vu des nombreux rapports médicaux commentés sans pudeur par Céline, ça fait un bout de temps que les p'tits R'né, on les trouve plus que dans les vitraux, et que lui ne laisse plus sur les draps d'hôtel ces magnifiques cartes de l'Ontario qui enchantaient Céline au début de leur liaison.

FABULEUX DESTIN (LE)

Décembre 2003

Je voudrais ce matin vous parler de respect. Car comme disait Souchon, le respect s'perd à la télévision.

Un exemple au hasard : hier soir, sur France 3, Isabelle Giordano recevait Dominique Voynet qui, en matière de démagogie grossière, a fait encore plus fort que Laurent Fabius, puisque Voynet a carrément amené sa fille en otage dans l'émission d'Isabelle. La gamine, une dizaine d'années, habillée comme sa mère, comme dans le sketch de Sylvie Joly, ayant déjà compris le double jeu audiovisuel et politique, tenant parfaitement son micro, jambes croisées, intervenant pour mettre en valeur sa mère, et le regard qu'elles échangeaient après chacune de ses interventions était insupportable.

Puis on diffusa les images tout aussi insupportables de Voynet au salon de l'agriculture avec les gros cons qui l'insultaient. J'aurais préféré qu'on passe des images de ses actions positives, mais là aussi, elle a préféré taper dans l'émotion frelatée...

Puis Dominique Voynet retrouva d'anciens amis nageurs qui chantèrent en play-back, parmi lesquels un ancien fiancé qui lui écrivait des poèmes d'amour, « avec des fautes d'orthographe », précisa-t-elle...

C'est exactement ça, le problème de Voynet. De la même façon qu'elle ne retient des lettres d'amour que les fautes d'orthographe, elle ne retient de la noblesse de la politique que ses médiocres ambitions.

FEAR FACTOR VIP

Avril 2004

Pour nous détendre, commençons par la connerie de la semaine, proférée par Hermine de Clermont-Tonnerre, qui participait avant-hier à l'émission *Fear Factor, spéciale VIP*. Bon, ne vous affolez pas non plus sur le sigle VIP : quand il y a Hermine de Clermont-Tonnerre, VIP, ça veut dire « Vulgaire et Inculte Personnalité ».

Non, franchement, je vois pas ce que ça peut vouloir dire d'autre, vu que les autres candidats du jeu étaient Jean-Luc Crétier, Laurence Treil (je ne sais même pas qui c'est, moi, Laurence Treil) et un quatrième dont j'ai oublié le nom. C'est vous dire si le sigle VIP était pour le moins excessif.

Bref, tout ce beau monde est parti pour le sud de l'Argentine. La production de l'émission avait pensé : « C'est très beau l'Argentine, au printemps. » Manque de pot, comme c'est l'hémisphère Sud, c'est l'automne, il pleut sans arrêt et ça n'intéresse pas les Argentins. Ben oui, déjà nous, on connaît pas les VIP's, alors vous imaginez que les Argentins vont pas se précipiter pour voir Laurence Treil avec une mygale sur la tête, surtout que ce sont les mygales innoffensives pour touristes vendues trois dollars pièce au marché aux animaux.

Du coup, pendant toute l'émission, on voit nos quatre fausses célébrités, filmées sans public, sauter de joie sous la pluie, tandis qu'un assistant brandit un drapeau avec écrit *Fear Factor* pour créer une ambiance. Bref, le comble de la tristesse. Heureusement, notre amie Hermine avait décidé de nous faire rire, et après avoir réussi une épreuve de patronage, la voilà qui s'enflamme et déclare : « Ici, la terre a une odeur spéciale, on sent bien qu'on est en *pinta*go*ne*rie ».

En fait, elle était persuadée que le pays avait la forme d'un pentagone, et que c'était pour ça qu'on l'appelle la *pintagonerie*.

Il faudrait expliquer à Hermine qu'il n'est pas obligatoire que la forme d'un pays détermine son nom. La preuve, c'est qu'il y a peu de pays qui ont la forme d'un cône, et pourtant, qu'est-ce qu'elle peut dire comme conneries.

FERME DES CÉLÉBRITÉS (LA)

Avril 2004

La Ferme est la déclinaison d'un concept américain, dont Canal+ a diffusé samedi les deux premiers épisodes, présentés par deux pouffes à côté desquelles mademoiselle Winter semble posséder une classe folle. L'une d'elles est la fille de Lionel Ritchie – à ce propos, notons que la famille Ritchie doit l'être un peu moins, *ritch*, ces temps-ci, car le père qui ne vend plus un disque fait le tour des *Star Ac'* d'Europe. Ils l'ont même reçu chez Ruquier c'est vous dire s'il n'est pas au top. Donc, le père fait les *Star Ac'* et la fille : *La Ferme.*

Dans sa version française, l'émission est devenue *La Ferme des célébrités*, titre quelque peu mensonger tant les participants ne sont que des *has been* ou des troisièmes couteaux. On y trouve pêle-mêle des demi-putes, des travelos hystériques, des Italiens manipulateurs, des comiques pas drôles, un Corse taciturne et une ancienne présentatrice de télé qui rêvait tant d'y revenir qu'elle a accepté l'humiliation d'être filmée en permanence pendant des semaines, même lorsqu'elle se rendait aux chiottes avec son rouleau de papier à cul à la main, même la nuit avec une caméra à infra rouges et même enregistrée lorsqu'elle émettait des bruits incontrôlés pendant son sommeil, offrant ainsi à tout un peuple ce pet gargantuesque qu'elle exhala par une nuit de printemps.

La Ferme des célébrités, 7 garçons, 7 filles !

Vous verrez à quel point le terme « célébrité » est justifié quand je vous aurais dit que participent à cette émission Titia, Céline Balitran, Ève Angéli, Eva Sulitzer, Mia Frye, Sébastien le mannequin, Ilario, Maxime, Vincent Mac Doom et Massimo Gargia, une sorte de valet pathétique de la jet-set, un ancien gigolo reconverti dans l'organisation de soirées d'un monde duquel il est en réalité exclu... Vous conviendrez que le terme « célébrité » est pour le moins exagéré et qu'il aurait été préférable d'appeler comme ça : « La Ferme de ceux qui attendent que le téléphone sonne et qui sont prêts à tout ».

Nos quatorze amis sont donc installés dans une ferme du Vaucluse. Deux dortoirs, un pour les garçons, un pour les filles et – pour vous situer le niveau de l'émission – le plus passionnant, ce sont les cabinets installés dans une cabane à 100 mètres de la ferme.

Voici les faits majeurs des premiers jours : Massimo Gargia qui souffre de la prostate vit un véritable calvaire puisqu'il doit se lever plusieurs fois par nuit pour se rendre dans la cabane au fond du jardin.

Le deuxième temps fort de *La Ferme* consiste en la surveillance d'une chèvre censée mettre bas incessamment. Chaque soir, deux lofteurs sont désignés pour la veiller toute la nuit. La première nuit, ce fut Ilario et Mia Frye. La chèvre se trouve tout près de l'enclos des vaches, animal que Mia Frye découvrit à cette occasion. Plus particulièrement fascinée par ce qu'elle appela la poitrine des vaches (en fait elle voulait dire les pis), elle paniqua et dit à Ilario : « Oh, regarde la vache, elle a la poitrine qui est descendue entre ses pattes arrière, c'est pas normal ! » Puis elle veilla la biquette. Et là, l'observant avec attention, elle déclara : « À mon avis, elle sait bien qu'on est là pour l'aider à accoucher, mais comme elle sent qu'on saura pas comment faire, elle préfère attendre le vétérinaire. »

Danièle Gilbert fut de garde hier soir. Elle étudia longuement la biquette puis déclara à Vincent : « Regarde-la… Elle fait caca n'importe où, même si on la regarde. L'important pour elle, c'est ce qui se passe dans son corps. »

« T'as raison, c'est pas croyable », disait l'autre, sidéré qu'elle n'aille pas dans la cabane au fond du jardin.

À cet instant, il y eut un long plan sur Massimo qui se rendait aux toilettes, occupées par Ève Angeli, qui n'est pas bégueule puisqu'au-dessus de la porte on la voyait discuter tandis qu'on entendait le bruit rassurant de petites chutes dans l'eau de la cuvette. On ne dit pas « Oohhh », c'est l'émission qui est basée sur la vie gastro-intestinale des célébrités. Sachez que toutes les filles sont constipées, à part Ève Angeli…

Et là, je voudrais avoir une pensée pour les électeurs UMP qui ont élu mademoiselle Élodie Gossuin au Conseil Régional sur la liste de Gilles de Robien, et qui seront ravis d'apprendre que leur nouvelle élue s'est mise au travail avec ardeur dans *La Ferme*. Pensée d'autant plus émue que la France entière a appris hier soir qu'elle était constipée. D'habitude les élus UMP me font chier, la réciproque n'est pas vraie.

Mai 2004

« La biquette a fait pipi sur le doudou à Vincent ».

Cette phrase dont la connerie atteint au sublime a été prononcée dans *La Ferme* ce matin à 9h32 par Ève Angeli. Puisqu'on parle de connerie atteignant au sublime, Ève Angeli et Titia sont nominées pour l'élimination de *La Ferme des célébrités*. Quand on pense qu'on appelle célébrité la prénommée Titia dont le seul titre de gloire est d'avoir été danseuse dans quelques émissions d'Ardisson…

Ève Angeli, elle, a paraît-il été chanteuse. On ne sait plus quand ni ce qu'elle chantait mais pourtant elle mérite incontestablement de devenir une célébrité. Car il s'agit probablement de l'être humain le plus bête dont on ait une trace. Il existe paraît-il, dans un village bulgare, une vieille paysanne qui affirme avoir connu vers les années 20 quelqu'un de plus con qu'Ève Angeli, mais ça n'a pas été authentifié.

Sérieusement, quand je parle de la bêtise d'Ève Angeli, je ne me moque pas, car la crétinerie à ce point devient un art majeur. C'est bien simple vous voyez le plafond de la chapelle sixtine, le requiem de Mozart ou les Tournesols de Van Gogh ? Eh bien Ève Angeli a élevé la connerie à ce niveau-là. Un chef-d'œuvre, vous dis-je.

Dieu existe, maintenant j'en suis sûr, car l'être humain seul, sans son aide, ne pourrait être capable du dialogue suivant, totalement authentique (sinon ça n'aurait aucun intérêt), un dialogue qui eut lieu hier après-midi dans *La Ferme*.

Ève : « Déjà au collège je sais pas pourquoi, on se moquait de moi ».

Titia : « C'est parce que tu rentres pas dans la norme ».

Ève : « Oui, c'est vrai, parce que dans la vie y'en a qui disent un truc, d'autres qui disent un autre truc, mais c'est pas forcément celui qui a dit le premier truc qui a raison, et après on va dire que celui qui dit un autre truc est bête. Et moi, j'ai souvent eu le sentiment qu'on voulait me dire que j'étais bête. Heureusement y'a tout cet amour que mon public me renvoie et puis surtout moi, ma force c'est… »

Là, elle se souvenait plus ce qu'était sa force. Alors Titia lui a suggéré : « Ta famille ? »

Ève : « Oui, voilà, c'est ça ».

Et c'est vrai que ce mot est particulièrement rare, qu'on le rencontre et qu'on l'utilise si peu souvent qu'il justifie cette amnésie angélique.

Remarquez (et vous allez voir à quel point cette mise en abîme est vertigineuse), on peut trouver encore plus con que *La Ferme*, ce sont les agriculteurs de la confédération paysanne qui manifestaient hier, pour déplorer – je cite – que « Les paillettes et les talons aiguilles de Vincent Mac Doom n'avaient rien à voir avec l'agriculture ».

On peut trouver encore plus con que les agriculteurs qui manifestent contre *La Ferme*, ce sont les commerçants de Visan qui protestent contre la manifestation des agriculteurs qui manifestent contre *La Ferme*, sous prétexte que depuis le début de l'émission leur chiffre d'affaire a été multiplié par dix en raison des curieux.

Et finalement les plus cons de tous sont quand même les curieux qui font un détour par Visan pour acheter des souvenirs de *La Ferme*. Et là, je vous pose une question : Que peut avoir dans la tête un être humain qui achête une boule qui neige avec Danièle Gilbert à l'intérieur ?

Il y a là une merveilleuse chaîne de la connerie humaine, c'est en quelque sorte la chenille de la connerie qui redémarre.

Hier, Ève Angeli, vous savez celle qui dit des conneries aux oreilles des chevaux, a fait un tour avec le vieux Pompon. Elle ne cessait comme à l'accoutumée de commenter tout ce qui se passait : « Tu vois, Pompon, là on va sortir de l'enclos. Oh, tu as vu, Pompon, tu avances une patte et puis une autre, ça s'appelle marcher, et là tu viens sur le côté ça s'appelle tourner ». Puis, je vous jure que c'est authentique, sur le chemin du retour, apercevant sur le sol un chapelet de crottin, elle s'exclame : « Oh regarde Pompon, c'est ton caca, tu le reconnais ? » Le cheval avait rabattu ses oreilles sur sa tête et il avançait comme ça, les oreilles collées au visage, au point que les fermiers se sont inquiétés et ont demandé au vétérinaire s'il n'aurait pas une otite, tant la douleur semblait intense pour qu'il plaque ses oreilles ainsi. Le vétérinaire les a rassurés…

– Non non, les chevaux font ça quand ils entendent trop de conneries.

Remarquez, Ève ne parle pas qu'aux chevaux, elle parle à tous les animaux et même aux objets. Et là elle part dans une autre dimension, un monde qui nous est inconnu, un infini de connerie, un trou noir, un big bang dans ses neurones, elle a même parlé au tas de fumier à côté de la grange, en lui déclarant, (accrochez vous, vous allez avoir un vertige) : « Eh ben dis donc, le fumier, on peut dire que tu portes bien ton nom ! »

Je dois vous faire un aveu terrible, hier soir, j'avais hâte de rentrer chez moi car *La Ferme* me manquait. Et c'est là que je me suis rendu compte que j'étais accro à une drogue dure, le néant télévisuel.

Arrivé chez moi, dans un réflexe pavlovien, j'ai sélectionné le canal 180, avec malgré tout la crainte qu'il s'y passe quelque chose d'intelligent. Vous imaginez que pour une fois TF1 ne nous donne pas de la connerie pure ? Qu'elle l'ait coupée avec de la culture ? Ouah quelle horreur, c'est pour ça qu'il faut faire très attention à vos dealers. Si tu veux acheter de la bonne merde télé, fais confiance à Endémol, c'est de la pure, il paraît qu'ils ont fait des tests officiels pour obtenir le label NF. Eh bien *La Ferme*, c'est d' la bonne, et la preuve c'est qu'elle me manquait hier soir.

Je vous disais qu'on a toujours un peu peur d'être déçu, peut-être y aurait-il eu une trace, un soupçon, l'ombre d'une forme d'intelligence ? Je vous rassure : non. Quand j'ai allumé ma télé, j'ai vu pendant dix minutes Danièle Gilbert se laver les dents en gros plan.

Quand on pense que des savants, des ingénieurs ont inventé la télévision, ce merveilleux moyen de transmettre les images à distance pour voir 50 ans plus tard une vieille dame qui connut son heure de gloire se laver les dents en ne nous épargnant rien de ce qu'elle recrachait dans son eau de rinçage, alors je dis qu'on avance.

D'aucuns pourraient penser que de telles images sont sans intérêt, ils ont tort. Par exemple, les stomatologues qui regardaient l'émission ont pu tirer des enseignements précieux de ce que Danièle Gilbert recrachait.

Là, je vous demande pardon d'être un peu technique, ce qui suit est destiné aux professionnels, voici donc ce qu'on pu apercevoir dans l'eau de rinçage de Danièle Gilbert : dans une salive épaisse et gazeuse on pouvait déceler des reliquats de feuille de chou, une boulette de mie de pain ayant la forme de la dent creuse dans laquelle elle s'était logée et un lambeau de palette de porc dont l'état de décomposition laissait penser qu'il était coincé entre deux pré-molaires depuis quelques jours. On peut donc en conclure que Danièle, outre un début de carie, a perdu un amalgame et un plombage.

À part ça, nos amis continuent leur expérience avec plus ou moins de bonheur. Certains gestes leur viennent naturellement, d'autres sont plus difficiles. Par exemple, la traite des vaches n'a présenté de difficulté à aucune des filles présentes. Jamais vaches ne furent si bien traitées : quand Eva la polonaise, Élodie Gossuin, Titia ou Céline Balitran ont terminé la traite, il ne reste plus la moindre goutte de lait dans le pis. C'est d'autant plus remarquable que voilà des filles qui n'avaient jamais vu une vache de leur vie et qui d'instinct arrivent à traire avec la dextérité d'un éleveur charolais.

Un autre qui adore traire, c'est notre ami Vincent. Hier, vêtu d'une robe fendue vert olive et chaussé de hauts talons pailletés d'or, Vincent, dont le pull qu'il tricote au crochet a bien avancé, a décidé d'aller aider aux vaches. Au début, il a surtout eu du mal à se déplacer dans la grange sur ses talons de 20 cm. Puis la production leur a fourni des bottes en caoutchouc de cultivateur, et là, Vincent Mac Doom a regardé les bottes avec mépris et, le plus sérieusement du monde, a demandé s'il pouvait en avoir avec des talons…

Avril 2004 (IV)

C'était hier soir à 23 h12. Je regardais les images de *La Ferme*. C'étaient les mêmes images nocturnes que celles qui viennent d'Irak, mais on y voyait pas Bagdad, on y voyait le dortoir des garçons de la Ferme.

On distinguait vaguement des formes humaines enfouies sous des duvets pour échapper au ronflement cataclysmique de Mouss Diouf qui résonne comme une sorte de basse continue, ponctuée de chapelets de flatulences exécutés par Maxime. C'est beau comme du Jean-Sébastien Bach. Dire que d'aucuns ricanent de l'inculture des lofteurs alors qu'ils réinventent la fugue à deux voix, et qu'en dormant ils nous apprennent le contrepoint.

Ce matin, à 7h10 je regardais les mêmes images infra rouges quand soudain, une lumière violente irradia le dortoir, tandis que les hauts-parleurs diffusaient des cris de coqs, caquetage de poule et autres bruits divers d'animaux de basse-cour.

Alors Pascal Olmeta s'éveilla. Il s'assit sur son lit et, les yeux dans le vague, se mit à gratter machinalement son épaule gauche de la main droite pendant un bon quart d'heure.

C'est le temps qu'il lui faut pour se souvenir de qui il est et de ce qu'il fait là. On a l'impression que dans son cerveau défilent des pancartes avec des noms, Mickey, non c'est pas moi, Nicolas Sarkozy, non c'est pas moi, etc. jusqu'à ce qu'il lise Pascal Olmeta, gardien de buts retraité. Alors il se lève et enfile sa tenue kaki.

Et là, on s'aperçoit avec terreur qu'on vient de regarder le néant pendant un quart d'heure.

Le pire c'était hier soir : j'ai regardé Danièle Gilbert pendant une heure trente finir sa vaisselle, se démaquiller et se mettre au lit, puis se relever parce qu'elle venait de détecter une odeur suspecte de brûlé, aller réveiller Élodie Gossuin pour lui dire : « Tu trouves pas que ça sent le brûlé ? »... Une heure et demie à regarder ça... Y'a-t-il un psy dans la salle ?

Hier, pour gagner le droit de prendre un bain, les fermiers devaient passer une épreuve consistant à apprendre par cœur les différents morceaux du mouton et du bœuf, qui figuraient sur deux grands panneaux. C'est alors que notre amie Ève Angeli s'écria : « Attention à la selle du mouton, elle n'est pas du tout à l'endroit où on met les selles sur les moutons »….

Un peu plus tard, revenant du poulailler, elle dit : « Le langage des coqs et des poules j'aimerais bien le connaître pour comprendre ce qu'ils disent, parce qu'ils sont bizarres des fois »…

Généralement, le schéma classique est un échange de banalités suivi d'une connerie. C'est-à-dire qu'ils n'ont même pas le niveau pour en rester aux banalités. Exemple hier avec Sébastien, le policier mannequin qui déclare : « Qu'est-ce que j'veux dire, au fait… »

Après une réflexion qui parut interminable, il reprit : « Qu'est-ce que j'veux dire au fait… Ah oui, y'a de ces embouteillages à Athènes ! »

Céline Balitran : « C'est à cause des touristes. »

Sébastien : « En plus les noms de rues sont pas écrits comme chez nous ».

Céline : « Non, ils écrivent en… En comment déjà ? »

Sébastien : « En céramique ! »

Ève Angeli remet en cause toutes les évidences scientifiques, car voici un être humain constitué de 100 % de bêtise pure. Et le public qui l'a sauvée vendredi ne s'y est pas trompé, qui a renvoyé Ilario à son Italie. Laissez-nous notre connerie bien française, qu'est-ce que c'est que ces étrangers qui viennent partager la connerie des Français ?

Du coup, comme pour nous remercier, Ève nous a fait un festival. La production ayant décidé de détendre les fermiers en leur offrant un méchoui, on la vit regarder longtemps l'agneau qui tournait sur sa broche. On se demandait ce qu'elle pensait, car elle gardait en permanence un air énigmatique, c'est-à-dire des yeux ronds totalement dénués d'expression. Donc, après un long temps de réflexion à regarder tourner le méchoui, Ève s'exclama : « Moi ce que j'aime pas dans le méchoui c'est qu'on voit le groin du cochon qui tourne ».

Le lendemain, le paysan du coin apprend aux pseudo célébrités (remarquez non, pour le coup maintenant ce sont des célébrités), à peigner, Pompon, le cheval. Élodie Gossuin se charge de la crinière et notre amie Ève de la queue.

Quand on la connaît bien, on devine qu'elle va dire une connerie au fait qu'elle passe sa langue sur ses dents d'un geste circulaire.

En fait, elle ne tourne qu'une fois sa langue dans sa bouche, c'est pour ça qu'elle dit des conneries, donc là, hop un petit tour de langue en peignant la queue du cheval et la voilà qui s'exclame : « Qu'est-ce qu'elle est belle sa crinière ! »

Les autres lui font remarquer qu'il s'agit de la queue du cheval et non de la crinière et là, je vous jure que c'est vrai, notre amie Ève répond : « Oui, je sais que c'est pas sa crinière, mais dire sa queue, c'est vulgaire. »

Les autres : « Ben, c'est comme ça que ça s'appelle, les animaux ont une queue... »

Et là elle conclut en apothéose : « Oui mais comme ma phrase c'était "qu'elle est belle sa queue", j'ai pas osé ! »

Un peu plus tard, passant la brosse de crin faisant ressortir l'écume du cheval, la voilà qui s'exclame : « Oh regardez y'a l'oxygène du cheval qui ressort ! »

Remarquez, on a tout compris en découvrant son mari. Oui parce que la production avait décidé de faire entrer, pour une journée, des proches des candidats dans *La Ferme*. Et on a vu monsieur Ève. C'est le même, mais en garçon. D'abord sur le plan vestimentaire, c'est pareil. Look de fête foraine, ce type ressemble à sa femme, c'est-à-dire qu'il a de gros yeux ronds totalement inexpressifs, on dirait un colin, voilà, c'est un couple de colins et il porte une coupe de cheveux qui faisait fureur dans la Bundesliga il y a dix ans. Une sorte de brosse avec des mèches blondes.

Mais la star du jour, ce fut Patroche. Patroche, autrement dit monsieur Danièle Gilbert. On avait hâte de le connaître. Déjà un type qui se dit : « Tiens, la femme de ma vie est Danièle Gilbert »... Eh bien on n'a pas été déçu. Vous voyez Godard, le cinéaste ? Prenez Godard avec ce côté échevelé, livide au milieu des tempêtes, enlevez à Godard son côté intellectuel, ce côté Malraux de l'homme qui réfléchit en permanence, vous obtenez un Godard mou, vous ajoutez une abondante chute de pellicules sur les épaules avec en plus des problèmes de peau, probablement un psoriasis tenace, enfin un truc avec des croûtes, et vous obtenez monsieur Gilbert.

Visiblement, papy n'a plus toutes ses facultés, le seul truc qui l'intéressait c'était de s'installer dans le fauteuil de *La Ferme*. Quand je pense que Danièle Gilbert a été condamnée pour escroquerie pour cette histoire de bague, alors qu'elle certifiait que grâce à la bague elle avait rencontré l'homme dont toutes les femmes rêvent. Elle mériterait à nouveau d'être condamnée pour publicité mensongère.

Olmeta, lui aussi, avait fait venir sa femme et ses filles, la plus petite a deux ans et demi, et ne parle pas ; la seule chose qu'elle dise c'est « à la tienne » en corse en trinquant (azaoute) et en plantant le couteau sur la table de la cuisine.

Ils ont mangé tous ensemble, candidats et famille, et je vous assure que la conversation valait le coup. « Quelqu'un veut goûter ma fougasse ? » demandait Danièle Gilbert. « Azaoute ! » répondait la petite.

Mai 2004 (VI)

La Ferme des célébrités anonymes a encore perdu près d'un million de téléspectateurs. En tous cas, ce n'est sûrement pas à cause des dialogues. Par exemple, avant-hier, nos fermiers, après un long débat sur la paternité de traces suspectes dans les toilettes, changèrent enfin de sujet et – oh surprise –, en vinrent à parler des abeilles. Soudain, l'un d'entre eux, transporté par l'aspect scientifique du débat s'enflamma et déclara : « Il ne faut pas oublier que dans l'Antiquité, les grecs ont recopié l'organisation des ruches ».

À aucun moment les autres participants n'ont douté de cette affirmation crétine (vous n'imaginez quand même pas Olmeta ou Ève Angeli faire un exposé sur Périclès). Mouss Diouf, qui lui en était resté au thème d'avant, enchaîna sans transition : « Oui, peut être, mais moi en boîte, je vais toujours dans les toilettes dames, c'est plus propre pour la grosse commission. Au fait tu sais comment je l'appelle la grosse commission ? La commission Warren, ha ha ha ! ». Du coup, Ève Angeli qui ne connaît pas le sénateur américain mais qui sait ce qu'est la grosse commission a déclaré : « Oh, à propos, la biquette a chié partout. » Les Grecs s'inspiraient peut-être des abeilles, les participants de *La Ferme* s'inspirent de la mouche bleue, chacun son truc.

Hier, Ève Angeli était d'humeur joyeuse, puisque c'est elle qui a été repêchée vendredi et qui dorénavant est régisseuse. Elle est venue en salle d'interview expliquer comment elle voyait son rôle : « Les autres, ils ont l'image d'une fille qui parle avant de réfléchir, alors là cette semaine j'ai décidé de réfléchir avant de parler ». Et là, elle dessine avec sa main une manivelle qui tourne contre sa tempe et tout en tournant, elle fait « hiiiikkk »... Ensuite Ève est allée annoncer la bonne nouvelle aux autres. Elle passait près des uns et des autres en tournant sa manivelle temporale en faisant : « Hey, maintenant je hiiiik... » Je vous laisse imaginer le long regard d'incompréhension que Pascal Olmeta posa sur elle.

À propos d'abeille, l'agriculteur qui les coache est venu leur apprendre à récolter le miel des ruches. Vous savez comment ça se passe, on enfume puis on sort les clavettes dont on racle le miel (je sais bien que ça ne s'appelle pas une clavette, mais j'ai pas trouvé le nom de cette planche trouée qu'on enfume et j'ai pensé que clavette ça sonnait bien). Évidemment, pour cette opération, les fermiers étaient vêtus de la même combinaison que Sarkozy à sa visite de la centrale nucléaire de Chinon, de façon à éviter de se faire piquer. Ève avait juste oublié de serrer la ceinture du blouson en teflar (oui, là c'est pareil, je ne connais pas cette matière synthétique dont sont faites les combinaisons et *teflar*, ça sonne bien) et alors qu'elle n'arrêtait pas de dire : « Oh la la j'ai peur parce que je suis allergique », la voilà soudain qui s'écrie : « Au secours, j'ai une guêpe dans mon casque ! » Pascal arrive pour l'aider et elle a cette phrase magnifique : « J'ai entendu un bruit dans ma tête, je me suis dit, c'est pas normal ».

C'est sûr qu'habituellement, dans sa tête, c'est plutôt le grand silence, le désert de Gobi…

Mai 2004 (III)

Hier, Ève Angeli a parlé à Pompon le cheval. Chaque matin, les animaux de *La Ferme* se disent : « Pourvu que ce soit pas Ève Angeli qui vienne s'occuper de moi ! » Donc là, le pauvre Pompon n'avait pas de chance, c'est Ève qui devait le brosser. Elle s'est collée contre le cheval et lui a dit : « Respire profondément. Oh, je sais bien que tu ne peux pas respirer profondément puisque tu es un cheval, mais essaie quand même ».

En fin de journée, elle déclara : « Ça y est, j'ai compris, mon rôle consiste à réfléchir à voix basse dans ma tête, et seulement quand j'aurais réfléchi tout ça dans ma tête, là je pourrai dire à voix haute. »

C'est Pompon qui va être content.

Ce soir, dernière de *La Ferme*. Olmeta a déjà niqué l'émission en demandant aux participants de ne pas s'agresser, c'est à dire le contraire du concept de cette émission basée sur le malsain. Du coup, alors que *La Ferme* ça devait être duel au soleil, c'est *La petite maison dans la prairie*. Les candidats passent leur temps assis à la table sur la terrasse à écouter chanter Ève Angeli tandis qu'Élodie Gossuin et Céline Balitran picolent.

Il faut dire que 53 jours enfermés avec Ève Angeli et Pascal Olmeta, c'est déstabilisant. C'est marrant, ce type était un gardien de but magnifique, et on découvre un beauf avec douze mots de vocabulaire. Alors, il donne le change en jouant les patriarches silencieux. Il trône en bout de table, ouvre son couteau de berger et commence à couper une tranche de jambon corse.

Danièle Gilbert : « Oh, du jambon de pays, quelle bonne idée ! »

L'autre, sans un mot, coupe la tranche, replie le couteau, prend la tranche de jambon entre ses doigts et commence à frotter ses bottes avec.

La nouveauté de la semaine, c'est l'entrée d'Emmanuel de Brantes. Vous connaissez Emmanuel de Brantes ? Non ? Bon, vous vous souvenez de Stéphane Bern époque *Sagas*, avec le ramené de cheveux en arrière et cette façon de parler étrange, des trucs comme « peu me chaut » ?

Toujours est-il qu'en salle d'interview on a demandé à Olmeta ce qu'il pensait d'Emmanuel de Brantes. Il a répondu : « Sérieusement, le plus sincèrement possible, je n'en pense rien ».

Son problème avec de Brantes, c'est que ce dernier ronfle. Olmeta s'en est plaint avec cette conclusion magnifique : « S'il continue à ronfler, je vais lui mettre un coup pour qu'il dorme ».

La Ferme des célébrités s'achève et le plus dur commence pour Danièle Gilbert.

D'abord parce qu'elle va voir comment TF1 a monté les images de son séjour rural pour la faire apparaître comme une espèce de vieille peau manipulatrice et aigrie. Et lorsqu'elle inaugurera sa prochaine Halle aux chaussures, y'aura toujours quelqu'un pour lui dire : « Vous devriez prendre imossel duo pour plus péter la nuit ».

Je lui prévois des jours difficiles, à Danou, des nervous breakdown, comme disait Audiard.

Juin 2004

Un dernier mot sur *La Ferme*. C'est Olmeta qui a gagné et c'est l'enfer qui commence pour les producteurs qui espéraient le presser comme un citron le faire venir dans toutes les émissions de TF1. Il a pris le fric et il est reparti en Corse.

Quand les gens d'Endémol appellent le numéro qu'il leur a donné, ils tombent sur l'horloge parlante.

Pascal vient d'inventer le TV-fucking aux dépens de TF1. Vive la Corse !

FONTENAY Geneviève de

Décembre 2003

Un mot sur *On ne peut pas plaire à tout le monde* et le show qu'y fit la mère de Fontenay. Oui, bien sûr les Miss sont gentilles et on n'a pas envie de tirer sur l'ambulance. Oui, c'est vrai, de Fontenay est marrante quand elle récite ses lieux communs… Hier, elle a déclaré sérieusement : « Quand on entend c'qu'on entend et qu'on voit c'qu'on voit… » Puis on a commencé à la trouver bizarre quand elle a expliqué que son élection avait eu moins de succès cette année à cause des problèmes avec l'antisémitisme, et puis on n'a plus du tout ri quand elle a dit d'un ton sévère : « Dans l'élection de Monsieur France y a pas que des hommes », conclu d'un terrible « J'me comprends… » (Mais tu comprends quoi, ma poule ?) Le meilleur fut lorsque Laurent Ruquier lui demanda s'il y avait jamais eu de lesbiennes dans les concours de Miss. Elle s'écria avec dégoût : « Oh ! sûrement pas ! » Mais l'homosexualité n'est pas une tare, mamie ! La connerie, oui ! T'as pas d'pot…

GÉNÉRATION SUCCÈS

MARS 2004

Rien de bien nouveau dans nos week-ends télévisés. On avait juste l'habitude de les commencer en regardant Fogiel, maintenant on ne les termine pas en regardant Fogiel. Car le dimanche soir, on n'a pas envie d'entendre Nicole Garcia, Jean-Pierre Coffe et Omar Sharif, comme hier soir... Non, un week-end de télé, ça se termine en regardant sur TF1 un bon gros film américain.

Hier soir, c'était *Volte-face*, avec Nicolas Cage et Travolta. Autant vous dire qu'en face, Jean-Pierre Coffe a eu du mal.

L'amiral de Gaulle m'emmerde. Oui, je sais, la phrase est elliptique et radicale, mais je suis fatigué de le voir sur tous les plateaux de télévision jouer de son incroyable ressemblance avec son père pour se prendre pour le grand Charles et donner des leçons à la France. L'autre soir, chez Franz-Olivier Giesbert, avec son pote Maurice Druon, les voilà qui commentent le célèbre « les Français sont des veaux ». En gros, dans toute l'histoire de France, à part de Gaulle et une poignée d'hommes qui ont changé l'histoire, le peuple était une grosse feignasse, peureuse, qui attendait que ça se passe.

Mais qui est-il, Sosthène, pour nous donner des leçons ? Son seul titre de gloire c'est d'être sorti d'une couille de De Gaulle, y a pas de quoi non plus donner des leçons à un pays ! En plus, chez Ardisson, il a confié qu'il souhaitait avoir à ses côtés Amanda Lear, car, disait-il, elle a beaucoup de talent. Et le vieux tout émoustillé de rougir en recevant une bise d'Amanda. C'était pathétique de voir le fils de Gaulle brûler ses derniers feux pour un travelo.

Encore un samedi soir nostalgique à la télévision, avec ces émissions qui ne coûtent rien, ces best of qui pillent la télévision, ces bêtisiers qu'on a vus mille fois, et qu'on demande au téléspectateur de classer dans un ordre sans importance, l'essentiel étant de percevoir le montant du téléphone surtaxé.

L'autre jour, ils ont même diffusé une émission des *Enfants de la télé* spéciale *Enfants de la télé*, c'est-à-dire fondée sur les réactions des invités aux images des *Enfants de la télé*. Avec Arthur qui disait à ses invités : « Ah ! j'ai une casserole pour vous », et il leur montrait leurs images dans les années 1980, les types avec une moustache ridicule et avant qu'ils ne se soient fait refaire les dents. Ce procédé prend toute sa splendeur quand on sait que l'avocat d'Arthur a demandé qu'on ne diffuse plus une seule image de lui avant 2000 sous peine de poursuites. C'est drôle, parce que moi je le trouvais mieux avant.

Samedi soir, sur la une, un best of *Surprises surprises*, et sur la deux, une chose intitulée *Génération Succès*. On y a droit chaque semaine : une animatrice, un coprésentateur de retour d'un stage à Mykonos qui connaît tout sur Mike Brant et Claude François. Là, ils avaient rajouté, pour la figuration du second choix de *Star Academy*, trois des candidats qui sont partis avant la fin, qu'on a déjà oubliés, et à qui on demande :

– Alors, Laetitia, vous allez sortir prochainement un single ?

– Euh, oui, j'espère…

Aïe aïe aïe ! Et puis, il y avait aussi Alexandre. Lui, ils n'ont carrément pas prévu de lui faire faire de disque, mais le voilà qui annonce qu'il va jouer au festival de Montreux. Montreux ? Frank Zappa, Pink Floyd, Queen ? Bon, notre admiration fut de courte durée, vu qu'Alexandre se rattrapa tout de suite en disant : « Euh, non, pas Montreux, c'est au festival de Montereau. » Alors Ness, pour lui venir en aide, lit sur sa fiche « en première partie d'Eddy Mitchell », et Alexandre qui répond : « Euh, plus précisément en première partie de Paul Personne, qui lui est en première partie d'Eddy Mitchell… »

INCROYABLE MAIS VRAI

Décembre 2003

Il y a un peu plus de deux mille ans, un enfant naissait dans une étable à Bethléem. Puis, pendant deux millénaires, il y eut Shakespeare, Gutenberg, Léonard de Vinci, Descartes, Mozart, Voltaire, Pasteur, Schopenhauer, Pierre et Marie Curie, Freud et Einstein…

…Et hier soir, sur TF1, dans l'émission intitulée *Incroyable mais vrai* présentée par un dénommé Roblès, des gens sont venus faire l'éloge du pipi, puis monsieur Fion et madame Conne expliquèrent que leur nom était difficile à porter.

Deux millénaires, pour en arriver là.

Et même plus. On peut même remonter à Diogène dans son tonneau se masturbant en public pour se libérer du désir et se consacrer à l'étude. Remarquez, j'en connais, dans cette équipe, des absents aujourd'hui, qui font la même chose que Diogène, mais que ça n'aide pas beaucoup pour écrire des poèmes…

Plus de deux millénaires, disais-je, pour en arriver à cette superbe merde diffusée par TF1 hier soir et intitulée *Incroyable mais vrai*. Outre Roblès déjà cité, je m'en voudrais d'omettre ce qu'il appelle sa *dream team*. Vous allez voir à quel point l'expression est justifiée puisqu'il est entouré de Jean-Pascal, Sophie Favier et Roger Pierre… Le con, la bête et le croulant.

L'émission commença par un habitant de La Réunion qui, en faisant du surf, se fit bouffer un bras par un requin-bouledogue. Bon, déjà un requin-bouledogue, moi je n'en ai jamais entendu parler.

Ça doit être un requin tenu en laisse par une vieille à chapeau... Mais bon, le type explique qu'il s'est battu avec la bête. Pendant que le squale lui bouffait le bras, il lui mettait des coups de poing dans l'œil, et pour illustrer ça, le réalisateur de l'émission passe un cri terrible, un cri d'éléphant blessé. Alors que si les requins hurlaient, ça se saurait...

Mais ce qui était drôle, c'est qu'ils expliquent que malgré son handicap, le type a continué son activité de carreleur et qu'il est même devenu plus efficace et là, on le voit avec son crochet attraper un seau d'eau : « Oh ! Regardez comme le crochet attrape l'anse du seau ! C'est sûr, les carreleurs qui ont leurs deux bras doivent se sentir empotés ! »

Retour plateau, tout le monde s'exclame, c'est incroyable. Et nous allons maintenant retrouver Catman, l'homme qui veut devenir un tigre, un illuminé qui s'est fait opérer quatorze fois et s'est fait injecter du silicone. Pour être honnête, c'était un peu raté, le type ressemble à Sheila....

C'est une émission à petit budget, donc vous pensez bien qu'ils n'ont pas les moyens d'envoyer des équipes pour tourner les sujets, non, c'est de l'occasion, de seconde, voire de troisième main, et c'est pour ça que le logo *Incroyable mais vrai* est si gros en bas de l'écran. Il faut bien cacher le nom de la chaîne qui a tourné le sujet...

Hier, ils ont fait très fort, car ils ont racheté un sujet sur la pipithérapie à *Y a pas photo* de Bataille et Fontaine, deux ou trois allumés qui se passent du pipi sur la figure en affirmant que ça contient des antibiotiques… Avec la dame qui dit : « Moi, tous les matins, hop ! je remplis ma baignoire de pipi et je prends mon bain. » Soit les capacités de la vessie de la dame sont impressionnantes, soit toute la famille défile, on ne sait pas. Mais ce qui est drôle c'est de penser aux tractations avec la société de Bataille et Fontaine :

– Combien pour le sujet pour le pipi ?
– Ben, si tu me prends l'homme tigre, j'te fais un prix.
– Bon, allez, tu me le donnes gratuitement.

IRAK

Mai 2004

Les Américains osent tout. On nous annonce qu'aux États-Unis, *le Bachelor* des nains n'a pas marché. Dès les premiers épisodes, le public n'a pas suivi, alors la production, pour relancer l'audience, fit intervenir des filles de grande taille parmi les prétendantes. Même ça ne changea rien.

Un autre programme qui en revanche a bien marché, c'est la diffusion par ABC de la liste des morts américains en Irak. Samedi midi, au journal de

13 heures, on a vu le patron de cette chaîne expliquer qu'il faisait ça par pur engagement politique. Ce qu'il oublie de dire, c'est qu'au milieu de l'émission, la litanie des morts au combat est interrompue par un espace publicitaire pour lequel les tarifs ont été multipliés par deux. Vous imaginez.... Gonzalès Miguel, Higuéria Pedro, Hubanas Carlos – oui, parce que ce ne sont que des chicanos ou des Blacks – ... Hubanas Carlos... Hollywood chewing-gum...

JOURNAUX TÉLÉVISÉS

FÉVRIER 2004

Je me suis rendu hier soir au théâtre de la Madeleine, pour voir *Une pièce espagnole*, de Yasmina Reza, interprétée, entre autres, par notre invitée Marianne Denicourt. Une pièce pirandellienne, disent les critiques. « Pirandellienne », c'est quand la vraie vie interfère dans le théâtre. Chez Pascale Clark, on appelle ça une mise en abyme.

Ça m'a donné l'idée de vous parler de la pièce de façon pirandellienne, c'est-à-dire d'instiller dans cette narration des morceaux de ma vraie vie.

Ayant décidé, avant le théâtre, de dîner légèrement afin d'éviter l'hypoglycémie, je me rendis, sur les conseils de mon médecin nutritionniste, au snack-bar grec près de chez moi. Vous ne pouvez pas le rater, il est situé entre la boutique d'accès à internet et de téléphone internationaux à prix réduits et le coiffeur agréé par l'imam avec barbe *halal* à six euros. C'est nouveau ça, tous ceux qui habitent dans la vraie vie auront remarqué la multiplication de coiffeurs pratiquant la barbe *halal* à six euros. C'est ostensible ou ostentatoire ?

Là, comme je vous l'ai déjà dit, je dînais légèrement d'un sandwich grec, constitué de viande grasse découpée sur une pyramide inversée tournant sur elle-même devant un gril vertical, plus *salmategnon* (là, pour comprendre, faut être initié : *salmategnon*, c'est quand le monsieur vous demande si vous souhaitez de la salade, des tomates et des oignons. La vraie formule, c'est *salmategnonkelsauce*). Il me demanda quelle sauce je souhaitais, et hier j'ai pris mayonnaise. Il a sorti une bouteille en plastique jaunâtre sur laquelle il a appuyé généreusement, noyant la viande grasse sous la mayo, puis il compléta le sandwich avec 500 grammes de frites à peine essorées avant d'envelopper le tout dans du papier alu.

Pendant qu'il procédait à cette préparation diététique, sur la télé fixée au mur j'entendis le générique du journal de TF1 et PPDA apparut, le visage du présentateur étant très vite remplacé par celui du croque-mort de Lucky Luke, Alain Juppé. Le mépris au coin des lèvres, ce dernier annonça le plus tranquillement du monde qu'il avait dit qu'il partirait, mais qu'il restait puisque l'affaire allait de nouveau être jugée en appel. À cet instant, il me faisait penser à cette comptine enfantine, *pouf, pouf, ce-se-ra-toi-qui-par-ti-ras*. Mais comme le *ras* tombe mal, on enchaîne : *mais-comme-le-roi-ne-le-veut-pas-tu-ne-par-ti-ras-pas*. C'est exactement ce qui s'est passé avec Juppé. Il avait dit : ce sera moi qui parti*rai*, mais comme Chirac ne le veut pas je ne partirai pas... Juppé parlait dans l'indifférence générale, mais lorsqu'il affirma sans rire : « Mes diplômes me nuisent... », des têtes se levèrent, interloquées, vers la télé. Et quand, à une question dérangeante de PPDA, il répondit avec cette suffisance dans le regard : « Il faut être d'une très grande sérénité pour répondre à votre question, comment peut-on même la formuler ? », du fond de l'établissement on entendit une voix de jeune, comme on dit, crier : « Bouffon ! » et l'image du JT disparut, remplacée par celle de la pierre noire de La Mecque, avec ses cercles concentriques de foule humaine.

Comme pour excuser cet incident, le patron du snack m'expliqua qu'ici, c'est comme là-bas, les hommes politiques sont les mêmes, qu'il n'y a que ça qui les intéresse, et pour illustrer le « ça », il frotta son pouce contre son index.

Je lui expliquai que non, je ne les croyais pas tous pourris, mais qu'on disait qu'on avait la droite la plus bête du monde, pas forcément la plus corrompue, et cette discussion me fit arriver en retard au théâtre.

Je retournerai voir votre pièce, Marianne.

Mais au moins, maintenant je sais ce qu'est une situation pirandellienne. C'est quand la vraie vie vient bousculer la comédie du pouvoir.

KOH LANTA

Septembre 2004

J'ai regardé *Koh Lanta*, vous savez l'émission où les candidats sont lâchés loin de toute civilisation et risquent leur vie à tout moment. Y a juste, à 50 mètres, derrière une palissade sur laquelle ils ont peint des bananiers pour camoufler, toute l'organisation : une régie, un restaurant, des cases comme au Club Med et même un hôpital de campagne. Mais TF1, pour vendre son jeu, nous fait croire que les candidats sont en danger permanent et peuvent même mourir à tout moment.

Vendredi, le danger était représenté par un caïman qui nageait devant la plage. Bon, c'était un petit en fait, et il était plus proche de l'iguane que du crocodile, mais comme il fallait dramatiser, Denis Brogniard… Ah ! oui, lui aussi, il faudra que je vous en parle plus en détail. Il s'appelle Brogniard, comme le palais Brongniart, mais lui c'est pas le palais, c'est le laid Brogniard, oui il est laid, mais pas de naissance, il est né à Katmandou, il est donc népalais né pas laid, Brogniard, mais il l'est devenu… Bref !

Denis Brogniard essayait de nous vendre les images du soi-disant caïman en murmurant : « Il n'est pas dangereux, mais sa mère n'est peut-être pas loin. » Sous-entendu : « Et pour défendre son petit, la mère viendra manger le candidat qui dort sur la plage. »

Pour confirmer le danger, TF1 avait fait venir un Indien bourré à la tequila qui bredouillait : « Caïmans dangereux pour l'homme si on les attaque ! », filmé en infrarouge pour montrer que c'était la nuit, juste au moment où les candidats dormaient sur la plage.

Suit la séquence de la chasse à l'iguane. Il faut savoir que les candidats de *Koh Lanta* chassent des iguanes pour les manger, parfaitement, mais ça leur donne la tourista, à un moment y en à un qui soi-disant est malade, ils lui mettent les perfusions sur la plage alors qu'il y a un bloc opératoire derrière la palissade.

Alors pour la chasse à l'iguane, ils partent à deux avec des arcs et des flèches, c'est impressionnant de les voir partir comme ça chercher la nourriture de la journée. Bon, après on se rend compte que les iguanes dorment sous les pierres. Les candidats en soulèvent une, l'iguane est dans son premier sommeil, l'autre bande son arc à 30 centimètres de la pauvre bête et tire dans le sol. Comme l'iguane se débat dans tous les sens autour de la flèche, il lui écrase le crâne d'un coup de bâton, ce qu'il aurait dû faire dès le début, mais ça aurait été moins spectaculaire.

LCI

Mars 2004

C'était un dimanche soir, il y a plus de un an. Après un week-end au salon du livre de Brive, je venais de monter dans le train pour Paris et d'y trouver un compartiment désert.

Je vivais alors ces délicieux instants de suspense où l'on attend impatiemment le départ du train en espérant qu'aucun autre voyageur n'aura la mauvaise idée d'entrer dans ce qui est devenu notre territoire, avec à chaque fois la même angoisse en entendant au bout du couloir les chocs répétés de la porte battante, puis la progression du voyageur au bruit de sa valise cognant contre les cloisons. Et puis, le bonheur lorsque, après un coup plus fort contre la porte de notre compartiment, le bruit des coups de valise s'éloigne peu à peu.

Hélas ! Sans que je n'aie entendu arriver, la porte du compartiment s'ouvrit violemment sur un visage de sportif aux cheveux ras qui s'illumina à la vue de ma solitude et s'écria : « Hélène, ici, c'est bon. »

Je le détestai, comme je détestai la fille timide, douce, assez jolie qui le rejoignit.

À cet instant, Stéphane Bern se dit : « Bon, le v'là qui nous raconte sa vie. »

J'interromps donc ce récit authentique pour vous donner une première rafale de perles du *Maillon faible* d'hier. Saluons d'abord Anjy, danseuse à Marseille, qui s'est dit « Je n'ai absolument aucune culture, je vais donc me présenter à un jeu de culture générale », et qui, lorsque Boccolini lui a demandé : « Comment s'appelle le président des États-Unis ? », a répondu : « George Washington ! »

Saluons également Nicolas, sapeur-pompier, à qui on a demandé : « Quelle chanson de Balavoine commence par « Petite rue de casbah au milieu de Casa », et qui a répondu *Marie-Hélène* !

Puis à la question : « De quel empire Sissi était-elle impératrice ? » Il a répondu : « D'Espagne ! »

Terminons cette première série avec Mylène, 30 ans, cheminotte à Perpignan, qui après un début prometteur, puisqu'à la question « Quelle couleur est associée au méthylène dans le nom d'un médicament antiseptique ? », a répondu « le fluor », a enchaîné sur un chef-d'œuvre : lorsque Boccolini a demandé : « Vrai ou faux : Saint-Exupéry est le saint patron des aviateurs », elle a répondu : « vrai ! »

J'observais ce jeune couple dans le reflet de la glace.

« Vous étiez à la foire du livre ? » commença le jeune homme, un peu comme on tend le calumet de la paix. Alors nous parlâmes.

Il était gendarme et venait d'être muté à l'ambassade de France en Haïti. Ils quittaient leur Corrèze d'origine pour aller prendre l'avion à Paris. Il m'expliqua qu'il n'y avait qu'un seul gendarme à l'ambassade de France, qu'il s'agissait d'une présence symbolique. Elle, de la bonté plein les yeux, me raconta qu'elle allait ouvrir une école pour alphabétiser les gamins haïtiens. Lors d'un premier voyage, elle avait vu les grandes décharges d'ordures sur lesquelles les Haïtiens construisent des cabanes où ils vivent.

Arrivés à Paris, nous échangeâmes nos cartes et on promit de s'écrire. On ne le fit jamais.

Tout ça pour vous dire que ce week-end, j'ai regardé la télévision par séquences, en zappant sur LCI afin d'y suivre la situation en Haïti, et d'y voir ces images terrifiantes de chimères, mi-hommes mi-bêtes cachant sous des lunettes noires des yeux noyés de drogue et de mauvais alcools, ces gamins qui pillent des magasins et qu'on abat comme des chiens malades, et ces femmes qui continuent à égorger des poulets pour mieux entrer en transe.

Que sont devenus mes amoureux du train ? Que vont devenir les enfants des montagnes d'ordures ?

Au milieu de tout ça, vous imaginez que les problèmes des gogos de *Sans aucun doute* m'ont laissé de marbre, même si on faillit avoir un mort sur le plateau. Eh oui, monsieur Curatlé, en conflit avec je ne sais quelle administration, a été victime d'un malaise au moment où Courbet avait ladite administration au téléphone, avec toujours ce cérémonial imbécile d'une main en régie qui compose un numéro et du type qui tend le bras à Courbet. À cet instant, on entend une voix *off* qui nous dit : « Devant la désinvolture de notre interlocuteur, monsieur Curatlé fait un malaise cardiaque. » La voix *off* de Courbet est donc à la fois cardiologue et psychiatre. Remarquez, sur le plan cardiologique, ça devait pas être dramatique, vu qu'à l'hosto ils l'ont renvoyé tout de suite en disant on n'a pas le temps de s'amuser, on a de vraies urgences. Alors Courbet en a fait des tonnes en appelant sa femme :

– Nous allons prendre des nouvelles de monsieur Curatlé auprès de sa veuve. (Non, il n'a pas dit « veuve », mais on voyait que ça le démangeait.)

Manque de chance, la dame lui a dit : « Ça va, ils lui ont fait une prise de sang, mais ils l'ont pas gardé. »

Il ne lui est pas venu une seconde à l'esprit, à Courbet, que papi ait eu un coup de chaud et de trac sur le plateau. Non, c'est à cause de la désinvolture de son interlocuteur. Monsieur Curatlé, attaquez Courbet : ce n'est pas à cause de la désinvolture de votre interlocuteur que vous avez eu un malaise, c'est à cause de la chaleur du plateau, du stress, et surtout du fait que personne dans cette émission ignoble n'ait pensé à contrôler si votre état de santé était compatible avec votre passage dans *Sans aucune doute*.

LUMBROSO DANIELA

FÉVRIER 2004

Samedi soir, chanson, nostalgie et téléphone surtaxé sur les deux chaînes. Des émissions qui ne coûtent pas cher, une présentatrice assistée d'un stagiaire de Mýkonos qui connaît tout sur les vieilles chanteuses. Celui de TF1 ressemble à la lune dans les films de Méliès, et sur France 2 un sosie de Willy, venu nous livrer des anecdotes archiconnues.

J'ai regardé la deux parce que c'était présenté par Daniela Lumbroso en direct, et qu'avec elle on n'est jamais déçu. Daniela Lumbroso en dame des PTT, c'est toujours un grand moment, d'autant que samedi Daniela n'était pas en grande forme. Bon, au début, elle a commencé par quelques lieux communs, du genre : « Et voici Stone et Charden, un duo qui sent bon la France. » Bien évidemment tout le monde chantait en play-back, mais allez savoir ce qui passa par la tête de Stone, à la fin de la chanson, elle s'est mise à improviser *a cappella* sur les vaches rouges, blanches et noires. Ça a été terrible… Elle le sait, pourtant, qu'elle chante faux. Ça fait trente-cinq ans qu'elle chante faux, en plus elle s'est tout fait refaire ! Pendant qu'elle y était, elle aurait pu changer les cordes vocales.

Je vous disais qu'il s'agissait d'une émission où les téléspectateurs appelaient un numéro surtaxé (bravo le service public !) pour donner leur classement des duos. Si on vous prenait au téléphone, vous gagniez un séjour Look Voyage à Marrakech à l'hôtel Issi. L'hôtel Issi, c'est l'Ibis de là-bas, le même logo, avec le repas hors-d'œuvre à volonté.

Oh ! Daniela, l'amour n'est peut-être qu'un jeu pour toi, mais samedi la présentation de l'émission fut un calvaire !

Quand Daniela est stressée, elle dit n'importe quoi et remplit en faisant du bruit avec la bouche, pendant qu'elle regarde sur ses fiches ou sur le prompteur ce qui va se passer. Lorsqu'elle annonce les chiffres de ventes de disques, comme c'est invérifiable et qu'elle veut impressionner, elle y va franchement : « Rappelez-vous ce disque qui s'est vendu à quatre millions d'exemplaires ! »

On ne sait pas pourquoi elle a choisi quatre millions, elle trouve ça impressionnant, mais c'est ainsi.

Samedi, elle recevait Vally pour le duo *Chacun fait, fait, fait…* et elle lui dit : « Chère Vally, cette chanson fut un immense succès, rappelons que vous avez vendu quatre millions d'exemplaires. » Vally la regarde interloquée, elle était restée à 500 000, ce qui était déjà bien. Alors elle dit à Lumbroso : « Quatre millions, c'est incroyable ! Eh bien, la compagnie de disques me doit un paquet d'argent, vu qu'ils ne m'ont payée que pour 500 000 ! » Et là, Daniela sort les avirons, comme je vous l'ai déjà dit sa voix monte d'une tierce, et improvise royalement : « Euh, quand je dis quatre millions, c'est dans le monde, en France c'est deux millions seulement. » C'est-à-dire, vous l'avez compris, n'importe quoi.

Sinon, avec elle, tout est culte. Peter et Sloane ? Duo culte. Marc Toesca ? Présentateur culte.

Comme c'était une spéciale duo, on a eu droit à Maurane et Lara Fabian qui chantent *Tu es mon autre*, une très belle chanson, dont elles profitent pour faire une double consultation ORL. Je ne sais pas si vous les avez déjà vues, elles s'ouvrent la bouche en grand à cinq centimètres l'une de l'autre. « Ah ! Lara, tu te méfieras, ma chérie, tu as un début de carie sur la deuxième prémolaire à gauche… »

Visiblement, Lara Fabian n'était pas à son aise, Maurane avait dû manger un aïoli ou des escargots à midi, du coup, elle s'est retournée vers le public, alors que l'autre continuait à la regarder bouche ouverte.

Arrive le premier téléspectateur au téléphone en direct. Stress, une tierce d'angoisse, Daniela demande : « Allô, bonsoir, comment vous appelez-vous ? »

– Line…
– Line, quel beau prénom ! Et d'où nous appelez-vous ?
– De Corse.

– La Corse, quelle belle région ! Vous avez du soleil ?

Bon, il était 22 h 30, mais l'autre, pour être polie, a répondu : « Ça va, ça va… »

Ensuite elle reçoit la petite fille du *Téléphone pleure*, la chanson de Claude François. Aujourd'hui, elle a 30 ans et Daniela lui demande : « Vous avez des petites filles ? »

– Non.
– Eh bien, on vous souhaite de leur faire écouter *Le téléphone pleure*, ça peut pas leur faire du mal.

Avril 2004

Une qui pratique le mélange des genres, c'est notre amie Daniela Lumbroso. Quand elle présente des émissions culturelles, elle affirme haut et fort qu'elle ne fera plus de variétés. Ensuite, quand elle se fait virer, elle dit qu'elle avait besoin de liberté.

En ce moment, elle est très libre, puisqu'elle présente les 20 h 30 en direct, vous savez, toutes ces émissions sur n'importe quel classement permettant aux téléspectateurs de dépenser des fortunes au téléphone. Samedi soir sur France 2, c'était une spéciale Michel Sardou, une émission Universal, dont on devine qu'ils avaient dit à France 2 : « OK pour Sardou, mais on vous donne tous les seconds couteaux qui ont du mal en ce moment. »

Je vous ai déjà parlé ici des deux syndromes de stress de Daniela. D'une part, la ponctuation de ses phrases idiotes par un petit rire du genre « hi hi hi ! » ; d'autre part, la montée progressive de sa voix dans les aigus.

Samedi, elle rit beaucoup, et elle termina l'émission quasiment au contre-ut, c'est vous dire si elle eut du mal.

L'émission commença par un portrait dithyrambique de Sardou qui disait notamment : « C'est le seul à avoir traversé quatre décennies, le plus grand chanteur français. » Et là, évidemment, tout le monde se dit : « Mais qu'est-ce que c'est que ces conneries ? Tout le monde sait que c'est Hallyday le plus grand chanteur français ! » Ce n'est que quand Lumbroso remercia le patron d'Universal que j'ai compris... Rappelez-vous, Johnny est très fâché avec Universal, à qui il réclame un pactole. Sardou, en revanche, vient de rejoindre Universal. Alors ils descendent Hallyday et encensent Sardou. Et France 2 doit diffuser ce texte à caractère purement commercial.

Ensuite, Garou est venu chanter *Je vais t'aimer*.

Lumbroso, son rire idiot :

– Alors, Garou, ça fait quoi de chanter devant Michel Sardou ? Hi hi hi...
– Ah ! ben, c'est impressionnant...

Oui, j'ai oublié de vous dire, Daniela Lumbroso ne peut pas dire des conneries pendant deux heures seule ! Elle est accompagnée (comme Flavie Flament sur TF1) d'un spécialiste en chansons, le type qui raconte toujours les mêmes anecdotes sur le show business. Et là, le gars explique que Jacques Revaux, le compositeur de Sardou, a une spécialité... Il compose tous ses tubes en robe de chambre, car c'est cette tenue qui l'inspire.

Je vous laisse imaginer la tête de Sardou, qui a travaillé trente-cinq ans avec Revaux et qui ne l'a vu en robe de chambre qu'une seule fois, le jour où l'autre avait abusé la veille... Au moment où il va protester, Daniela :

– Alors, Michel, il va bien ? Vous le voyez toujours ? Hi hi hi ?

Là, il faut savoir qu'ils sont fâchés à vie !

– Non, je ne le vois plus du tout, il est en Suisse, il joue au golf.

Vient ensuite Jenifer de chez Universal... Elle chante *La Maladie d'amour*... Et là, c'est le carnage, car elle, contrairement à Sardou, était en direct.

Sardou : – C'est très difficile de rentrer dans une tonalité...

Daniela : – Jenifer, votre bébé va bien, hi hi hi ?
– Oui, très bien.
– Il nous regarde ce soir... hi hi hi ?

Les autres, tétanisés.

Elle se reprend : – Non, il nous écoute, peut-être ?

Jenifer : – Non, il dort.

Juin 2004

Un mot sur la fête de la musique diffusée lundi en direct depuis l'esplanade du Trocadéro et animée par notre amie Daniela Lumbroso.

Oui, parce qu'à France 2, ils se disaient : « Déjà, quand Daniela présente les émissions en plateau, c'est le bordel, elle est incapable de faire face au moindre incident. Là, on va la mettre en direct devant cent mille personnes sur l'esplanade du Trocadéro, elle va paniquer, monter dans les aigus et rire bêtement, et nous on va se régaler. »

On n'a pas été déçus. On comprend mieux l'expression « variétés et divertissements ». « Variétés », c'est les chanteurs. « Divertissement », c'est les conneries de Daniela. En plus, comme d'habitude, elle a dû faire face aux éléments extérieurs : rien ne marchait, on lui avait écrit des textes idiots. Pour commencer, on lui fait dire : « Nous recevrons un parterre de stars qui brilleront autant que les étoiles ce soir dans le ciel de Paris. » Il faisait plein jour.

Est-ce cet anachronisme qui a déstabilisé Daniela ? Toujours est-il qu'à partir de là, ce fut un festival.

Recevant Yannick Noah, elle déclara : « Ah ! Yannick, vous êtes tellement beau que pour ne pas vous voir, il faudrait être sourd. »

Ensuite, Daniela reçoit une chanteuse roumaine à qui elle demande si elle a quelque chose à dire. La fille déclare : « Je veux dire je t'aime France. » Et là, Daniela attend la traduction dans son oreillette, puis finit par traduire : « Elle dit je t'aime France. »

Ensuite, dans un lapsus freudien, elle s'écria : « Allez, ce soir on chante dans toute la Gaule. »

Le plateau était constitué de Garou, Calogero, Natacha St Pier, Isabelle Boulay, Chimène Badi et Steve… Autrement dit, une belle brochette de chanteurs sans intérêt que Daniela recevait après chaque chanson et qu'elle devait interviewer, le temps que le play-back suivant se mette en place. Alors, comme elle ne savait pas quoi leur raconter, elle disait : « Vous avez vu la tour Eiffel ? » Le chanteur disait « oui », et là Daniela était plantée. Alors ça a donné :

– Chimène Badi, vous avez vu la tour Eiffel ?
– Oui.
– Elle est jolie.
– Oui…

Et apercevant les jets d'eau, elle a cette conclusion : « C'était Chimène Badi, qui fait pétiller les jets d'eau… »

Ensuite, pour Étienne Daho :

– Vous avez vu la tour Eiffel ?
– Oui.
– Et est-ce que c'est la tour Eiffel qui vous a inspiré *Week-end à Rome* ?

Daho a eu comme un éclair de panique dans les yeux. Et là, il hausse les épaules et écarte les bras pour montrer son impuissance à répondre à une question aussi con.

Alors Daniela, impériale, conclut : « Non, laissez tomber, c'est trop compliqué. »

Elle reçoit ensuite Calogero à qui Dieu a dit : « Tu peux choisir, soit être bassiste et gaucher comme Paul McCartney, soit avoir le talent de Paul McCartney. » Bon, il est bassiste et gaucher.

Daniela lui demande : – Calogero, vous allez chanter votre chanson et vous allez rester avec nous pour cette nuit merveilleuse ?

L'autre : « Oui, je vais chanter ma chanson, mais après je vais regarder le foot. » (Le match était diffusé par TF1.)

Alors Daniela : – Mais quel match ? Y a pas de match…

L'autre : – Mais si, y a un match…

Daniela : « Oh ! regardez la tour Eiffel ! Regardez, Jérôme Revon nous montre la tour Eiffel qui est pointue ! »

Évidemment, il s'est mis brutalement à pleuvoir… Et là, en reprenant l'antenne, Daniela s'est exclamée : « Il pleut, mais ça nous empêche pas de bronzer ! »

Ensuite, Paul Young. Interview :

– *So, Paul Young, what do you think of the Eiffel tower ?*
– *Oh, beautiful…*
– Eh bien, Paul Young dit qu'elle est très belle…

Puis Zucchero :

– Qu'est-ce que ça fait de chanter devant la tour Eiffel ?

L'autre : – *Va fan culo…*

Retour de Yannick Noah, et là, comme Daniela n'avait plus rien sur la tour Eiffel, elle a déclaré : « Écoutez bien Yannick Noah, c'est du soleil comme s'il en pleuvait. »

L'autre a vérifié dans sa poche si par hasard elle lui aurait pas volé un petit bout de shit, mais non, elle est comme ça naturellement.

Arrive Steve, le lauréat de *la Nouvelle Star*, et Daniela lui demande : « Alors, la tour Eiffel… »

MAILLON FAIBLE (LE)

Décembre 2003

Il s'est passé hier soir au *Maillon faible* un phénomène incroyable, puisque par un jeu d'alliance machiavélique, ce sont les candidats les plus nuls qui sont allés en finale. À savoir, la prénommée Farida, qui, à la question : « Quel océan baigne les côtes de Californie ? », a répondu sans hésiter : « La mer Méditerranée. »

C'est fou, quand on y pense… Qu'elle soit inculte, c'est une chose, mais répondre mer quand on vous dit océan dans l'énoncé de la question, ça devient du grand art….

Remarquez, elle était particulièrement en forme, notre amie Farida, puisque, à la question : « Quel type de grande rue a donné son nom à un théâtre de divertissement ? », elle répondit : « L'avenue… » Tiens, j'vais voir une pièce d'avenue avec Michel Roux et Jacques Balutin.

L'autre finaliste, prénommée Karine, n'était pas en reste, puisque, lorsque Boccolini lui a demandé : « Comment appelle-t-on l'huile de mauvais goût qu'on donnait autrefois aux enfants rachitiques ? », on sentit le bug de neurone ; elle plissa le front et répondit : « L'huile de foie de Poséidon… »

Puis, à la question : « Quel est le synonyme de jeu de mots qui rime avec humour ? » Réponse de Karine : « Le gag. »

« Avec quel animal pratique-t-on le horse-ball ? » Réponse : « Un chien, évidemment… » Puis on atteignit le sublime lorsque Boccolini demanda : « Ce proverbe est-il vrai ou faux : “Tant va l’autruche à l’eau qu’à la fin elle se lasse” ? »

Là, Karine a pris son temps pour répondre, on voyait qu’elle pensait à cette pauvre autruche qui en avait assez qu’on la baigne… Et dans un élan, elle répondit : « Vrai ! »

Enfin, ce chef-d’œuvre de géopolitique : « Dans quel pays le parlement se nomme-t-il la Knesset ? » Notre amie Karine répondit : « À Rome, évidemment. »

Et pour finir, à la question : « Dans les années 1970, les émissions intitulées *Top à…* étaient réalisées par un couple de producteurs célèbres : Gilbert Carpentier et… » Karine conclut : « Gilbert et… madame Carpentier. »

Janvier 2004

S’il fallait une preuve qu’en 2004, la connerie fut aussi présente qu’en 2003, *Le Maillon faible* hier soir nous l’a offerte avec une prénommée Amandine, à qui Bocco demande : « Vrai ou faux : Zapata était un clown célèbre ? », et qui répond instantanément : « Vrai. »

Gladys, 24 ans, danseuse, qui, à la question : « Comment appelle-t-on un groupe d'îles ? », a répondu : « Une caraïbe. »

Pascal, auquel on demanda : « Dans un avion, comment s'appelle la commande qui porte le nom d'un ustensile de ménage ? » et qui a répondu : « Le fouet. » Puis : « Quel rapace porte le même nom qu'une grande ville du nord de l'Italie ? – L'aigle… »

Au tour de Bérénice, croupier à Metz : « Comment appelle-t-on les dents situées entre les canines ? » Réponse : « Les canines. »

Et François, qui n'a pas démérité : « On dit "l'honneur est sauf", quel est le féminin de "sauf" ? »

« Sauf-conduit… »

Février 2004 (1)

Il y a des jours où l'actualité ressemble à une chanson de Stéphane Eicher, les nouvelles sont mauvaises d'où qu'elles viennent. Et même si plus rien ne nous surprend sur la nature humaine, voir hier soir, sur TF1, Bernard Tapie stigmatiser la justice dans l'affaire Juppé – oui, vous avez bien lu, Bernard Tapie, ce type qui a voué sa vie à la magouille, cet ancien ministre de la République qui jura sur la tête de sa mère que Mellick était dans son bureau et qui fut condamné comme menteur –, voir cet individu donner des leçons à un juge m'a tellement écœuré que je n'ai même plus le cœur à me moquer des candidats du *Maillon faible*…

Bon, puisque vous insistez, allons-y.

Le Maillon faible dont la star incontestable, hier soir, fut une certaine Catherine, à qui on demanda d'abord le nom de ce grand compositeur de musique classique dont les prénoms étaient Wolfgang Amadeus. Après avoir fait répéter la question, oui, parce que c'est pas évident, elle répondit sans trembler : « Wolfgang Amadeus… Risberg. »

Là je voudrais, si Catherine nous lit, qu'elle nous appelle pour nous dire comment le nom de Risberg a-t-il pu venir dans son cerveau à cet instant. S'agit-il d'amis avec lesquels elle part en vacances, du genre : « Tiens, Michel, j'ai eu le monsieur des réservations, tu sais qu'on va retrouver les Risberg à La Grande-Motte ? »

Ensuite, Boccolini demanda à notre amie Catherine : « Vrai ou faux, un micro-cravate est l'autre nom du nœud papillon ? » Elle répondit « vrai » sans hésiter, à mon avis elle a dû confondre avec la cravate de notaire. Mais Catherine atteignit enfin ces sommets où nous aimons aller respirer, ces hauteurs où la connerie devient poésie, puisqu'à la question : « Quelle est la fonction de la personnalité qui occupe l'hôtel Matignon ? », elle répondit… « Concierge. »

À côté de Catherine, les autres candidats parurent cultivés, même quand Stéphane, à qui l'on demanda de compléter le proverbe « l'oisiveté est la mère de... », répondit « la paresse ». Même Jean-Marc, chauffeur livreur, à qui l'on demanda : « Quel type de livre le prix Goncourt récompense-t-il ? » et qui répondit « le plus vendu » ; même Jean-Marie, cadre à la poste, à qui l'on demanda ce qu'était un PC et qui répondit « je ne vois pas », et qui, éjecté du jeu, s'indigna : « J'ai été surpris d'avoir six voix contre moi ! »

Et que dire de Richard, agent d'affaires, qui, à la question : « Combien de fois la terre tourne-t-elle sur elle-même en 24 heures ? », répondit : « 365 fois. » Éjecté, il eut ce commentaire abscons : « Je suis très cultivé, mais je ne le montre pas. »

Février 2004 (II)

En 399 avant Jésus-Christ, Socrate déclara à ses disciples : « N'oubliez jamais que la connaissance constitue le désir suprême, car l'homme est originellement conçu pour apprendre et savoir. »

Deux mille cinq cents ans plus tard, hier soir, au *Maillon faible*, un candidat prénommé Gilbert, à qui on posait la question : « Dans la chanson enfantine, où donc la poule picore-t-elle du pain dur ? », répondit :

– Dans la cuisine.
– Faux, clama Boccolini, il s'agit d'un mur.

Puis elle enseigna à Gilbert la chanson *Une poule sur un mur qui picore du pain dur* !

Chaque époque a les Socrate qu'elle peut.

TF1, constatant l'inculture des candidats au *Maillon faible*, a été contrainte de baisser régulièrement le niveau des questions. Nous sommes passés de niveau CE2 à CP, puis grande section de maternelle, et je pensais que l'émission s'était enfin stabilisée au niveau maternelle petite section. Pourtant hier soir, deux millénaires et demi après Socrate, à la question : « Dans la berceuse…

Fais dodo, Colas mon p'tit frère,
Fais dodo, t'auras du lolo.
Maman est en haut,
Qui fait des gâteaux…

…Qui est en bas et fait du chocolat ? »

La réponse fut : « Nicolas. »

À propos d'antiquités, signalons une prénommée Dalila qui, contrairement à celle de la Bible, n'avait pas reçu l'enseignement du grand prêtre des philistins. On lui demanda : « Quel est le nom de la famille corse qui a donné deux empereurs à la France ? »

Dalila, après avoir longuement réfléchi (et on voyait bien qu'elle fouillait dans son cerveau, qu'elle y trouvait une petite jupe en solde qu'elle avait failli acheter, sa voisine qui lui vole du courrier, sa collègue de bureau qui lui a pris son agrafeuse, enfin que des trucs essentiels, mais pas la famille corse), finit par dire : « Je vois pas ! »

Fatiguée d'avoir cherché, elle renonça ensuite à faire beaucoup d'efforts et à la question : « Quel mammifère tibétain au nom constitué d'une seule syllabe plaît aux amateurs de *Scrabble* ? » Sa réponse fut : « Le zen… »

Et Jacqueline, 69 ans, retraitée d'une société de transports du Val-de-Marne, confrontée à une question qui a déjà été posée.

La dernière fois, à la question : « Quelle aiguille d'une montre fait un tour complet en une heure ? », un candidat avait répondu : « La petite aiguille. » Donc normalement, vous vous dites, bon ben ça y est, ils ont dit la connerie, et là on voit Jacqueline qui pense : « Ah ! on me l'a déjà faite la dernière fois. » À la question : « Quelle aiguille fait le tour du cadran en une heure ? », l'air béat, elle répond : « La trotteuse. »

Que serait un week-end sans les crétins du *Maillon faible*, ces candidats qui pensent être cultivés puisqu'ils comprennent tout ce qui se dit sur TF1, et qui en plus chez eux, répondent sans problème aux questions sur Oui-Oui ? C'était le cas d'Alain, 51 ans, gendarme à Bordeaux, à qui Bocco a demandé : « Vrai ou faux : un halogène provoque des hallucinations ? » Réponse : « Vrai ! » Et là, on imaginait le flic contrôlant une voiture avec le type qui revient de chez Jacques 3 étoiles du luminaire où il vient d'acheter un halogène.

– Gendarme, vous êtes en possession d'un halogène, est-ce que c'est pour votre consommation personnelle ?

Ce qui est drôle, dans *Le Maillon faible*, ce sont les excuses des candidats qui ne veulent pas passer pour des cons, et qui les font plonger davantage. Comme Virginie, 27 ans, comptable dans une société de parking, à qui on demande : « La ville de Casablanca est-elle située au bord de la Méditerranée ou de l'Atlantique ? »

Notre amie Virginie, répond sans hésitation : « La Méditerranée ! » Bon, cette erreur n'est pas dramatique, mais voilà que Virginie, vexée d'avoir dit une connerie, se rebelle : « Oui, je me suis trompée, mais c'est parce que je vais souvent au Maroc à Agadir, et que c'est au bord de la Méditerranée... »

Là, on pensait aux cartes postales de la fille... « C'est au bord de la Méditerranée que je pense à toi et que je t'écris... » De toute façon, elle va au Club Med et se baigne dans la piscine...

Et Mickaël, une vedette qui réussit un très beau tir groupé : « Pour jouer du violoncelle, doit-on le tenir sous le menton ou entre les genoux ? » Réponse : « Sous le menton. »

– Quel nom évoquant un pays d'Amérique du Nord signifie à la fois une veste fourrée et une tente de camping ? Une hutte.
– Comment appelle-t-on le petit du lapin ? Le lapinou.

– Quel mammifère cétacé peut être gris ou à bosse ? La crevette !
– Quelle mer les Romains appelaient-ils *mare nostrum* ? Le Nil.

José n'était pas mal non plus.

– Quelle variété de raisin de table tient son nom du mot musc ? Le musclé.
– Quel animal fournit la laine appelée mérinos ? La belette.
– Quel mot commençant par « *c* » signifie un œil au beurre noir ? Un carreau.
– Une expression populaire dit de quelqu'un qui mesure précisément les distances qu'il a un instrument scolaire dans l'œil. Lequel ? Les lunettes.
– Qu'est-ce qui roule et qui n'amasse pas mousse ? L'or.
– Quel fruit séché est la spécialité d'Agen ? Les oranges.

Vint enfin Shafik :

– Qui dégrafa son corsage pour donner la gougoutte à son chat ?
– Mireille.

Boccolini : – Erreur, c'est Margot. Mais pourquoi Mireille ?

Shafik : – Je connaissais pas la réponse, alors j'ai donné le bonjour à ma belle-mère qui s'appelle Mireille.

Vous vous souvenez que j'ai promis à la petite Claire, qui m'avait écrit en me reprochant ma grossièreté, de ne plus employer le mot con, y compris pour Florent Pagny, Patrick Fiori et Orlando. C'est vous dire à quel point ça va être difficile…

Je ne dirai donc pas que les candidats du *Maillon faible* ce week-end étaient particulièrement cons, mais quand même… Petite Claire, laisse-moi te dire qu'ils en tenaient une sacrée couche. Comme par exemple, cette candidate à qui on a demandé si La Pérouse était un navigateur ou une vedette de music-hall, et qui a répondu sans hésiter une vedette de music-hall. Ben oui, La Pérouse, ça lui évoquait un travelo de chez Michou : « Et voici la grande Pérouse, qui chante *Comme un garçon* en imitant Sylvie Vartan. »

Saluons également la prénommée Rébecca, à qui maîtresse Boccolini demanda de compléter le proverbe : « Ce n'est pas au vieux… qu'on apprend à faire la grimace », et qui répondit : « Au vieux castor. » Ce n'est pas au vieux castor qu'on apprend à faire la grimace, ben voyons…

La prénommée Vanina n'était pas mal non plus puisque, à la question : « Quel canal relie l'Atlantique au Pacifique ? », elle répondit dans un élan : « Le canal de Suez. »

Quand je pense qu'il y a une semaine, j'aurais dit que le candidat prénommé Jean-Michel était le roi des cons sous prétexte qu'à la question : « Quel pays européen compare-t-on à une botte ? », il avait répondu : « L'Australie… »

Juin 2004

Je pensais que la stupidité des questions du *Maillon faible* me dispensait de donner les bonnes réponses, mais puisque vous insistez, à la question posée hier au *Maillon faible :* « Quel animal, les petits enfants appellent-ils un dada ? », je signale que la réponse est : « Un cheval. »

La candidate, prénommée Marjorie, a longtemps hésité. On a cru un instant qu'elle allait dire un chien ou un chat, et puis au dernier moment – et c'est beau, un cerveau en pleine activité –, au dernier moment, elle s'est exclamée : « Un dada, c'est un cheval ! » C'est beau, l'intelligence !

Bon, évidemment, tous les candidats n'ont pas le même talent. Par exemple, on a eu Christian, très brillant néanmoins, à qui Boccolini a demandé : « Sur une montre, quelle aiguille indique les heures ? »

Là, on a senti qu'il n'était pas du genre à se jeter, Christian. Il sait bien que derrière cette histoire de petite et de grande aiguille se cache un piège. Il prend son temps et finit répondre : « Sur une montre, l'aiguille qui indique les heures… c'est la grande aiguille ! »

Évelyne, elle, est une spontanée. On lui demande : « Quelle église parisienne porte le nom d'une pâtisserie aimée de Marcel Proust ? » Elle répond : « Notre-Dame. »

Là, y a deux erreurs : d'une part, l'église c'était la Madeleine ; d'autre part, Proust n'a jamais été porté sur Notre-Dame, ni sur la vôtre, ni sur la leur, ni sur aucune dame…

Tout comme Éric, à qui l'on demande : « Quel est le pays le plus important de langue portugaise en nombre d'habitants ? », et qui répond : « … Euh, quatre millions. »

Terminons ce florilège avec :

– Alain : « Dans le roman d'épouvante anglais, quel est le nom du docteur qui se transforme en Mister Hyde ? » Réponse : « Docteur Jivago. »
– Cédric, 29 ans, DJ à Saint-Quentin : « Quel mot de cinq lettres désigne l'œilleton d'une porte permettant de voir sans être vu ? » Réponse : « L'œil-de-bœuf. »

« De quelle ville sont les demoiselles de Picasso ? » Réponse : « De Rochefort. »

– Chérif, 23 ans, étudiant en Deug à Chaumont : « De quelle cité antique les spartiates étaient-ils les habitants ? » Réponse : « Troie. »

« De quel pays sont originaires les musiciens à chapeaux appelés les mariachis ? » Réponse : « D'Italie. »

– Christel, aiguilleur du ciel : « Comment appelle-t-on la partie du stylo pointue qui sert à écrire ? » Réponse : « Le capuchon. »
– Gilbert, 46 ans, employé de la poste dans la Meuse : « Comment s'appelle le timbre qu'on décolle de la boîte de médicament pour le coller sur la feuille de soins ? » Réponse : « La ristourne. »
– Guy, 50 ans, de Télécom d'Aubagne : « Quel est le prénom de l'écrivain Proust ? » Réponse : « Georges. »
– Gwenaël : « Quelle actrice aux yeux bleus partage la vie de Gérard Oury depuis plus de quarante ans ? » Réponse : « Sophie Marceau. »

« Quel grand musée contemporain fut comparé à une raffinerie par ses détracteurs ? » Réponse : « Le musée du Louvre. »

– Inès : « Dans quel art Maurice Béjart est-il connu ? » Réponse : « L'écriture. »
– Jennifer, 19 ans, commerçante à Arcachon : « Combien font 9 fois 11 ? » Réponse : « Je ne vois pas. »

« À partir de quel fruit fabrique-t-on le calvados ? » Réponse : « La poire. »

– Julie, 24 ans, étudiante en école de commerce à Paris : « Qui a dit : "La France était coupée en deux, je veux qu'elle soit pliée en quatre de rire" ? » Réponse : « François Mitterrand. »

– Kamir, sage-femme à Pavillons-sous-Bois : « Citez un département français commençant par un J. » Réponse : « La Gironde. »
– Laetitia : « Quel homme d'État en France a pour résidence officielle l'Élysée depuis 1873 ? » Réponse : « Mitterrand. »
– Lydia, 22 ans, étudiante en management en Savoie : « Comment appelle-t-on le petit de l'aigle ? » Réponse : « L'aigleton. »
– Serge, 26 ans, étudiant en master d'expertise économique : « Quelle grande chaîne de montagnes traverse l'Ariège ? » Réponse : « Les Vosges. »
– Stéphanie : « Quel mot désigne à la fois une note de musique et la surface sur laquelle on marche ? » Réponse : « La croûte. »
– Thierry, militaire : « Quelle partie du corps de leurs ennemis les Jivaros réduisaient-ils ? » Réponse : « Les cheveux. »

MONTFORT NELSON

SEPTEMBRE 2004

Hier, à *20 h 10 pétantes*, j'ai vu Nelson Montfort, dont le parcours capillaire ressemble à un chemin de croix. Rappelons qu'il fut roux et chauve sur le dessus dans les années 1980, puis logiquement cheveux blancs et calvitie, puis casque intégral de cheveux blancs, puis blond tournesol à Athènes aux JO. Et là, il avait sur la tête une chose frisée, mais brune !

NOUVELLE STAR

Février 2004

Il n'y a pas que les anciennes gloires qui sont humiliées. Hier, j'ai regardé *À la recherche de la nouvelle star.* D'ailleurs, je dois rectifier, ça ne s'appelle plus *À la recherche de la nouvelle star*, mais *Nouvelle Star.* Oui, parce que *À la recherche de la nouvelle star*, ça faisait sept mots, et comme les téléspectateurs de M6 ont une capacité de mémoire de trois mots, ils ont été obligés de réduire.

Donc, hier, j'ai regardé *Nouvelle Star.* C'est la troisième saison, on sait déjà que, comme pour *Popstars*, le public s'est lassé et que les gagnants ne feront pas carrière. Autant vous dire qu'il faut donc être très bête pour se faire humilier par le jury.

À propos, dans la *Nouvelle Star* aussi, il y a des vieilles gloires humiliées. C'est le jury. Dans cette nouvelle fournée, il y a Marianne James, qu'on aimait bien et qui a tendance à devenir la truculente de service à la télé, et, tenez-vous bien.... Manu Katché. Manu Katché, le batteur de Sting, le percussionniste le plus demandé des années 1980 ! Au moins, on sait qu'il n'est pas le plus demandé des années 2000, puisqu'il est contraint de s'humilier dans un programme aussi médiocre.

Avec, toujours, l'ingrédient indispensable des émissions de télévision : la nappe de synthé angoissante.

C'est la même musique qui sert pour toutes les émissions où il est nécessaire de marquer une situation angoissante. Oui, parce que pour TF1, le téléspectateur est trop con pour comprendre par lui-même qu'une situation est angoissante. Alors, non seulement on lui balance la musique, mais en plus, on décrit la situation en bas de l'écran.

Mais le pire, c'est M6. Le public qui regarde les émissions nulles de M6 est tellement con que, pour qu'il comprenne bien les situations, il faut non seulement l'image, la musique angoissante, le texte en bas de l'écran qui explique l'image, mais eux, en plus de TF1, ils ajoutent une voix *off*, qui explique ce qui est écrit en bas de l'écran... Là, à part envoyer un mec dans chaque foyer pour te raconter ce qui se passe, ils ne peuvent pas faire mieux.

Hier, donc, dans la *Nouvelle Star*, la voix *off* souligne l'émotion en disant : « Regardez les perdants, leur rêve d'enregistrer un album est brisé. » Pendant ce temps-là, on les voyait pleurer au ralenti.

Rajoutons là-dessus Benjamin Castaldi qui vient cachetonner. Il fait juste deux apparitions, même pas un seul « Que du bonheur ! », le minimum syndical, déjà sur la pente savonneuse, avec ses *prime* qui n'ont pas marché. On le sent qui se « hasbeenise », il va commencer à vendre les photos de son enfant, puis, comme Laurent Boyer chaque année, il dira qu'il a plein de propositions mais qu'il reste fidèle à M6, qui le virera finalement sans états d'âme, et il finira par écrire un livre intitulé *Simone Signoret, grand-mère d'un con* !

Avril 2004

Hier soir sur M6, dans l'émission la *Nouvelle Star*, on a eu l'impression que les membres du jury se disaient : « Bon, demain Carlier fait une chronique télé, faisons un effort pour dire de bonnes grosses conneries dont il pourra se gausser. »

Vous êtes gentils, mais vous n'avez pas besoin de faire un effort. Vous êtes cons, naturellement cons, cons et satisfaits de l'être, heureux et béats.

Et les voilà qui commencent à chanter sur une chorégraphie de patronage, chacun jouant sa peau avec cette fausse fraternité, puisqu'ils sont là pour se détruire sous le regard torve de Benjamin Castaldi, représentant en téléphonie, qui, d'entrée, annonce que c'est très serré…

NRJ MUSIC AWARDS

Mars 2004

Hier, j'ai regardé à la télé une émission qui n'avait rien à voir avec la musique, puisqu'il s'agit des *NRJ Awards* diffusés samedi sur TF1.

Rappelons que les *NRJ Awards* sont une cérémonie organisée par TF1, une réunion des différentes familles de la mafia du show-biz, Universal, Endémol et NRJ, sous la présidence du parrain, Pascal Nègre, devant qui chaque gagnant baissait la tête pour recevoir le baiser.

Les *NRJ Awards* sont une émission musicale dans laquelle aucune note n'est jouée en direct.

Un grand moment de la soirée fut la prestation de Pascal Obispo. Il entra sur scène déguisé en Polnareff. Bon, pour être honnête, il fait ça pour rendre hommage à Polnareff, mais on dirait un travelo du Bois. Le paroxysme fut atteint lorsque, pendant sa chanson, Obispo procéda à une sorte de strip-tease. Et le voilà qui soudain enlève sa perruque frisée et laisse apparaître son crâne chauve dans lequel il a implanté une crête d'iroquois rose. C'est terrifiant, cette fente qui coupe son crâne en deux, d'où sort cette ouate rose, on dirait un distributeur à *Kleenex*.

Le crâne d'Obispo est d'ailleurs une chose incroyable. Une œuvre d'art ! Non, sérieusement, le propre d'une œuvre d'art c'est d'être inutile ? Eh bien, le crâne d'Obispo est totalement inutile. Mais c'est une œuvre d'art. Je vous explique : au début de son itinéraire capillaire, Obispo avait testé les implants avec découpe de plaque arrière, mais bon, les implants n'ont pas pris, du coup, il ne lui reste que les cicatrices des découpes, on dirait qu'il a été torturé par la Gestapo. Sur le côté du crâne, il s'est fait tatouer des caractères chinois.

Bon, le tatoueur lui a dit qu'il s'agissait de pensées de Confucius, en fait (j'ai une copine qui a fait Langues O), sur le tatouage d'Obispo, y a écrit « merde à celui qui le lira ».

Depuis cette magnifique fente d'avant en arrière, avec cette barbe à papa rose qui en sort, au moins maintenant on sait ce qu'il a dans le crâne, Obispo. Bon, on savait déjà qu'il n'y avait pas de cerveau, mais samedi on a appris qu'il avait la tête remplie de barbe à papa.

Laura Pausini et Garou… Il y avait un village en Bourgogne avec un idiot du village qui ressemblait à Garou, on l'appelait Pilili : « Alors Pilili, ça va ? » La voix *off* l'a annoncé en disant : « Voici le Québécois à la voix de bronze. » Garou est arrivé, accompagné de Laura Pausini, une chanteuse italienne, et ils commencent à dire : « Bonsoir, bonsoir », et ils traînaient, on sentait bien qu'il y avait un problème, Pilili s'est mis à improviser, et c'est là qu'on a compris que le prompteur était en panne. Ils ont commencé à ramer, mais ça a été pathétique, le grand bronze a coulé tout de suite, quand à l'Italienne, elle a tendu le doigt vers le prompteur en disant, ce n'est pas le bon texte… Pendant ce temps-là, Garou, voulant sauver la situation, lui parle à l'oreille, elle fait : « Quoi ? » et retend son oreille, l'autre lui sort une phrase interminable, il avait juste oublié qu'elle ne parlait pas français, elle a donc essayé de la répéter en phonétique, ça a donné : « Ah gan qannaa aa a a c'est drôle. »

Du coup Pilili, sans qu'on lui ait rien demandé, s'exclame : « Ah ! moi, j'rêverais de faire un duo avec elle et… Ah ! ça marche… Magnéto ! »

Les prix étaient distribués par un couple de stars, mais à un moment, il leur restait quatre blaireaux trop ringards pour venir par couple, alors ils les ont regroupés, et cette *dream team* qui apparut soudain sur la scène était composée d'Adeline Hallyday, de Brahim Asloum, le boxeur en short rose, d'un ahuri prénommé Jérémie et surtout de Monsieur France. Voici leur discours exact, je vous jure qu'il est authentique :

Brahim : « Ah ! zut alors, moi j'ai cru on allait m'remettre un prix aujourd'hui, mais bon, en tout cas l'idée n'est pas mauvaise, j'y penserai l'année prochaine. Y a des auteurs qui écrivent ça, c'est sur le prompteur, Monsieur France ! En fait on est venu pour remettre l'Award de la révélation. » Et là, il était content, ça ressemblait à une phrase, mais devant le regard effaré d'Adeline, il dit : « Non, c'est pas la révélation ? Non, c'est pas ça… Ah ! c'est la chanson française. » Et puis, il a délivré son message : « Tous les artistes présents ce soir ont un jour commencé leur carrière ! »

Et là, le dénommé Jérémie dit : « Je veux que vous fassiez une innovation pour Kyo, une innovation ! »

Un autre grand moment pathétique fut l'entrée d'Ophélie Winter en santiags et porte-jarretelles, un truc d'une vulgarité absolue. Quand je vous aurai dit qu'elle portait un chapeau de cow-boy, vous comprendrez qu'Ophélie avait choisi de rendre un hommage à la mode française.

Elle a eu cette phrase magnifique : « J'enlève mon chapeau, parce que c'est impoli pour une femelle… » T'as raison ma poule, par contre les bottes aux bouts pointus et le porte-jarretelles, c'est d'une classe inouïe…

Et là, Ophélie a tenté la phrase de trois mots, il s'agissait de dire : « Les nommés sont… » Bon, c'est vrai, une phrase difficile avec cet auxiliaire en suspens, et pas de mots en « aye », c'est pas évident, c'est pour ça qu'elle avait enlevé son chapeau : elle voulait se rafraîchir le cerveau pour prononcer correctement. Première tentative, autant vous le dire tout de suite, elle s'est écrasée comme une merde en disant « les nominés ». Le problème, c'est qu'elle a voulu faire genre je vais rectifier discrètement, et ça a tourné à la catastrophe, ça a donné : « Les nominés… les nommés… les *nominayes* sont… »

PAGNY FLORENT

Mai 2004

Cette semaine, la télé ressemblait à une chanson de Florent Pagny. Vulgaire, faussement humaniste, faisant de l'argent avec les bons sentiments…

Florent Pagny qui, dans un plan de communication, essaie de blanchir son image comme un quelconque dollar de Medellín. L'autre soir, j'allume par hasard la télé, je vous jure que c'est vrai, je tombe sur Daniela Lumbroso qui parlait d'une voix douce et basse, je me dis : « Oh ! super, elle a appris son métier, fini les aigus en fin de phrase », quand elle s'est excusée pour sa voix en raison d'un mauvais rhume... Malgré tout, elle était heureuse, Daniella, car elle annonça que le million d'euros de dons venait d'être franchi. Il s'agissait d'une sorte de Téléthon contre la leucodystrophie. À ses côtés, Florent Pagny, qui à l'évocation de cette somme ne peut s'empêcher d'être gêné, si, si, ça se voyait, il faisait une tête de con. Un million d'euros, le montant des magouilles fiscales dont il est accusé, avec tout le cirque des Ferrari et des tableaux de maître qu'on déménage pour éviter la saisie. Un million d'euros, ça aurait eu de la gueule que Bruno Masure, présent ce soir-là au téléphone pour recueillir des dons, puisse dire : « Un million d'euros ! Grâce à vos dons, nous pouvons donner aux enfants l'argent que Pagny leur a volé ! »

PARISIEN (LE)

FÉVRIER 2004

Décidément, *Le Parisien* s'enthousiasme en ce moment pour des causes importantes. On se souvient de la première page totalement consacrée à une photo d'Alain Chabat avec le mot « nul » qualifiant le film *Rrrrr*. Eh bien, là, c'est pas mal non plus, puisque deux pages entières sont consacrées au fait que les Français s'invitent de plus en plus.

Une enquête très complète avec beaucoup de statistiques passionnantes, comme par exemple *Ce que j'aime/ce que je n'aime pas quand je suis invité.*

Et là, on apprend que 40 % des Français n'aiment pas que la conversation soit sans intérêt. Autrement dit, il y a 60 % de gens qui sont contents lorsque la conversation n'a aucun intérêt. Remarquez, comme il y a 60 % des gens dont la conversation est sans intérêt, ce sont les mêmes, qui se rendent pas compte.

Un autre chapitre intéressant concerne les invités célèbres que les Français aimeraient avoir à leur table. Devinez qui vient en tête ? Mimie Mathy ! Bon, ça, ça doit être les radins qui pensent qu'elle mange deux fois moins. Ensuite Goldman, Renaud, Zidane, José Bové et seulement après David Douillet… Ça, évidemment, ceux qui inviteraient Mimie Mathy n'invitent pas Douillet, pour la même raison. Et puis là, surprise, seulement 3 % inviteraient Chirac… Je dis que c'est une surprise parce que, qu'on soit d'accord ou pas avec lui sur le plan politique, tout le monde trouve Chirac sympa. Mais en fait, le problème c'est que si t'invites Chirac, t'es obligé d'inviter maman, donc Douillet, et là on se retrouve dans le cas précédent.

Ensuite, l'article nous fait une révélation incroyable. Les Français ont tendance à inviter en priorité des gens qu'ils connaissent, la famille ou des amis. Et là, je dis que ça valait le coup de faire une enquête pour nous dire qu'il est rare de prendre un type dans la rue et de lui dire de but en blanc : « Tiens, viens donc manger une petite blanquette… »

On apprend également que chaque mois, 73 % des Français s'invitent pour un repas et 35 % pour un pique-nique. Alors là, un Français sur trois qui t'invite chaque mois pour un pique-nique, à mon avis les enquêteurs se sont trompés, ou y a pas « pique » devant, mais y a un truc.

PERNAUD JEAN-PIERRE

FÉVRIER 2004

Longtemps, j'ai cru que Jean-Pierre Pernaud était complètement con. Eh bien, je m'aperçois aujourd'hui à quel point je me suis trompé, et je te demande, Jean-Pierre, de me pardonner.

En effet, je viens seulement de comprendre que tu joues un rôle utile, un rôle social, caritatif même, car de la même façon que l'orchestre du *Titanic* continua à faire de la musique jusqu'à l'engloutissement final, cher Jean-Pierre, dans notre pauvre monde qui se noie, tu as décidé une fois pour toutes d'arborer un sourire béat, limite niais, et de nous affirmer que la vie est merveilleuse, puisqu'un artisan de Sisteron fabrique encore des santons en porcelaine et qu'un gendarme de Cosne-sur-Loire a grimpé dans un arbre pour y sauver un chaton apeuré.

Vous vous souvenez de ce film dans lequel un facteur, avant de distribuer les journaux, découpait consciencieusement les mauvaises nouvelles pour ne pas faire de peine aux lecteurs ? Eh bien, Jean-Pierre Pernaud, c'est pareil. Il ne montre des images internationales que lorsque ce sont de bonnes nouvelles. Par exemple, ces jours derniers, il en a fait des tonnes sur notre ami Saddam retrouvé dans son trou. C'est tout juste si Pernaud se foutait pas de sa gueule, il nous décrivait en rigolant l'évier, le pot de chambre, la pile de *Play-Boy*...

Noël qui approche rend Jean-Pierre fou de bonheur, il lance tous ses sujets avec la formule magique « en cette époque de fêtes ». Parfois, ça n'a rien à voir, alors ça donne : « En cette période de fêtes, monsieur Raffarin a dévoilé le nouveau plan train et route jusqu'en 2020... »

2020... Nous nous engageons à faire le TGV Paris-Strasbourg en 2020... Vous vous rendez compte, Stéphane Bern aura 57 ans !

Raffarin peut bien dire n'importe quoi...

En cette époque de fêtes.

Bon, en cette époque de fêtes, parlons de Jean-Pierre Pernaud… Autant vous dire qu'avant-hier, son émission hebdomadaire *Combien ça coûte ?* était totalement consacrée à Noël, avec un plateau recouvert de neige, de jouets et de victuailles, les filles du Moulin-Rouge et Maïté comme invitées. Car pour Pernaud, Noël c'est de la neige, des jouets et des victuailles. En plus, avec les girls, il avait les dindes, et avec Maïté, le boudin blanc.

D'ailleurs, Jean-Pierre Pernaud l'annonce d'entrée : « Nous donnons ce soir le coup d'envoi des fêtes de fin d'année, dans un tourbillon de plumes, de danses, de fêtes, avec la reine des fourneaux Maïté et les rois de l'humour, Kad et Olivier ! »

Et il enchaîne en posant une première question :

– Et pour vous, Kad, c'est important, Noël ?

La réponse a été coupée, c'est dommage, j'aurais aimé l'entendre. « Eh bien pour prolonger vos rêves d'enfant, Nathalie est partie pour la Laponie voir le village du Père Noël. »

En fait, ils ont construit une sorte de Disneyland dans la forêt, on y voit de pauvres rennes pelés qui traînent des enfants américains obèses. En fait c'est une fête foraine, d'une tristesse commerciale à mourir, avec plein de magasins de souvenirs vendant des Pères Noël fabriqués à Hong Kong qui chantent *Vive le vent* et, dans un coin, un vieux figurant payé au Smic en CDD, qui prend les enfants sur ses genoux pour la photo. Évidemment, y a des mômes de tous les pays, des Australiens, des Japonais. Autant vous dire que le vieux ne connaît pas toutes les langues, alors il a mis au point un système d'onomatopées : dès qu'un môme monte sur ses genoux, le type fait « Ooohhh… » On voit bien que les mômes sont déçus, surtout ceux qui ont préparé un long discours, du genre : « Tu sais, Père Noël, maman m'avait demandé d'être sage… (L'autre : "Ooohhh")… et j'ai eu plein de bonnes notes, sauf la fois en calcul où c'est Jimmy qui m'a parlé et on a eu zéro tous les deux (le vieux : "Ooohhh")… »

Les gamins ne sont pas dupes, on voit bien qu'après deux ou trois « Ooohhh… », ils s'aperçoivent que le vieux ne comprend rien. Pour en être sûrs, ils lui demandent : « Alors Père Noël, il paraît que t'es un véritable enculé ? » L'autre : « Ooohhh… »

PUBLICITÉ

Février 2004

Vous avez sans doute vu cette publicité télévisée où l'on voit la mort vêtue d'un suaire noir arriver avec sa faux dans la campagne toscane, et le squelette de sa main tape sur l'épaule d'un vieux paysan fatigué et fataliste qui lui dit : « Fais ton travail. »

Mais alors qu'on pense qu'elle va faucher le vieillard, la mort, qui est très con, se met à faucher le champ de blé.

Je pensais à cette publicité en entendant l'annonce de la mort de Marco Pantani. Là aussi, la mort avait commis une erreur, on sent bien que depuis quelque temps elle s'énerve contre le dopage, et là, visiblement excédée, elle avait décidé de faire un exemple. Mais cette conne, elle est allée faucher Pantani alors qu'il n'était que la victime.

Parce que si tu voulais faire un exemple pour le dopage, t'en avais un paquet à faucher avant Pantani. Tu pouvais commencer par tous les docteurs Mabuse qui donnent des produits vétérinaires aux coureurs, à tous les soigneurs polonais ou bulgares qui acheminent la dope, à tous ceux qui gagnent de l'argent sur le dos des coureurs, à France 2 et à son consultant spécialiste Thévenet qui a commenté près de vingt Tours de France sans jamais rien voir d'anormal. Les types meurent à 45 ans de cancers, comme Anquetil ou tant d'autres ? Pas de problème !

Je me souviens d'un journaliste qui avait recueilli les confidences d'un coureur nommé Lino et qui ne put rien sortir tant la peur était grande.

Toi, l'andouille avec ta faux, tu aurais pu faucher Leblanc, le directeur du Tour, satisfait, qui trimbale les personnalités dans la bagnole, lunettes de soleil sur le front. Lui non plus n'est au courant de rien. Quand 48 % du peloton est contrôlé positif, ça doit être une erreur ! Surtout, ne pas faire de vagues, au pire dire : « Oui, y a du dopage, mais y en a aussi dans d'autres sports. » Celui-là, tu aurais pu le faucher, mais tu aurais pu faucher tous les cons qui agitent de grosses mains en mousse au passage des coureurs et qui encouragent Virenque à se tuer prématurément. Comme Pantani.

Et Armstrong. Tu n'en as pas voulu, tu lui as filé un cancer des couilles, mais tu l'as épargné et tous les journalistes disent en *off* qu'il s'en met plein le cornet.

Alors tu vois, la mort ? T'en avais un paquet à faucher avant d'aller chercher Pantani dans un hôtel de Rimini, dans cette station balnéaire où de beaux Italiens baisent de vieilles Scandinaves.

Mais on le savait que tu étais bête, la mort…

FÉVRIER 2004 (II)

La nouvelle publicité *Polydent*.

C'est une copie alimentaire de la scène déshabillée de *Neuf Semaines et 1/2*, entre Kim Basinger et Mickey Rourke : un homme et une femme sont nus près d'un frigo et sortent des aliments qu'ils posent sur le corps de l'autre avant de les manger à même la peau. Puis, quand ils ont tout mangé, ils font l'amour. Moi j'ai déjà fait ça, j'ai tout mangé… Donc, avant *La Chance aux chansons*, il y a les publicités du troisième âge, et celle de *Polydent* reprend la scène torride, sauf qu'au lieu de Basinger et de Rourke, on voit deux seniors, assis nus devant un frigo. Déjà ils sont assis face-à-face, les jambes emmêlées, on devine qu'il va falloir faire venir un ostéopathe pour débloquer les membres inférieurs, ils sont donc assis face-à-face et ils se donnent des aliments. Le papi commence par prendre une énorme fraise qu'il enfonce de force dans la bouche de la dame. Bon, là ils ont coupé, mais elle a failli s'étouffer. Donc on les voit pousser la fraise pour qu'elle rentre d'un coup, lorsqu'une voix *off* nous dit : « Ce n'est pas parce que vous portez un appareil dentaire que vous ne pouvez pas prendre du plaisir. » Et là, on voit le monsieur qui tient entre ses doigts un caramel en le faisant bouger entre ses doigts, du genre : « Tout le monde sait que le caramel décroche les dentiers », mais la dame rigole en rejetant la tête en arrière, on entend les vertèbres qui font clac et, malgré la douleur, elle ouvre la bouche. Mais lui, qui est un pervers, il a trempé le caramel dans le miel pour que ça colle encore plus et il lui enfourne le tout, non sans avoir fait couler du miel sur le corps de la dame. Seulement, vous pensez bien que papi, la coulée de miel sur le corps de mémé, il en a rien à faire ; bon, après la pub ils appellent le chien. Toujours est-il que la voix *off* nous confirme : « *Polydent* empêche l'infiltration de particules alimentaires et maintient votre appareil en place. *Polydent*, croquez la vie à pleines dents ! »

Et là, la dame ressort la fraise intacte de sa bouche, la coince dans son appareil dentaire et son compagnon vient mordre l'autre moitié. Voir ce couple uni par ses appareils dentaires nous donne une image de l'amour.

Juin 2004

J'ai vu une publicité incroyable, il s'agit de *Harpic Ready Brush*.

Je vous explique. Dans un immeuble high-tech, genre film avec Michael Douglas, on voit une femme vêtue en justaucorps et collants noirs façon *Mission impossible*, qui se cache en glissant dans les couloirs du building.

Une musique angoissante à base de basses et de percussions accompagne les déplacements de la femme mystérieuse qui finit par entrer clandestinement dans les toilettes de l'entreprise.

À ce moment-là, une voix *off* nous dit : « Mission : ne laissez aucune trace de votre passage, même dans les toilettes. »

Bon là, effectivement, quelqu'un avait laissé des traces de son passage dans les toilettes. Il devait être malade, ou c'était peut-être un animal… Enfin, un vrai désastre.

Notre espionne monte sur le rebord des WC avec ses hauts talons pour accéder à un transformateur qui ne sert à rien, mais qu'elle coupe quand même, et la voilà qui sort d'une valise qu'elle tenait à la main, alors qu'elle avait les mains vides depuis le début, la voilà qui ouvre une valise comme celle où les espions rangent leurs fusils à lunettes démontés, et la voilà qui sort une brosse à cabinets automatique, qu'on appelle un *Harpic Ready Brush*. Qu'est-ce qu'un *Harpic ready brush* ? Eh bien, ça ressemble à une grosse brosse à dents électrique, que l'espionne se met à passer à l'intérieur de la cuvette des WC. On entend la voix *off* qui dit : « Résultat impeccable, mission accomplie. » La fille sort des toilettes, enlève son passe-montagne et secoue ses longs cheveux au ralenti. Elle est prête à aller tourner la pub pour L'Oréal.

Juin 2004

Hier soir, pendant une « pause publicitaire », comme on dit pudiquement sur TF1, je vis soudain apparaître Weber. Ben oui, Jacques Weber le comédien, pas Simone Weber l'empoisonneuse de Loudun. Jacques Weber, le visage défait, debout sur la scène d'un théâtre désert et qui nous annonce : « D'habitude je suis là pour jouer, mais là, je joue plus. » On se dit, ça y est, il arrête le théâtre. Alors, il regarde la caméra bien en face et dit : « Je ne joue plus car j'ai du cholestérol. »

Et en même temps, juste en dessous, se met à défiler un bandeau qui dit : « Danacol est destiné aux personnes qui souhaitent réduire leur taux de cholestérol dans le cadre d'un régime adapté. »

Si on étudie attentivement cette phrase, ça veut dire que ce qui réduit le cholestérol, c'est le régime adapté, et que Danacol n'a aucune incidence sur le taux de cholestérol et que si vous êtes trop con pour comprendre ça, vous méritez bien d'être victime d'un infarctus du myocarde ou bien d'une attaque cérébrale.

Alors je voudrais juste signaler à monsieur Weber que, vu ce qu'il a avalé vendredi dernier, au restau d'à côté, il n'est pas étonnant qu'il ait du cholestérol.

Bref, il continue en disant que c'est pas facile tous les jours, et là il se retourne, puis réapparaît en ouvrant un yaourt. Vous vous souvenez de Richard Berry ? On se souvient même plus de la marque du yaourt, ce dont on se souvient c'est qu'il bouffait comme un porc... Eh bien là, c'est pire !

« Pour m'aider à faire réduire mon cholestérol, la recherche médicale Danone m'a proposé Danacol de Danone, on va bien voir si ça marche. » Et là, soudain, sans que ça n'ait aucun rapport, on voit une feuille sur laquelle choit une goutte, on sait pas d'où elle vient, elle coule puis entre dans la radio du côlon de Jacques Weber.

Ça signifie donc que notre ami Weber va nous donner régulièrement l'évolution de son taux de cholestérol. On aimerait connaître aussi son taux d'albumine dans les urines, ainsi que l'évolution de sa fistule anale.

Heureusement que TF1 fait tout pour qu'on ait l'esprit disponible pour les publicités, parce que sinon, j'aurais pas compris la nouvelle pub *Vania Fraîchactive*.

On voit quatre ados, genre « Fraîcheur de vivre », deux garçons, deux filles bien propres sur eux – enfin, ils ont l'air –, qui se promènent dans la campagne, mais qui, soudain, doivent traverser une rivière à gué.

Une des filles monte sur les épaules d'un garçon, mais la deuxième détourne la tête pour bien montrer qu'elle a un problème. Sa copine lui dit : « Fais comme moi, les mecs ont tellement envie de nous sauter qu'ils sont prêts à nous prendre sur leurs épaules pour traverser la rivière ! »

Mais celle qui semble gênée lui répond : « C'est que j'me sens pas top fraîche. » Dans le langage des filles, « j'me sens pas top fraîche », ça veut dire qu'elle a ses… Bon.

À ce moment-là, sa copine fouille dans son sac et lui dit : « Tiens, essaye ça… » et elle lui donne une boîte de *Vania*, tandis qu'une voix *off* bien grave, pour montrer qu'il s'agit d'un médecin, d'un chercheur, enfin de quelqu'un qui rigole pas, nous dit : « *Vania* invente *Fraîchactive*, la première serviette qui capte les odeurs et en plus libère une délicate odeur de linge propre. »

Et là, on voit la fille qui qui visiblement a changé de protection (elle a dû jeter l'ancienne dans la rivière, bravo l'écologie !) et qui, rassurée par *Vania Fraîchactive*, monte sur les épaules d'un grand niais qui renifle l'odeur de la culotte propre et du coup elle s'exclame : « Ah ! j'suis tellement bien que j'vais aller jusqu'au village comme ça ! »

Vania Fraîchactive, la serviette qui ne sert que lorsque vous faites un trajet sur les épaules d'un grand con.

QUESTIONS AU GOUVERNEMENT

Septembre 2003

La télévision est cruelle. Elle montre les choses dans leur froide réalité clinique et ne détourne pas la tête par gêne ou par pudeur, comme nous, les humains.

Par exemple, l'autre jour, à la séance des questions à l'Assemblée nationale…

Bon, d'abord, je vous rappelle comment ça se passe : les députés arrivent à 15 heures, prennent des poses devant les caméras et s'en vont à 16 heures, dès que France 3 a cessé de filmer.

La séance est doublée pour les sourds-muets par une petite dame en bas à droite de l'écran. J'aime bien la regarder car vous savez que pour les sourds-muets, le nom est lié à une particularité physique. Par exemple pour Chirac, elle étire son nez, un peu comme Louis de Funès dans *Oscar*. C'est idiot, mais ça m'amuse et je serais capable de vous citer les noms des principaux hommes politiques dans la langue des signes, c'est dommage qu'on ne soit pas à la télé... Vous voyez, par exemple, pour monsieur Devedjian, elle fait comme ça...

Revenons à la séance des questions au gouvernement. La première question est posée pendant que tout le monde s'installe dans un joyeux brouhaha. Personne n'écoute, les députés rougeauds et heureux s'interpellent de travées à travées,

– Ça va ?
– Bien, et Simone ?
– Ça va... T'as bouffé où à midi ?
– Au restau de l'Assemblée, mais j'aurais pas dû prendre la cassolette de fruits de mer.

Le premier député à questionner le Premier ministre est Gilbert Biessy, apparenté communiste de l'Isère.

Ah ! oui, il faut que je vous explique autre chose. C'est que ceux qui sont présents s'assoient tout autour de l'orateur pour faire croire qu'ils sont tous présents. Sur les plans larges ça fait comme une mêlée de rugby, on voit bien les bancs vides au-delà.

Et pendant que l'orateur pose sa question, ceux qui l'entourent hochent la tête d'un air pénétré pour montrer qu'ils sont d'accord, et ils crient bravo à la fin…

Première question, donc, de monsieur Gilbert Biessy, qui interpelle le Premier ministre sur le nombre croissant de chômeurs en fin de droit et le problème des expulsions. Est-ce la cassolette de fruits de mer qui lui joua un tour ? Nul ne le sait, toujours est-il qu'au moment même où il prononçait le mot « expulsion », il exhala un rot terrible qui lui fit prononcer cette phrase authentique (sinon ça n'aurait aucun sens) : « Monsieur le Premier ministre, il est de votre responsabilité de prévenir le désastre humain que représente une exp… buuurp… une expulsion… » Je me suis repassé la bande pour voir comment la dame des sourds-muets avait traduit l'incident, elle s'est juste pincé le nez… Non, sérieusement, je pensais aux gens concernés qui regardaient la séance (ils ont le temps, vu qu'ils sont chômeurs en fin de droit), et de voir des types repus évoquer leurs problèmes, ça doit les rassurer.

Mais il y eut pire ce jour-là, dans les bancs du gouvernement.

Comme Raffarin était absent, c'était Sarkozy qui faisait office de Premier ministre. À côté de lui se tenait Roselyne Bachelot. Ah ! Roselyne

Bachelot ! Rien que pour elle, vous devez regarder les questions à l'Assemblée. Roselyne Bachelot est une siesteuse, alors on lui devine une irrésistible envie de dormir. Au début, elle réprime ses bâillements, puis elle finit par écouter les orateurs les yeux fermés pour donner le change, du genre « vous avez vu comme je suis concentrée »... Sauf que c'est le piège et elle commence à s'assoupir. On s'en aperçoit lorsqu'elle se réveille en sursaut, en criant : « Quoi ? Qu'est-ce qu'il y a ? »

Donc à gauche de Sarkozy, Roselyne Bachelot. À sa droite, Copé et Fillon. Et là, il y eut un moment terrible.

Pendant qu'un député interpellait le gouvernement au sujet de l'intégration des sans-papiers, Copé et Fillon étaient écroulés de rire, je vous jure que c'est vrai. Ils avaient dû sûrement se raconter la dernière blague de Santini. Deux secondes après, Copé la chuchotait à l'oreille de Sarkozy et les voilà tous les deux morts de rire... Oui, Copé, c'est l'homme qui murmure à l'oreille de Sarko.

Mais le pire, c'est que cette question sur l'intégration s'adressait à Fillon et l'autre, à peine remis de son fou rire, se lève et répond avec une émotion contenue et convenue.

Et puis, il y eut Falco, le ministre des Personnes âgées. Un chef-d'œuvre. Je vous la fais courte : un député lui demande ce qu'il compte faire l'été prochain pour les personnes âgées, et là, on voyait qu'il savait pas bien quoi répondre, d'autant que, je vous l'ai dit, Raffarin était absent. Du coup, ça donné ça :

– Nous allons prendre un certain nombre de mesures, parmi lesquelles il y a l'hypothèse de la suppression d'un jour férié…

À cet instant, l'opposition proteste, et c'est là que Falco est devenu fou.

– Chuis surpris, dit-il, chuis surpris par vos réactions, car messieurs les socialistes, vous avez donné votre accord au projet !

Il sort sa feuille et devient Bossuet, l'aigle de Meaux. Parmi les signataires, il y avait madame Lebranchu, monsieur Fabius (il n'était pas là, il devait faire de la moto habillé avec un blouson en jean… Lui aussi, il se fout un peu du monde, Fabius, à nous jouer *Easy Rider*. Remarquez, c'est pas non plus l'équipée sauvage, sa moto est une 100 cm^3, une *Mob* gonflée, une *Flandria*)… Mais revenons à Falco devenu fou qui continuait à nous lire sa liste : monsieur Fabius, monsieur Olivier Migo, monsieur Hérault, madame Téral,…

Jean-Louis Debré finit par intervenir : « Monsieur Falco, répondez s'il vous plaît, vous dépassez votre temps de parole… »

L'autre : – Monsieur Hérault, madame Téral…

Voyant que Falco était devenu fou, Debré lui a coupé le micro, en disant que chaque orateur dispose du même temps (la dame des sourds-muets avec sa main se faisait un bec de canard du style « ferme ta boîte à camembert »).

L'autre, vous croyez que ça l'a troublé ? Pas du tout ! Il continuait à montrer sa liste avec les noms...

Du coup, comme les autres au gouvernement lui disaient : « Mais pauvre pomme, t'as pas répondu », il disait : « Oui, mais t'as vu les noms que j'ai sur ma feuille... »

Allongé sur le bureau, il tendait sa feuille... Les autres : « Ah ! ouais, super, Falco. » La sourde-muette avait posé son index sur la tempe et faisait un mouvement rotatif.

RENTRÉE

SEPTEMBRE 2004

Oh ! à propos de radio, demain, je vous raconterai la conférence de presse de rentrée de France Inter. Avant, ça se passait dans des établissements branchés, comme le *Bermuda Oignon*. Cette année, on a eu droit au *Novotel*, l'an prochain ça aura lieu au *Kyriad* de Gonesse.

En plus, par souci d'économie, la direction d'Inter n'avait pas coché la case « ménage fait » et comme la salle où avait lieu la conférence d'Inter avait accueilli la veille une réunion de représentants, y avait encore des restes de gâteaux apéritifs, des mégots dans des verres d'eau, et un *paper board* avec les objectifs de ventes de chaque représentant pour 2005... Mais je vous en dirai plus demain, notamment sur la conduite de Stéphane Bern pendant la conférence de presse.

C'est la rentrée à la télévision aussi... On a rangé Valérie Maurice et son point route dans la naphtaline, on la ressortira à Noël. Hier, c'était aussi la fin des Jeux olympiques, dont vous n'avez pas commenté la cérémonie de clôture, Stéphane.

Non, parce qu'il faut quand même que je raconte que monsieur va faire l'ouverture des Jeux pour Canal, ce qui lui permet d'établir une note de frais qui va couvrir tous ses faux frais du séjour sur son île, l'accueil et la nourriture des stagiaires, tout ça, et pendant cette cérémonie qui émeut la terre entière, Stéphane Bern m'envoie un SMS pour me dire qu'il a vu à Athènes un evzone en jupe ! Vous imaginez, le stade d'Athènes, tous ces figurants qui ont répété pendant des mois pour nous offrir un moment de fraternité humaine, et l'autre qui pendant ce temps-là tape sur son téléphone : « J'ai vu un Grec en jupette, hi hi hi ! » ?

Les Jeux étaient diffusés sur le service public et sur Canal, mais étaient beaucoup plus rigolos sur

France 2 et France 3 grâce à Gérard Holtz. Lui aussi, c'est comme Valérie Maurice, depuis 1973, on le sort de la naphtaline à chaque Dakar ou à chaque olympiade. D'ailleurs, il fait de la télévision comme en 1973, c'est le gars sympa qui dit : « Bon appétit si vous êtes à table. »

Alors, sur France Télévision, pour les Jeux, ils avaient décidé de faire preuve d'originalité et de créer des effets spéciaux. Bon, vous affolez pas, leurs effets spéciaux c'était pas du Spielberg, c'étaient des effets spéciaux SFP, c'est-à-dire qu'à chaque fois que Gérard Holtz lançait un envoyé spécial sur les Jeux, on entendait quelques mesures de trompettes antiques.

Le problème, c'est qu'ils avaient choisi des trompettes de jeux du cirque romain. Ça n'avait rien de grec, y a juste une erreur de cinq siècles, mais surtout, ils envoyaient leurs trompettes imbéciles au moment où Gérard Holtz appelait son journaliste en lui posant une question. Ça faisait : « Alors Lionel Chamoulaud, quel est le résultat du match de handball Espagne-Allemagne ? » *Ta-ra-ta-ta !* Et la voix du type qui disait : «… à zéro après prolongations. »

C'est donc la rentrée, Claire Chazal a repris son JT ce week-end après avoir montré ses seins à la France entière, comme chaque été. Non, c'est parce qu'on lui a dit que pour lutter contre le cancer du sein, il fallait les montrer une fois par an. Mais au médecin, Claire ! Pas à *Voici* ! Ou alors, ce sont des photos volées et elle va encore faire un procès à *Voici*, et avec les dommages et intérêts, elle va pouvoir payer la chirurgie.

Septembre 2004 (II)

Dans le cadre de l'information des auditeurs de notre station, voici un compte rendu détaillé de la conférence de presse de rentrée de France Inter qui a eu lieu la semaine dernière à l'hôtel Formule 1 de la rue de Grenelle.

Il y eut tout d'abord l'allocution de notre nouveau président, monsieur Cluzel. Évidemment, la barre était placée très haut après toutes ces années de discours de Jean-Marie Cavada…

Oh ! tiens, à propos, j'ai reçu une carte postale de Papi bricolage ! Elle est très jolie et de bon goût, c'est une photo du Mont-Saint-Michel avec un faux télégramme imprimé dessus. Y a écrit : « Ici tout va bien *stop*, l'abbaye est magnifique *stop,* la vue est superbe *stop,* l'hôtel est charmant *stop.* » C'est une bonne idée, ces faux télégrammes. Bon, alors maintenant, je vous lis le texte de Jean-Marie Cavada au verso : « Ici tout va bien, l'abbaye est magnifique, la vue est superbe, l'hôtel est charmant. » Bon, là, au début, il ne s'est pas foulé. Je vous lis la suite : « Bien qu'en retraite, je suis toujours débordé, puisque me voici en week-end au Mont-Saint-Michel avec l'atelier crépon des anciens de Romorantin. Mais j'ai bien d'autres activités, notamment les maquettes d'avions. Je viens de terminer un Messerschmitt de toute beauté. À part ça, toujours le même rythme infernal. Le pain et le journal le matin, les mots fléchés de Télé Loisirs, et mon petit moment de détente devant le Soir 3 Pays de Loire avec un petit guignolet-kirsch. »

Mais revenons à notre conférence de presse de rentrée d'Inter. Si je vous parlais des allocutions de Jean-Marie Cavada, à côté duquel Fidel Castro ressemble à un autiste aphone ? Vous vous souvenez de ses discours pléthoriques, ses métaphores, ses allégories et autres figures de rhétorique aux noms compliqués que je vous épargne pour ne pas faire mon intéressant.

Donc notre nouveau président monsieur Cluzel a commencé son discours... Quoi ? Vous ne connaissez pas notre nouveau président ? Bon alors, pour ceux qui ne l'ont jamais vu, c'est un bel homme, mais, comment dirais-je, on a un peu l'impression qu'il vient de passer la nuit en garde à vue... Il a en permanence une barbe de deux jours et on dirait qu'on vient de le tabasser, mais beau quand même...

Son discours fut bref et axé sur le thème du rajeunissement de l'antenne. Dans un coin, on a vu Macha Béranger et Edwige Antier esquisser un furtif signe de croix.

Puis il donna très vite la parole à notre nouveau directeur, Gilles Schneider. Très sympa, Gilles Schneider. Je vous disais hier que la veille de la conférence d'Inter, la salle où nous nous trouvions accueillait une réunion de représentants.

Est-ce en hommage à la noble profession de VRP ? Toujours est-il que Gilles Schneider s'était habillé en représentant de chez Rank Xerox des années 1980, avec un très joli blazer bleu croisé à boutons dorés, un pantalon de flanelle et des mocassins à pompons.

Gilles Schneider a confirmé que France Inter allait davantage s'adresser aux jeunes des cités et pour cela leur consacrer deux émissions. Isabelle Giordano, le samedi à 15 heures, leur proposera *Du côté de chez ouam… Ouam,* c'est du langage de jeune, ça veut dire *moi* en verlan, et là, c'est malin, parce qu'on imagine que le samedi à 15 heures tous les jeunes des cités vont se précipiter pour écouter Isabelle Giordano sur France Inter. On imagine dans les cages d'escaliers :

– Hé, Mouloud, tu descends ?
– Non, j'écoute Isabelle Giordano sur France Inter dans *Du côté de chez Ouam…*
– Ah ! la vache, *Du côté de chez Ouam*, la référence à Proust, elle déchire sa race !

À un moment, Gilles Schneider a expliqué comment on intéresserait les jeunes. Il a dit : « J'ai écouté la grille d'été dont on m'a dit qu'elle était excellente. » (Bonjour les fayots.) « Par exemple, hier j'écoutais Inter, et un vieux monsieur nous expliquait la pétanque. On croit tout connaître sur la pétanque, mais pas du tout, j'ai passé une heure très intéressante, et j'ai appris plein de choses. »

Les jeunes dans la cage d'escaliers :

– Hé, Mouloud, tu descends ?

– Non, j'écoute France Inter, y a un type qui parle de pétanque pendant une heure, ça déchire grave !

RESPECT

Décembre 2003

Dans la catégorie « France Télévision est une chaîne pleine de bons sentiments, la preuve c'est que Gérard Holtz y travaille », l'émission s'appelait *Le respect ou le grand code du savoir-vivre.*

Un jeu présenté par Thierry Beccaro et une demoiselle inconnue qui mérite de le rester, et que je vais vous raconter puisque personne ne l'a regardé.

Au début, Thierry Beccaro nous expliqua le jeu. Ça dura près d'une demi-heure. Oui, parce que les téléspectateurs pouvaient jouer, les spectateurs dans la salle pouvaient le faire aussi, et un parterre d'une centaine de VIP… Bon, quand je dis VIP, ne vous affolez pas, pour France 2, les personnalités, c'est Steevy, Bruno Salomone, Nelson Montfort, Philippe Candéloro ou Julie Piétri… Tiens, à propos, vous vous souvenez pour Julie Piétri ? Elle avait remporté le concours des *has been* sur TF1, un jeu cynique dans lequel des chanteurs oubliés étaient revenus faire un casting. Elle avait battu

Herbert Léonard et Foucault lui avait promis un album et une tournée triomphale des stades. Bon, dimanche, elle a chanté au stade Michel-Hidalgo de Pithiviers, il y avait un vide-grenier, et au bout ils avaient installé un plancher. Ce soir, Julie Piétri et sa grande tournée France 2 vont jouer à la salle des fêtes de Plohigny, si vous êtes en avance, demandez la clé au presbytère.

Bref, les questions traitaient de savoir-vivre, du genre « Comment réagir quand vous voyez quelqu'un mettre son doigt dans le nez ? » :

– On lui dit : « Tu veux mon doigt ? »
– On lui tend un mouchoir.
– On reste indifférent.

À la fin de chaque série de questions, on comptabilisait les points de chacun… Parlons tout de suite des gains des vainqueurs. Les gagnants, nous apprit Beccaro, auront la chance de partir pour un merveilleux week-end. Ah ! la vache, on se dit : c'est merveilleux ! Eh oui, poursuit Thierry Beccaro, deux jours tout compris en banlieue, mais ce n'est pas tout, le gagnant figurera dans la prochaine édition du Bottin mondain. Ah ! la vache, moi je savais pas que ça existait encore !

Et puis, on est revenu sur le plateau, et c'est là que tout est parti en couille. Rappelons que Beccaro coprésentait avec une jeune fille. Comme ils ne savaient plus quoi faire, ils comptaient sur l'oreillette et ça a donné ça…

Beccaro : – Alors la série suivante… La série suivante… Voilà, vous reprenez vos boîtiers.

La fille : – Tu crois qu'on va y arriver ?

Beccaro, guettant oreillette ou prompteur : – Oui, oui, elle arrive…

La fille : – Voilà, alors si vous jouez par SMS, c'est maintenant qu'il faut… jouer ?… Non, c'est pas maintenant qu'il faut… Eh oui, exactement !

Beccaro : – Mais si, c'est maintenant, il faut jouer ! *(S'énervant.)* Il faut jouer ou pas ?

Le public derrière eux, écroulé de rire, se foutait de leur gueule. Alors Beccaro, en colère, s'en prend à eux : « Ben oui, mais ils chahutent derrière, alors forcément, on est perdus ! »

RETOUR GAGNANT

Février 2004

Les histoires d'amour entre le public et les vedettes ressemblent à celles des couples ordinaires. Après le temps de la passion, sans qu'on sache trop pourquoi, le désamour arrive, d'autant plus violent que l'idylle fut intense, un peu comme si le public faisait payer au *has been* l'amour qu'il lui donna.

L'exemple le plus flagrant est celui d'Annie Girardot, symbole des années 1970, rejetée par le public avec une brutalité inouïe pendant les années 1980. On ne l'aimait plus, on se moquait de sa déchéance, de ses rides, de sa comédie musicale pathétique, les humoristes l'imitaient en pocharde avinée. Et puis, quand la foule eut jugé que la punition avait suffisamment duré, elle autorisa son retour. Éperdue de reconnaissance, elle remercia aux césars en laissant couler des larmes qui voulaient dire « merci de ne pas me laisser comme une chienne malade chez moi ce soir, merci de m'avoir prêté cette belle robe, merci de m'accueillir de nouveau parmi vous, avec le ministre, là, au deuxième rang, avec le souper qui suivra au Fouquet's... » (Tiens, je suis allé au Fouquet's vendredi et ils m'ont offert mon déjeuner. Je ne sais pas pourquoi, ils pensaient que je citerais leur établissement aujourd'hui. Si c'est le cas, c'est raté, je ne mange pas de ce pain-là et je ne citerai pas le Fouquet's...)

Tout ça pour vous dire que le *has been* est tendance à la télévision. Car les producteurs les plus cyniques et corrompus comme Endémol ont compris qu'il y avait chez ces gens-là une souffrance que le public adore, puisqu'il en est la cause.

Alors ces producteurs poussent même le sadisme jusqu'à dire aux téléspectateurs : « C'est vous qui avez le pouvoir, regardez comme ils souffrent. Ah ! ça, c'est bien fini les limousines et les hôtels de luxe, maintenant ils ont les mêmes problèmes de fin de mois que vous ! Mais vous pouvez faire encore mieux, téléphonez à un numéro hors de prix et vous pourrez en sauver un et enfoncer un peu plus les autres ! »

Cette tendance va submerger nos écrans et croyez-moi, vous n'avez pas fini de manger du *has been*. Les *has been* dans un loft avec Jeane Manson au réveil, les *has been* font Koh Lanta avec Herbert Léonard dans la jungle sans Réjé-color, *Fear Factor* avec Nicoletta démaquillée et Dave en train de manger un serpent !

Vendredi soir, TF1 diffusait l'émission *Retour gagnant*. Je vous en rappelle le principe. Six *has been* viennent montrer qu'ils ont vieilli de vingt ans, et vingt ans sans succès, ça marque ! Le public téléphone pour en choisir un qui aura le droit de faire un disque.

Ne vous affolez pas, il s'agit juste d'un *single* pour commencer, mais on leur promet un album juste après, si le *single* marche bien.

Cette somptueuse merde était présentée par Jean-Pierre Foucault assisté de notre amie Sophie Coste au standard, dont le rôle consistait à dire : « Oui Jean-Pierre, ici c'est très chaud, continuez à appeler, si vous voulez voter pour Début de soirée tapez 1 (et là le public répétait 1), etc. »

Enfin le spectacle commença, en l'occurrence avec Début de soirée. Souvenez-vous : un adipeux et un dégarni. L'adipeux est devenu gros et le dégarni est complètement chauve.

Ils ont interprété leur tube inoubliable, *Nuit de folie,* dont voici quelques paroles, et vous allez voir à quel point le public est ingrat de laisser tomber dans l'oubli des artistes qui écrivent des œuvres pareilles.

Y a pas de saison pour que vive la musique
Au fond pas de saison pour que vive le son
Tu dis que la vie qu'on t'a donnée est faite pour ça
Tant de choses grâce au son tu connaîtras (...)

Et tu chantes chantes chantes ce refrain qui te plaît
Et tu tapes tapes tapes c'est ta façon d'aimer

Ils ont chanté en play-back, accompagnés de danseuses ringardes. Ah ! une nouvelle vulgarité dans les émissions de TF1 : le sol miroir permettant de filmer la culotte des danseuses. Début de soirée plus les danseuses filmées par en dessous, c'était classe...

Et puis, il y eut l'interview humiliation.

– Alors, vous en avez bavé pendant cette traversée du désert ?
– Oui, on a survécu en faisant des galas dans les comités d'entreprise.
– Et le succès vous manque ?
– Ce n'est pas le succès qui nous manque, mais la possibilité de dire des choses.

Et c'est vrai qu'ils disaient des choses tellement fortes... Autant vous dire qu'ils ont perdu, mais qu'en plus maintenant, ils ne sont même plus sûrs de faire les comités d'entreprise. Vous allez embaucher des types, vous, qui ont perdu à *Retour gagnant* ?

À la fin de la chanson, Foucault demande :

– Alors Sophie, où en est-on ?

Sophie Coste : – Je peux vous dire qu'ici au standard, c'est très très chaud…

Vint ensuite Jakie Quartz. Vous vous souvenez de Jakie Quartz, *Juste une mise au point* ?

Elle aussi a pris vingt piges, elle ressemble maintenant à une Mimie Mathy grande, on devine à la couperose sur ses joues qu'elle a consommé force remontants pour tromper l'attente près d'un téléphone silencieux.

Un reportage nous la montre en coulisse d'un gala, dans sa loge, sur une table en Formica. Là où les stars exigent un buffet de chez *Fauchon*, des fleurs et du dom-pérignon, il y a une pomme et une bouteille d'eau entamée. La voix *off* précise : « Elle a dû en mettre, de l'eau dans son vin », et on comprend que c'est une allusion à la couperose.

Ensuite, on la voit à Marrakech lors un mini-séjour financé par l'office du tourisme, y avait les deux figurants de Stéphane Bern, qui, après avoir découvert les femmes avec *le Bachelor*, étaient contents en voyant Jakie Quartz. Ah ! une femme !

Bon, ils faisaient un peu la gueule… Et puis, on la voyait à Paris sous la pluie avec sa vieille mère à qui le journaliste demandait : « Vous pensez qu'elle va gagner ? »

– Ben j'espère, répondit la mère, parce que ça lui ouvrirait des portes et ça pourrait tout changer.

Et dans la lassitude de sa voix, on devinait qu'elle n'y croyait pas, on sentait qu'elle se disait qu'elle n'avait pas fini de faire des chèques pour aider sa fille à finir le mois, si c'est pas malheureux avec sa pauvre pension…

Juste avant de chanter, Jakie Quartz a eu cette phrase merveilleuse : « C'est vrai que j'ai pas été dans la lumière ces derniers temps, mais je compte bien revenir sous les feux de la hampe… »

Ben non, c'est raté, Jakie Quartz ne reviendra ni sous les feux de la hampe, ni sous ceux de la bavette…
À la fin de la chanson, Foucault demande :

– Alors, Sophie où en est on ?

Sophie Coste : – Je peux vous dire qu'ici au standard c'est très très chaud…

Suit Jean-Luc Lahaye, qui fait un geste du cœur au public, maladroit. Lui, on le voyait en gala avec Barbelivien et Dave, un concert dans une église, *a cappella*…

Il expliquait honnêtement qu'il vivait l'enfer et qu'il ne pensait qu'à une chose, retrouver le succès…

Vient ensuite Julie Piétri : « Chuis *overbookée*… C'est que du bonheur… »

Puis les Gipsy Kings… Chico et les Gipsy, on sent le procès, les royalties bloquées, l'interdiction d'utiliser le nom. Chico, ça le fait moins que les Gipsy Kings…

– Alors, qu'avez-vous fait pendant cette traversée du désert ?

Lui, il a fait un Chicoland. Tu dors dans la caravane au milieu du camp gitan, le soir tu vas autour du feu manger la paella géante, pendant qu'on te pique tes affaires dans la caravane.

Et là, la voix *off* à la con a eu cette conclusion imbécile, écoutez bien : « Mais pour Chico et les Gypsy, l'odeur de la paella géante est moins forte que celle du succès… »

On finit avec Les Forbans, après les années galères pour Bébert et un passage par la case prison… Et Bibie. Tout doucement, les choses ont moins marché. Le sort s'acharne sur elle : un incendie et un divorce, alors elle part se ressourcer. C'est sa foi en Dieu qui lui permet de passer cette étape difficile. Au cas où les prières ne suffiraient pas, elle a toujours un gri-gri, un morceau de Quartz…

Arrive enfin maître Simonin, huissier, et le suspense final : on les voit tous alignés, dans l'espoir d'un dernier tour de piste, ou bien de nouveau l'attente devant un téléphone…

Jakie Quartz la bouche grande ouverte, les gros plans complaisants sur les traits défaits et les rires crispés, et Foucault qui dit : « Je signale la grande confraternité des artistes… »

Finalement, c'est Lahaye qui a gagné.

RÉVEILLON SUR TF1

Décembre 2003

Je vous avais promis de vous raconter les programmes du réveillon de TF1. Pour être honnête, j'avais enregistré l'émission. Y a quand même des limites, et basculer dans la nouvelle année en regardant une émission enregistrée le 18 octobre, présentée par Arthur en smok' et nœud pap' défait, comme Dean Martin, en faisant de l'humour, comme Arthur, ou plutôt comme les auteurs dans l'oreillette d'Arthur, une émission où tous les présentateurs de TF1 présentent leurs vœux, puis se congratulent sur un air de samba pour fêter l'année nouvelle… Les vœux de chaque présentateur de la chaîne étant complétés d'un bêtisier, des trucs qu'on a vu mille deux cents fois, l'autruche qui picore le chapeau du mec de la BBC…

Comme chaque année, Arthur a roulé une pelle à Boccolini ; comme chaque année, on a eu droit au discret filet de salive qui hésite un instant avant de choisir son hôte et qui finit par retomber sur le menton de Bocco.

On a vu aussi Véronique Genest habillée d'un joli rideau à fleurs qui s'envolait. Ah ! oui, parce que je ne sais pas si vous avez remarqué, le nouveau truc à TF1, c'est le ventilo au sol pour soulever les robes des filles qui, du coup, portent des jupes à volants, c'est bien, c'est pas vulgaire du tout, surtout dans le cas de Véronique Genest. Quand la jupe s'est soulevée, j'ai cru qu'elle faisait encore de la pub pour Madrange.

Alors, voici une sélection des vœux d'animateurs de TF1. Vous verrez qu'ils méritaient d'être envoyés par texto.

Vous avez d'abord Flavie Flament qui a dit : « Il faut sourire à la vie. »

Jean-Luc Reichman : « Je souhaite du bonheur à tout le monde par les temps qui courent. »

Évelyne Dhéliat nous souhaita « un arc-en-ciel de belles choses »... Oui, parce qu'elle fait la météo. Remarquez, Arthur a accueilli Évelyne Dhéliat et sa copine Laborde en disant : « Elles font la pluie et le beau temps à la télé. » C'est une vanne d'il y a vingt-cinq ans, dans *Les Bronzés font du ski*...

Olivia Adriaco : « En 2004, je vous souhaite de ne pas sortir sans votre Caméscope. » Et c'est là qu'on comprend pourquoi : le jour où elle était absente dans *Vidéo-gag*, ils l'avaient remplacée par un singe.

Lagaf a crié : « Mort aux cons. »

Suivirent les pas connus. Ils les faisaient rentrer en troupeau, Adeline Hallyday avec Anthony Kavanagh et deux autres de *Sous le soleil* : « Je souhaite la paix dans le monde. »

Et puis notre amie Carole Rousseau, qui a souhaité de la dignité pour 2004, tout le monde a bien rigolé, sacrée Carole. Après quoi ils ont envoyé le décompte, la samba et les vœux.

Ensuite notre directeur des programmes, Bernard Chérèze, a expliqué que la programmation musicale allait elle aussi davantage s'adresser aux jeunes et qu'on allait entendre encore plus sur l'antenne Cesaria Evora, Georges Moustaki et Yves Simon.

Pendant ce temps-là, Stéphane Bern a passé son temps à ricaner et à me parler de ses investissements à Mýkonos. Oui, là on peut parler d'investissements, puisque vous avez aménagé vos terres en structure touristique, et qu'aujourd'hui, votre propriété est entourée d'un magnifique village de tentes !

RODA-GIL Étienne

Mai 2004

Dire que Roda-Gil est mort et que Barbelivien a repris du gratin dauphinois hier soir ! Vous allez voir qu'il est capable de rendre hommage à Roda comme il l'avait fait pour Léo Ferré. Barbelivien rendant hommage à Ferré, c'est le plan comptable 1958 honorant *Belle du Seigneur*.

Remarquez, y a pire que Barbelivien : c'est Lionel Florence, le type à la tête de Frankenstein et qui écrit comme Frankenstein puisqu'il est l'auteur de l'inénarrable chanson *Ma liberté de penser*. Rappelons que dans cette chanson, il a quand même osé écrire :

Prenez mon lit,
Prenez mon shit planqué sous l'étagère,
J'préfère que ça parte à l'abbé Pierre,
mais vous n'aurez pas
Ma liberté de penser.

Roda-Gil est mort. Congestion cérébrale. Le cerveau qui explose. Ça, évidemment, le cerveau qui explose, ça risque pas d'arriver à Lionel Florence.

Roda-Gil est mort. La télé va sûrement lui rendre hommage un samedi soir, avec Obispo qui aura pour l'occasion trouvé un nouveau gag capillaire. Rappelons que la dernière fois, c'était la boîte à *Kleenex* rose greffée dans la boîte crânienne.

Y a des jours comme ça, où on se sent :

Planté, planté, planté
Au milieu du désert
Dont mes rêves sont faits...

ROLAND-GARROS

Mai 2004

Vous connaissez tous l'abbé de La Morandais, le jet-setter de l'épiscopat, le Massimo Gargia apostolique et romain, le Loana de l'évêché. Eh bien, ce matin, dans un long article paru dans *Le Parisien*, le père de La Morandais nous donne son avis sur... Roland-Garros.

Et moi, je dis qu'il y a longtemps qu'on attendait de connaître la position de l'Église concernant Roland-Garros. Merci donc, abbé, de satisfaire enfin notre curiosité.

L'abbé commence en racontant que le matin même, un drame s'est joué à Roland-Garros, puisqu'une hôtesse d'accueil ne l'a pas reconnu, ajoutant même : « Ici, vous n'êtes personne. » Et là, l'abbé nous montre ce qu'est la charité chrétienne, puisqu'il conclut : « Je regrette de n'avoir pas donné mon invitation à un jeune sans le sou. » Ah ! la vache. Oui, vous avez bien entendu, l'abbé de La Morandais a failli donner son invitation pour Roland-Garros à un pauvre SDF, tel saint Martin offrant son manteau. Bon, il a juste failli donner son invitation, mais comme son invitation donnait droit au buffet campagnard gratuit et qu'il adore les petites olives farcies avec les trucs rouges qui dépassent, l'abbé de La Morandais a gardé son invitation. Et il a bien fait, car ça lui permet de donner au *Parisien* son avis sur le tournoi.

Après des considérations sur l'argent dans le sport, l'abbé conclut : « Allez, je vous laisse, je vais voir Justine Hénin. » Et quand, ultime question, le journaliste lui demande : « Et Mauresmo ? », l'abbé termine ce chef-d'œuvre d'interview en commentant d'un air dédaigneux : « Non, je ne suis pas trop Mauresmo, j'aime la féminité. » On croit rêver ! Mais de quoi j'me mêle ? Déjà, ce type n'est invité sur tous les plateaux de télévision que parce qu'il a révélé un jour, l'œil gourmand, qu'il ne se refusait pas de temps en temps une petite branlette – ce dont on se fout tant qu'il laisse nos enfants tranquilles –, et le voilà qui tranquillement annonce qu'il trouve Mauresmo trop lesbienne ? Ça doit le gêner dans sa concentration pour ce qu'il appelle la pitance du pauvre.

Moi, quand je vois un curé, j'ai envie de lui demander comment il justifie qu'un enfant puisse attraper une leucémie, ou si les hommes qui mettent des bombes dans des gares ont une âme. Mais franchement, l'avis de l'abbé de La Morandais sur les petites culottes des joueuses de tennis, qu'il garde là-dessus le secret de la confession.

ROUSSEAU CAROLE

Lettre ouverte. Septembre 2004

Mademoiselle,

Vous me traînez en justice et c'est la première fois en près de dix ans et mille trois cents chroniques télévisées que pareille mésaventure m'arrive.

Vous m'attaquez « au pénal » c'est-à-dire que si, à Dieu ne plaise, je venais à perdre ce procès, le verdict figurerait dans mon casier judiciaire.

Certes, je n'envisage pas de présenter ma candidature à La Poste ou à une autre administration, mais franchement, se faire dépuceler le casier judiciaire par Carole Rousseau, c'est pour le moins humiliant.

Au moment où j'écris cette lettre, la justice vient de terminer l'instruction. Je n'ai pas parlé de *Scrupules,* l'émission que vous présentez, lors de sa dernière diffusion. Je n'en ai pas parlé parce que je ne voulais pas être taxé d'acharnement, mais j'ai vu l'émission. Si j'en parle ce matin, c'est qu'un homme est mort. Permettez que j'explique qui était ce monsieur.

Le thème de la séquence était « J'abandonne mon mari devenu hémiplégique suite à un accident ». Le monsieur était dans un fauteuil, comprenait parfaitement ce qu'on lui disait et s'exprimait aussi bien que sa trachéotomie le lui permettait.

Et son épouse, devant l'équipe de télé, le réalisateur, le caméraman, le preneur de son, son épouse donc, lui expliquait qu'elle avait fait des bébés ailleurs, faire des bébés signifiant en l'occurrence faire l'amour, et lui, dont on sentait qu'il n'avait qu'un seul désir, c'était qu'elle reste, lui disait : « C'est normal que tu fasses des bébés ailleurs. » Mais là, devant l'équipe de télé, la dame, une blonde aux cheveux mi-longs à lunettes, une sévère, du genre chef du guichet des cartes grises à la préfecture, la petite dame venait lui annoncer qu'elle allait l'abandonner dans une famille d'accueil.

– Hein, tu seras bien dans ta famille d'accueil ? Moi, je passerai te voir de temps en temps !

Et lui, au lieu de « de temps en temps », il entendait « jamais », et en sanglotant, il répondait :

– Oui, je serai bien dans la famille d'accueil.

Au retour plateau, chère Carole Rousseau, dans votre costume blanc, vous avez déclaré « Je suis émue », et vous avez demandé à la dame de la sous-préfecture : « Et vous ? Vous n'êtes pas émue ? » Et l'autre vous a répondu : « Non, je ne suis pas émue… »

Là, on pouvait lire l'inquiétude dans votre regard : « Merde, si elle n'est pas émue, on est mal pour l'audimat ! » Mais nous, Carole, on était ému, soyez rassurée. Et on l'est d'autant plus aujourd'hui que *France Soir* nous apprend que le monsieur abandonné vient de mourir.

Septembre 2004 (II)

Ce qui suit s'est passé vendredi soir sur TF1, pendant l'émission *C'est quoi l'amour ?* Juste avant une coupure de pub, pendant qu'en bas de l'écran s'inscrit : « À tout de suite », une voix *off* lance un *teasing* et nous dit : « Dans un instant, vous verrez Sandra, violée pendant dix heures après une soirée en boîte de nuit. » Et là, on voit une adolescente qui dit en pleurant : « À un moment, ils ramènent un chien, et je me dis : qu'est-ce qu'ils vont me faire avec le chien ? »

On a beau savoir que TF1 est là pour vendre des espaces publicitaires, on se dit c'est pas possible, ils se sont pas servis de ça pour vendre des chocolats ! Oui, parce que juste après la fille en larmes qui parle du chien, le premier écran de pub annonce : « Envie de finesse ? Découvrez petits desserts de Lindt. » Mais non, voici les autres charognards qui ont acheté la pub à cet instant-là : nouvel album d'André Rieu – bon, ça, normal –, ensuite Chérie FM, puis *Danette*, puis l'album de Norah Jones avec le logo France Inter, et je vais vous dire, ça fait drôle de voir écrit France Inter à ce moment-là.

SALVADOR HENRI

FÉVRIER 2004

Je n'ai pas regardé la télé hier soir. J'étais invité à la générale d'Henri Salvador au Palais des congrès. Le Tout-Paris était convié également, mais je vous en parlerai plus tard.

Catherine et Henri Salvador m'avaient remis un *pass* me permettant d'aller à ma guise des coulisses à la salle, pendant que le tout-venant comme Stéphane Bern faisait la queue et se soumettait à une fouille sommaire exécutée par un vigile brésilien particulièrement athlétique. Du coup, Stéphane est repassé à la fin de la file d'attente pour une deuxième palpation, en arguant que deux précautions valent mieux qu'une, et en disant au vigile : « J'ai caché une arme sur moi et j'exige une fouille au corps. » Pendant que Stéphane s'amusait à ces jeux innocents, je passai l'heure précédant le concert dans la loge d'Henri Salvador. C'est beau, une loge avant un concert. Le miroir de maquillage avec son carré d'ampoules et les télégrammes coincés sur les côtés, les fleurs partout, une table basse sur laquelle on trouvait des bouteilles de pomerol et des coupelles remplies de mélanges apéritifs, amandes, noix de cajou et cacahuètes.

Et puis Henri me dit : « Je vais prendre une douche. » Par politesse, je détournai la tête vers la table basse où le mélange salé commença à m'interpeller en disant : « Guy, regarde comme on a l'air bons ! »

Pendant qu'Henri procédait à ses ablutions, je me jetai sur l'assortiment apéritif, sélectionnant en priorité les noix de cajou et les amandes et dédaignant les cacahuètes… Je ne sais pas si vous avez remarqué, dans les mélanges salés on prend toujours en priorité les noix de cajou et les amandes et on laisse les cacahuètes…

Puis Henri apparut en slip, au moment où l'on frappait à la porte. C'était Alain Delon. L'épouse d'Henri, Catherine, prononça alors à mon intention cette phrase incroyable : « Guy, vous connaissez Alain Delon ? »

Que peut-on répondre à une question pareille ? Oui, je connais Alain Delon, depuis toujours. Quand elle posa la même question à Alain Delon, que je n'ai jamais rencontré, ce dernier répondit : « Oui, on s'est déjà vus, mais y a longtemps… » C'est sa phrase passe-partout, pour ne pas vexer ses interlocuteurs. S'il a rencontré le gars, mais qu'il l'a oublié, le type est content, et s'il ne le connaît pas, le gars est flatté…

Alain Delon et Henri Salvador tombèrent dans les bras l'un de l'autre, et à cet instant il se passa quelque chose d'incroyable : Henri alla s'habiller et Delon l'attendit… avec moi. Comme on n'avait rien à se dire, on toussa et il se servit un verre de pomerol en se penchant juste devant moi et son épaule me frôla. D'aucuns me trouveront midinette, mais cette épaule de Delon qui me frôlait me bouleversa. Puis il piocha dans le mélange salé où il ne restait que les cacahuètes, non, il restait une noix de cajou qui m'avait échappé, puis Delon secoua la coupelle pour en faire émerger d'autres, mais non, il ne restait que des cacahuètes, dont il prit une poignée qu'il fit sautiller dans le creux de sa main, avant de les ingérer rapidement en penchant la tête en arrière.

Puis le spectacle eut lieu. Mes textes firent un triomphe. Et à la fin du show, le Tout-Paris vint rendre hommage au chanteur, au foyer du Palais des congrès où un pot était organisé.

De vieilles femmes liftées se précipitèrent sur le buffet, on s'embrassait à chaque rencontre, chacun opérant une étude logistique pour se trouver dans l'angle de vue de Delon.

À un moment, j'entendis des cris. C'était Line Renaud qui, pour marquer sa présence, s'exclamait ostensiblement à chaque rencontre d'une vague connaissance, un peu comme les fauves pissent pour marquer leur territoire. Eh bien, Line était là, *alive and well in Paris*, et pour montrer à quel point elle était vivante et pas près de passer la main, elle invitait à tour de bras chacune de ses rencontres à des déjeuners sans date précise et dont on devinait qu'ils n'auraient jamais lieu. Au moment où les portes de l'ascenceur qui allait me descendre au parking allaient se fermer, après qu'il eut sonné pour un excédent de poids à cause de Régine, j'entendis encore Line Renaud qui criait : « Faudra qu'on déjeune au Bellini ! », tandis qu'un homosexuel de sa garde rapprochée l'entraînait vers d'autres rencontres.

Je ne connais pas le restau qui s'appelle le Bellini. Si toutes les invitations d'hier avaient lieu, il serait complet pour les deux ans à venir, mais les cris de joie et les invitations de Line ne disaient pas autre chose que « je suis encore là et j'ai peur ».

Soudain, j'aperçus Daniela Lumbroso et Véronique Genest. Ça m'a rappelé le bureau, alors je suis parti et, sur l'avenue de la Grande-Armée, je pensais à cette épaule qui m'avait frôlé en se servant du pomerol et j'étais le roi du monde.

SARKOZY Nicolas

Septembre 2004

Le héros de ce week-end télévisé fut sans conteste Nicolas Sarkozy, qui après sa rencontre avec Tom Cruise… Oh ! à propos, je ne sais pas si vous êtes au courant, dans l'entourage de Tom Cruise on affirme que la rencontre a eu lieu à l'initiative du ministre, alors que les proches de Sarkozy affirment que c'est Tom Cruise qui a demandé expressément à le voir. Et c'est vrai que c'est parfaitement plausible, on imagine bien Tom Cruise, préparant la tournée mondiale de promo pour son nouveau film qui demande : « Bon, alors les gars, vous prévoyez du champagne et des putes dans mes chambres d'hôtel », si, si, parce que c'est son truc à Tom Cruise, mais attention que des putes scientologues, *Des putes, des putes, oui mais de scientologie*, donc : « Vous me prévoyez du champagne et des putes, mais surtout, quand nous serons en France, je veux absolument rencontrer ce ministre des Finances, vous savez celui qui ressemble au bonhomme à la tronçonneuse de *Orangina* rouge, afin d'évoquer avec lui l'évolution des montants compensatoires ! »

Non, bien évidemment, on devine que c'est la cellule de communication de Sarkozy qui a organisé la rencontre. La même cellule qui expliquait dans la presse la semaine dernière que les enlèvements des deux Français en Irak contrariaient l'annonce du ministre de sa candidature à la présidence de l'UMP. Décidément, ces intégristes ne respectent rien.

Mais revenons à Tom Cruise.

Pourquoi lui ?

Eh bien, parce qu'il est petit. Vous imaginez bien que même si Sarkozy a une passion pour Jean Reno, on les verra jamais ensemble sur une photo !

Sarkozy, il évite tous les grands. Quand il sort le soir, il va au spectacle de Mimie Mathy ou au concert de Charles Aznavour, et il paraît qu'il va même participer à Fort Boyard pour être filmé à côté du nain Passe-Partout.

Avril 2004

Hier soir, j'allume la télé et je me dis : « Tiens, ils rediffusent le film de Woody Allen, *Tout ce que vous avez toujours voulu savoir sur le sexe*, vous savez, la scène où on voit Woody et plein d'autres comédiens déguisés en spermatozoïdes... Après quelques instants, je me suis aperçu que c'était pas un spermatozoïde, mais Sarkozy qui visitait la centrale nucléaire de Chinon en combinaison blanche... Je ne sais pas si ça vient de sa taille ou quoi, mais dès qu'il porte un uniforme, Sarkozy ressemble à de Funès... À chaque fois, on a l'impression d'entendre la musique du *Gendarme de Saint-Tropez* : « la la la la la la... »

SANS AUCUN DOUTE

Décembre 2003

Je vous avais promis de vous parler de *Sans aucun doute*. C'est une nouvelle formule. Je vous explique : vous avez Julien Courbet entouré de quatre avocats, y a plus notre chouchou avec sa bosse, non, maintenant ce sont des femmes, plus deux consultants. Et alors il faut que je vous explique une chose incroyable dont personne n'a jamais parlé. Courbet, son équipe et le public restent plus d'une semaine enfermés dans le studio, sans manger, sans popo, sans se changer. Ou alors, ils se moquent un peu du monde…

Bon, déjà, à la base, Courbet est une sorte de Zorro qui dénonce les arnaques dont sont victimes les pauvres gens et qui intervient pour les défendre en téléphonant aux arnaqueurs.

À ce moment-là, lorsqu'il téléphone, le plateau devient bleu et une musique angoissante de nappes de synthé… Je ne sais pas si vous avez remarqué, TF1 a toujours la même musique à la con, pseudo-hitchkokienne, pour souligner une situation angoissante – la même musique que dans *Qui veut gagner des millions ?*… Et puis un gros plan sur une main qui compose un numéro en régie, puis le bras et le doigt du régisseur qui se tendent vers Courbet, lui indiquant que le correspondant a décroché.

Vendredi, ça a commencé par une jeune fille endettée par son ex. Elle appelle le type…

L'autre : – Oui, ben j'ai pas le temps, je bosse.

– Quand puis-je te rappeler ?
– Ben, pas quand je bosse.
– Bon, ben j'te rappellerai après.

Courbet :

– Eh bien, vous avez déjà réussi à renouer le contact.

Julien Courbet a déclaré dans un magazine télévisé qu'il était fasciné par le bouddhisme. Et c'est bien normal, puisque l'émission de Julien est intitulée *Sans aucun doute*. Le titre est justifié, c'est la réponse qu'il fit à Étienne Mougeotte lorsqu'il lui présenta le projet de cette émission, et que ce dernier lui demanda :

– Elle ne serait pas un peu pute, votre émission ?
– Sans aucun doute ! rétorqua Courbet.
– Alors je la prends, elle est dans l'esprit de la chaîne.

Julien Courbet aime le bouddhisme, et sans aucun doute son émission est belle comme le bouddhisme. C'est une sorte de quête vers l'imbécillité absolue, un long chemin dans la médiocrité pour enfin atteindre le nirvana de la connerie pure.

Je vous rappelle comment ça se passe. Julien Courbet, entouré d'avocats, joue le rôle d'un président de tribunal et fait venir sur le plateau des victimes tout en précisant rapidement qu'il faut employer le conditionnel, car l'affaire est en cours de jugement.

Mais alors, me direz-vous, pourquoi Julien Tordu ne nous raconte-t-il pas des affaires déjà jugées ? Parce qu'il y aurait eu sanction du tribunal, donc réparation. Ce qui l'intéresse, Courbet, ce sont les victimes qui souffrent. Et la présomption d'innocence, il la met dans le même tiroir que les scrupules de Carole Rousseau.

Vendredi, il a annoncé la couleur d'entrée :

« *Sans aucun doute*, ce soir, vous propose une enquête formidable consacrée au harcèlement. Vous verrez qu'il peut conduire-t-à-la mort. »

Oui, chaque époque a les Zorro qu'elle peut. Le nôtre a des faiblesses en conjugaison.

Le harcèlement, c'est grave, il faut en parler…

Passons tout de suite à la première affaire. Oui, parce qu'avec ses avocats quasi hystériques, Courbet dirige un tribunal et quand des gens refusent de lui répondre, il leur balance : « Vous savez que vous allez devenir une vedette nationale ? »

Cette première affaire de harcèlement était une plainte pour viol en cours de jugement, nous y reviendrons, mais Julien Courbet annonce tout tranquillement : « Le harcèlement, c'est aussi les fameuses querelles de voisinage. » Suit un sujet tourné dans le Pas-de-Calais, « dans une bourgade où il fait bon vivre », nous disait la voix *off* (oui, chez Courbet, les querelles de voisinage ont toujours lieu dans des villages où il fait bon vivre). Pour être franc, je sais pas où habitent ces gens-là, ni comment les équipes de Courbet arrivent à les trouver. On ne comprend pas tout ce qu'ils disent, ils ne sont pas tout à fait finis, un peu comme les autochtones du film *Délivrance*. Toujours est-il que ce conflit oppose deux anciennes amies, madame Hughes et madame Marel.

Et là commence un dialogue qui devrait figurer en préface de tout ouvrage consacré à la connerie humaine. Il est totalement authentique, évidemment, sinon…

Madame Hughes : – Moi, j'trouve qu'elle est fort méchante et jalouse.

Madame Marel : – C'est une saloperie.

Madame Hughes : – C'est une garce, une menteuse.

Madame Marel : – Oui, madame Hughes elle est menteuse. Fort, fort menteuse.

Madame Hughes : – Pour moi c'est des cons, des grands cons !

Madame Marel : – Pour moi, euh, madame Hugues, c'est quelqu'un qui… aime la merde !

Madame Hughes : – Il menaçait mon gamin pour qu'il lui donne ses goûters…

Madame Marel : – Elle m'a traitée d'putain.

Madame Hughes : – J'lai traitée de grosse troue.

Le journaliste en voix *off* : – C'est quoi, grosse troue ?

Madame Hughes : – Ah ! je sais pas. C'est un mot qui est sorti comme ça, vous savez, quand on est en colère, les mots y sortent n'importe comment…
Effectivement, madame Marel confirme :

– Elle m'a traitée de grosse troue… Et pi, même une fois, elle m'a traitée de Pékinois !

Madame Hughes : – Passequ'elle a un nez qu'elle ferait bien de refaire sa façade !

Le journaliste en voix *off :* – Et qu'est-ce qu'elle a répondu, madame Marel ?

Madame Hugues : – Elle m'a répondu que le sien était plus beau que le mien !

Madame Marel : – Ah ! moi, quand qu'on m'insulte… Alors, elle a traité mon mari de gros porc de fainéant !

La voix *off* : – Samedi 20 avril 2002, c'est une belle journée ensoleillée… Les enfants jouent dehors dans cette bourgade où il fait bon vivre… Lorsqu'une violente dispute éclate, car le ballon a rebondi contre le garage de Madame Harel.

Le fils raconte : – Ahh al a arrivée (oui, parce que le fils, il a pas toutes les pièces non plus), ahh al a arrivée a m'a mis une giffe a moi j'lui ai mis un coup d'pied mais j'étais en chaussettes.

Et là, je vous jure que j'ai eu peur. L'espace d'un instant, j'ai pensé qu'il s'agissait de mutants, d'êtres hybrides entre l'homme et l'animal, et je me disais qu'à chaque fois, les pauvres gens que nous montre Courbet ont ce profil socioculturel.

Vient alors le deuxième sujet, l'affaire de viol. Et on voit le témoignage d'une pauvre dame. Madame Chantal B., travaillant dans une grande administration, aurait été harcelée sur son lieu de travail par son supérieur. « Lorsque j'avais les bras encombrés de documents, dit-elle, il jouait avec son double-décimètre qu'il passait lentement entre mes cuisses, il arrivait par-derrière et me caressait les seins, il se masturbait, il sortait son sexe et il disait "regarde"... Et il m'a enlevé ma culotte et il a éjaculé. »

Courbet : – L'affaire est actuellement entre les mains de la justice. Tout ce qui va être dit maintenant sera au conditionnel, mais il me tarde de savoir ce que va dire la justice, car c'est pas joli-joli. Vous avez eu peur lorsque ça a été plus chaud ? Il était violent ? Est-ce qu'aujourd'hui vous avez peur ? Comment votre enfant vit-il la chose ? Cet homme vous a-t-il brisé la vie ?

Elle : – Totalement !

Courbet : – Vous vous sentiez salie ?

Oui, parce que ça, c'est sa question préférée, à Courbet : « Vous vous sentez sali(e) ? »

Et toi, Courbet, tu te sens pas sali de faire des émissions obscènes ? Parce que nous, franchement, quand on regarde *Sans aucun doute*, on n'a qu'une envie : prendre une douche.

SEVRAN PASCAL

OCTOBRE 2004

Il y a bien longtemps que Pascal Sevran n'est plus qu'une pitoyable caricature, une sorte de vieux marquis fatigué qu'on exhibe à la télévision, en sachant qu'il va balancer deux ou trois horreurs sans risque, quelques aphorismes réactionnaires et qu'il va se fâcher avec d'autres écrivains mineurs. Pourtant, on l'aime quand même parce qu'il a vécu une histoire d'amour absolue et tragique qu'il nous raconte régulièrement au hasard de bouquins académiques mais touchants. Parfois, le garçon coiffeur qui sommeille en lui prend le dessus et il raconte alors, avec une vulgarité inouïe, comment il s'est tapé un livreur de chez *Pizza Hut*. La dernière fois où Thierry Ardisson a reçu Sevran dans son émission de Paris Première, *93 Faubourg St Honoré*, il a commandé une pizza et quand un grand noir s'est présenté, Ardisson avec sa délicatesse habituelle a demandé à Sevran s'il lui plaisait. Je vous laisse apprécier l'humiliation du livreur. Toujours est-il que ça avait dû plaire à Sevran puisqu'il est retourné samedi soir chez Thierry Ardisson. Étaient également présents Bruno Gaccio et deux autres auteurs des *Guignols* de Canal. Sevran était venu accompagné d'un prénommé Allan, un giton au visage d'ange, gagnant de la Starac' de la *Chance aux chansons*, autrement dit une kitcherie pathétique, mais évidemment vous pensez bien qu'Ardisson n'avait pas fait venir Allan en pensant qu'il allait bouleverser la chanson française, non il l'avait fait venir en qualité de giton.

D'entrée, Pascal Sevran a été très con, il a pris des poses en mettant ses mains l'une sur l'autre comme l'avait fait Mitterrand lors de sa dernière interview par Jean-Pierre Elkabach, je ne sais pas si vous vous souvenez de cette interview et de la position étrange de ses mais, se frottant l'une sur l'autre, d'avant en arrière. Sevran a fait pareil, puis il a refusé de jouer le jeu, répondant aux questions d'un air pincé comme si on dérangeait le roi. Finalement, il décida de quitter le plateau comme l'avait fait un jour Maurice Clavel en s'écriant « Messieurs les censeurs bonsoir »... Mais Pascal Sevran est à Maurice Clavel ce que Steevy est à Charles Péguy.

Chez Marc-Olivier Fogiel aussi, il y eut un départ intempestif, d'un garçon que j'aime bien, Mikael Youn, qui soudain s'est senti comme un enfant perdu et s'est enfui en hurlant, un peu comme le font les enfants quand ils quittent une cave en criant très fort pour conjurer la peur.

Autrement dit, ce week-end, Sevran a quitté le plateau d'Ardisson parce qu'il se sentait trop vieux et Mikael Youn celui de Marco parce qu'il se sentait trop jeune.

STAR AC'IV

Septembre 2004

On en a très peu parlé, mais il y a eu plusieurs changements notables dans la formule de *Star Academy* dont TF1 diffuse actuellement la quatrième série.

Tout d'abord, certains profs ont changé. La dame à la peau violette et aux dents jaunes, Armande Altaï, est partie, ainsi que la fille d'Alice Dona, celle qui insultait les élèves (« Mais c'est nul ce que tu fais ! » Quand elle rencontre sa mère, ça doit être terrible !).

Elles ont été remplacées par une prof de chant hallucinante, une nommée Isabelle Charles. Imaginez une Castafiore en minijupe, mais à qui il manquerait des dents, une mamie habillée comme une gamine et qui parle comme une adolescente. Elle dit : « Ouais, ça l'fait grave », on dirait une caissière de manège de fête foraine.

Les interventions de Nikos sont toujours aussi nulles. L'autre jour, avec Sylvie Vartan :

– Je peux vous poser une question ?

Sylvie : – Oui.

– Comment vous faites ?
– Comment je fais quoi ?

Et là, Nikos qui voulait dire : « Mais comment tu fais, mamie à ton âge, pour te bouger comme ça ? » :

– Hum… Comment vous faites pour avoir cette… énergie ?

Ensuite, Nikos annonce Roch Voisine : « Il vient chanter et c'est une vraie leçon pour nos élèves car, rappelons-le, ils apprennent aussi l'anglais. »

Une des filles voulait à tout prix embrasser Roch Voisine. Nikos : « Ah ! Roch, y a une fille qui rêve de vous embrasser ! » L'autre : « Ah ! bon ? » et la fille se jette à son cou. L'autre, croyant s'en tirer à bon compte, la serre contre lui, mais Nikos insiste :

– Ça y est, vous l'avez vraiment embrassé ?
– Oui, oui, ça y est !
– Allez-y, embrassez-le vraiment ! Vous l'avez embrassé ou pas ?
– Voilà, c'est fait.

Mais le grand moment restera celui où Nikos appelle Houcine.

– Allez Houcine, montrez-nous un peu ces coulisses qui doivent ressembler à une ruche, on doit s'activer dans tous les sens avec de l'électricité dans l'air !

Et là, on voit… Rien, juste un couloir vide avec un extincteur et un échafaudage… Alors Nikos, qui normalement devait avoir un répit de cinq minutes, sort les avirons et supplie : « Les images s'il vous plaît ! Le couloir !.... Eh bien non, on les aura pas, mais on aura le show... » Et là il se passe rien, évidemment.

– Bon, eh bien, le show continue et je vais aller voir... Kamel !

L'autre, surpris, c'était pas prévu. En plus, il s'était endormi pendant que Roch Voisine chantait, et voilà que Nikos descend de la scène :

– Eh oui, Kamel (et là il fait du mot à mot), Kamel vous nous avez encore... concocté...

L'autre, terrifié :

– Rien... J'ai rien concocté du tout.

Nikos : – Vous nous avez encore concocté... des miracles avec tous les ingrédients... dont seul...

Et là, silence...

– Dont seul vous êtes le... Vous êtes le... grand manitou, le gourou de la danse, qu'est-ce qu'on va voir maintenant ?

L'autre, terrifié, il en savait rien... Alors là, Nikos craque et finit par lui dire : « Sauvez-moi ! » Alors Kamel, soulagé, comprend qu'il faut meubler.

– Eh bien, je suis allé voir Madonna trois fois...

Et là, Nikos, soulagé : – Ah ! ouais ! Il paraît qu'elle commence son concert en faisant le poirier !

En tout cas, ce soir-là, le gland c'était Nikos.

Septembre 2004 (II)

Gérard Louvin est le nouveau directeur de la *Star Ac'*. Il joue donc le rôle du méchant dirlo, comme le prévoit le cahier des charges de l'émission. Le problème, c'est que ce type-là n'a aucun talent d'acteur, sinon il aurait été artiste et pas négrier, et donc il joue faux. On dirait un chef comptable qui monte une petite pièce avec des collègues pour la fête de fin d'année de l'entreprise où il travaille.

Cette semaine, Gérard Louvin nous a servi la scène de l'adjudant faisant une revue de détail dans la chambrée.

Donc je vous situe l'action. Ah ! oui, il faut d'abord que je vous rappelle que nous sommes sur TF1 et que ce qui se passe sur l'écran s'inscrit en bas du même écran.

C'est drôle, d'ailleurs, parce que certains avaient prédit que la télévision allait nous abêtir au point que peu à peu on allait cesser de lire. Eh bien, la télé nous a rendus tellement cons qu'elle nous décrit en bas de l'écran ce qu'on est en train de voir.

À la *Star Ac'*, ils sont allés encore plus loin. Ils ont écrit sur les murs de chaque pièce du château ce qu'on est censé y faire. Dans la salle de bains, y a écrit « salle de bains », des fois qu'on pense que c'est les cabinets et qu'on pisse dans la baignoire… Et là, Stéphane Bern me regarde avec inquiétude. Eh non, Stéphane, on ne pisse pas dans une baignoire ! Sauf chez Otto de Habsbourg, mais c'est lui qui vous le demande, et il est dans la baignoire…

Pour en revenir à *Star Ac'*, on voit donc Gérard Louvin entrer dans une chambre, donc au mur y a écrit… « chambre » (bravo, vous avez le niveau TF1). Louvin entre dans la chambre où y a écrit « chambre » et dit : « Je vais vérifier le rangement dans la chambre. » En bas de l'écran, y a écrit : « Gérard Louvin vérifie le rangement dans la chambre. »

Il faut savoir que les académiciens, outre chanter faux et danser mal, sont des porcs. Au point qu'on eut droit avant-hier soir à un débat sur celui qui ne passait pas la balayette sur les côtés de la cuvette des WC. Une demi-heure là-dessus, vous imaginez, des savants sont morts irradiés en inventant la télévision, pour arriver, soixante-dix ans plus tard, à voir une dizaine de jeunes cons disserter sur celui qui a laissé des traces dans la cuvette des chiottes… Bref, Gérard Louvin se met en colère. Et avec ce talent dont je vous parlais plus haut et qui n'est pas sans rappeler l'Actors Studio, Louvin joue la colère et ça donne : « Alors là, je ne suis pas du tout content ! On vous a confié de beaux locaux, et vous salissez tout ! Regardez, vos affaires traînent partout, est-ce que vous laissez traîner vos affaires comme ça chez vous ?.... Bon, alors, comme sanction, j'inflige un avertissement à tout le monde, et je vous préviens, trois avertissements, c'est l'exclusion. Je reviendrai vérifier tous les deux jours ! »

Vous aurez perçu la connerie d'une telle sanction. Imaginez que lors de ses deux prochaines visites ce soit le bordel. Dans quatre jours, il va annoncer : « Troisième avertissement, je vous avais prévenus, tout le monde est viré ! » et sortir en claquant la porte. Puis il arrivera au bureau de la prod' :

– T'as vu ? J'ai bien joué la colère, je les ai tous virés !

Et là, les producteurs :

– Oui, c'était très bien, Gérard. Qu'est-ce qu'on met à l'antenne pendant les onze semaines qui nous restent ?

Et ça serait dommage, rien que pour Tiburce. Vous connaissez Tiburce ? C'est le prof de gym (lui, il dit le coach, il prononce « coche », comme le mari de la truie). Tiburce a un physique anachronique qui correspond à son prénom. C'est un vieux blond qui, lui aussi, joue le rôle qu'on lui a demandé de tenir : il gueule.

– J'ai mal à la tête, dit un élève.
– Le mal de tête, tu l'as après mon cours !

Lui, la connerie, il l'a en permanence.

Ce serait dommage aussi pour les thèmes de discussion au sein des candidats de la *Star Ac'*. Par exemple, je vous recommande un surnommé Harlem, le seul rappeur agréé par la RATP. Déjà, là, évidemment, rap-*Star Academy* il y a une contradiction, mais quand vous l'entendez faire du rap, vous comprenez. On croirait une imitation à la fin d'un repas de famille. Parfois, il s'isole dans la pièce de musique, au mur de laquelle est écrit en gros « musique », et il compose du rap. Alors je vous explique : il a un crayon dans une main et de l'autre il met ses doigts en forme de revolver et il balance sa main comme il l'a vu faire par Joey Starr. De l'autre, il écrit en chantonnant : « Oh ! toi *my baby*, *I love you*, *I need you*, oh *my baby* dans la cité, je suis dans la place. (Ça, il sait pas ce que ça veut dire, mais il a entendu des rappeurs le dire et il trouve que ça fait bien.) Je suis dans la place, et je te respecte et tu me respectes, et on se respecte. »

Je me demande si on peut respecter un type comme ça.

Septembre 2004 (III)

Un mot sur *Star Ac'* dont l'invitée était Véronique Sanson, qui fait partout son *coming out* d'alcoolique. Comme Renaud. C'est le nouveau truc à la mode pour la promotion des nouveaux albums, l'alcoolique qui a vaincu sa maladie.

Je sais qu'il est plus facile de se gausser d'Herbert Léonard ou de Julie Piétri, mais je voudrais dire à ces gens que leurs épanchements alcooliques, on s'en fout.

Quoi qu'il en soit, Véronique Sanson était samedi soir l'invitée de *Star Ac'*, pour interpréter en duo avec les candidats des chansons que ces derniers avaient répétées pendant toute la semaine. Notamment la chanson *Rien que de l'eau*, dont je vous rappelle les paroles :

Elle, rappelle-toi comme elle est belle
Touche-la, elle sent le sel
Elle, c'est la naissance de la gabelle
C'est l'oubliée des infidèles

Et là, une candidate demande à une autre : « La naissance de la gabelle, c'est quoi, la gabelle ? »

Et l'autre qui lui répond : « C'est un truc où on met la bouffe du chien… »

SEPT À HUIT

Mars 2004

Autre programme dominical habituel, la télévision saoudienne. Vous savez qu'en Arabie, le journal du soir commence par un quart d'heure consacré à l'activité du roi et du gouvernement.

TF1, qui considère la télé saoudienne comme un modèle de démocratie, a repris cette habitude à son compte, et chaque dimanche soir, dans *Sept à Huit*, on a droit à un reportage réservé au pouvoir. L'autre jour, c'était le train des pièces jaunes de Bernadette Chirac. Hier, tandis qu'on pouvait voir à la télé saoudienne les images du dernier voyage du prince Al-Walid, TF1 a fait un quart d'heure sur le voyage qu'a fait Sarkozy à la Guadeloupe pour soutenir Lucette Michaux-Chevry, avec un commentaire d'une flagornerie honteuse qui disait : « Arrivé à Pointe-à-Pitre après voyage en vol régulier, M. Sarkozy s'est immédiatement rendu au stade local où un orchestre de zouk chantait *Ensemble pour gagner.* » Puis on eut droit au discours démago du ministre, du genre : « Que serait l'équipe de France de football sans Thuram et Thierry Henry ? » Lucette Michaux-Chevry, qui est une sorte de Balkany au féminin, était aux anges. Le lendemain, Sarkozy assista à une course de bœufs tirant des charrettes remplies de pierres. Ça, c'est de l'info. Ce reportage à la gloire du service politique de TF1 se termina par un dernier discours de Lucette qui avait dû abuser du tipunch et qui, tenant Sarko par le cou, lui reprochait sa timidité. Du coup, il a été obligé de l'embrasser.

Lundi matin, on le retrouve place Beauvau. Le journaliste lui demande : « Vous n'êtes pas un peu fatigué ? » Et Sarko répond, façon John Wayne : « Ce matin à 6 heures j'étais pas très frais, mais Cécilia m'a donné des vitamines. »

On le suivait de nouveau pendant sa journée et le soir, il est allé au cirque, soutenir Copé… Tout un symbole… Et là, comme on présente un numéro, on entend une sorte de Monsieur Loyal qui annonce : « Mesdames et Messieurs, il est le premier qui a fait baisser la délinquance, vous le connaissez tous, vous l'attendez tous, mesdames et messieurs, Nicolas Sarkozy ! »

Et la voix *off* qui conclut : « Sarkozy, l'homme qui n'a pas peur d'en faire trop. » Voilà, c'était Télé Riyad.

SOIRÉE ÉLECTORALE

Mars 2004

Moi, j'aime bien les soirées électorales à la télévision. Surtout celles de TF1, parce qu'elles sont présentées par PPDA et Claire Chazal, et que de voir à cette occasion se reformer un couple qui vécut une si belle histoire d'amour, eh bien, ça m'émeut.

N'empêche que, même si j'étais ému hier soir en voyant Claire et Patrick réunis, tout à coup, je me suis demandé qui gardait l'enfant… Probablement une baby-sitter. Elle n'allait quand même pas le faire garder par Torreton, vous imaginez si PPDA l'avait su ?

– Alors, tu fais garder le petit par l'autre ! ?

Remarquez, France 2 possède également ses anciens amants, mais ils n'étaient pas là hier soir. Non, Arlette Chabot et Olivier Mazerolles n'étaient pas présents dans le studio. Vous savez que lui a de gros ennuis en ce moment, du coup ils avaient décidé d'oublier tout ça et de passer une soirée de folie dans un hôtel Formule 1 des Hauts-de-Seine. Mazerolles avait fait monter du mousseux qu'il buvait dans le creux des reins d'Arlette. Et on ne peut que l'envier, tant il est vrai qu'on est tous un peu amoureux d'Arlette, avec ses deux petits seins tendus vers le ciel comme un défi aux étoiles.

En plus, leur sexualité repose sur des fantasmes. Il l'attache au lit en lui criant : « Dis-moi que Juppé a démissionné ! » Alors elle crie : « Oui, oui, Olivier, Juppé a démissionné et tu es le premier à le savoir ! » Lui : « Mais redis-le donc ! » Elle : « Juppé vient de démissionner et il vient l'annoncer en exclusivité dans le journal de Pujadas ! » À cet instant, ils atteignent en même temps un orgasme d'une puissance incroyable.

Mais revenons à TF1. Claire portait son tailleur blanc avec un dessous en soie blanche et se demandait si PPDA se souviendrait qu'elle était vêtue ainsi le soir où…

Au début de la soirée électorale, assis côte à côte, ils s'étudiaient du coin de l'œil. On devinait qu'elle s'étonnait qu'il ait mis la cravate bleue. Celle qu'elle lui avait offerte un soir d'anniversaire…

Elle était un peu sur ses gardes, mais fut très vite rassurée lorsque, avant même l'heure des résultats, il lui donna la parole en murmurant d'une voix onctueuse : « Nous allons maintenant vous donner une idée de l'abstention… Claire ? » Et dans ce « Claire », il y avait tant de désirs inavoués qu'elle en fut bouleversée et répondit : « Oui Patrick », comme si d'avance elle acceptait toutes ses conditions.

À un moment, une assistante est venue se pencher sur PPD. Oh ! ce n'était rien, juste les résultats partiels du Jura, mais quand l'assistante s'est penchée, PPD n'a pu résister : il a plongé ses yeux dans le chandail ouvert sur ses deux petits seins. Et là, on vit Claire serrer les mâchoires de jalousie. PPD la rassura en fermant ostensiblement les paupières, comme s'il lui demandait de lui pardonner.

STAR ACADEMY

Décembre 2003

Ça y est, *Star Ac'* n° 3, c'est fini et, vous le savez sûrement, samedi soir lors de la finale, Élodie a battu Michal.

Michal va pouvoir aller passer tranquillement les fêtes à Mýkonos, quant à Élodie… Vous voyez qui c'est, Élodie ? C'est la blonde indisposée qui louche, au point que *Libé* l'a surnommée Daktari, ce qui est finalement assez injuste, car le lion de la série américaine était doté un strabisme horizontal, alors qu'Élodie louche verticalement, c'est-à-dire que son œil droit est plus haut que le gauche. Bon, au maquillage ils essaient tant bien que mal de donner le change en épaississant le contour des yeux un coup en haut, un autre en bas, on dirait deux roues de bicyclette dont une est crevée…

Mais surtout, je vous disais que ce qui est frappant avec Élodie, je ne sais pas si vous avez remarqué, c'est qu'elle a toujours l'air d'être indisposée.

En la voyant, on imagine la pub, avec la bonne copine qui lui dit :

– Tiens, salut Élodie, qu'est-ce qui t'arrive ?
– Oh ! rien de grave, ce sont mes petits ennuis de femme.
– Ah ! bon ? As-tu essayé Ténia de *Libra* ?
– Oh ! non, tu sais, moi, avec mon flux abondant, je n'utilise qu'*Always*.

On imagine que samedi soir tous les gens de chez *Always* avaient été réquisitionnés en heures supplémentaires pour téléphoner pour elle, tant cette fille est une publicité vivante pour leurs produits.

Samedi, c'était donc la dernière de cette *Star Ac'* 3 qui n'a pas marché terriblement, et déjà, c'est incroyable de voir à quelle vitesse les visages des candidats s'estompent dans nos mémoires. On a pu s'en rendre compte en les revoyant samedi, parce qu'à part Amina, qu'on n'est pas près d'oublier puisqu'elle a sorti la plus belle connerie de *Star Ac'* 3 (un jour, excédée, elle s'est écriée : « J'en ai marre d'être le bouquet mystère ! »)… Tiens, puisqu'on parle de conne, vous n'allez pas le croire, savez-vous d'où est native Élodie ? Eh bien, elle vient de Conne, Cosne-sur-Loire. En duplex samedi soir avec TF1, on a vu monsieur le maire qui est raccord avec le nom de sa ville puisque, pendant que le commentateur présentait sa ville, il faisait coucou de la main, un peu comme lorsque les mémés prennent le train.

À côté du maire, les gens de Cosne qui connaissaient Élodie, ses anciens profs, et Nikos leur donnait la parole à chaque fois qu'il fallait meubler pour un changement de décor, puis lorsqu'on apporta un piano pour Elton John. Mais là, manque de pot, le duplex n'a pas fonctionné. Du coup, Nikos a improvisé et ça a donné ça :

– Décidément, cette émission est merveilleuse, regardez ce piano qui arrive sur le plateau comme par magie !

« Comme par magie », faut pas exagérer non plus, vu qu'il était poussé par quatre intermittents du spectacle… Mais Nikos, troublé par le problème de liaison, enchaîna en lançant : « Et voici la plus grosse vedette du monde, monsieur Elton John ! »

Ça me rappelle *Le Canard enchaîné* qui avait écrit après le recensement que la plus grosse commune de France n'était pas Paris, mais Régine…

En regardant jouer Elton, on se disait que Nikos avait raison, puisqu'en ces temps de Noël on ne pouvait s'empêcher, en voyant les doigts du chanteur sur le clavier, de penser aux boudins blancs du réveillon.

Après la chanson, Nikos rappela qu'Elton faisait partie de la famille de Star Ac'. C'est la tante. Mais Nikos n'était décidément pas en très grande forme puisque, au moment de lancer Élodie qui devait chanter *Can You Feel the Love Tonight*, il a traduit ça par « Est-ce que tu la sens ce soir ? »...

STARS INTIMES

FÉVRIER 2004

Stars intimes qui ne justifiait pas son titre, puisque le reportage sur le fils de Richard Anthony et la petite-fille de Michèle Morgan ne concernait pas des stars et n'avait rien d'intime...

Et là, on n'a même plus envie de ricaner devant cette fille incapable d'articuler, la voix pâteuse même quand elle dit : « On est tous les jours l'un sur l'autre. » On peut toujours tirer quelque chose de l'émission la plus nulle, et là, dans cette interview de la petite-fille de Michèle Morgan, il y eut un passage à pleurer : « Quand j'étais petite, dit-elle, j'étais tellement seule que je me mettais devant la glace pour me parler. »

Soudain, on comprenait tout : ces filles humiliées du *Bachelor*, ces dames qui communiquaient avec leur papa, et la petite-fille de Michèle Morgan. De la même façon que les enfants parlent à des miroirs quand on les abandonne, les adultes parlent à la télévision…

SULITZER Paul-Loup

Février 2004

Tout d'abord, permettez-moi de remercier le Seigneur Jésus Marie Joseph, pour le miracle qu'il vient d'offrir au monde ébahi. Paul-Loup Sulitzer est sauvé.

Vous vous souvenez que Paul-Loup s'était retrouvé dans le coma à l'hôpital, à la suite, nous avait-on dit, d'une querelle d'amoureux avec Eva la Polonaise.

Eh bien, cette semaine, Paul-Loup raconte ce qui s'est réellement passé à VSD. *Nous sommes rentrés d'un dîner assez tard. On s'est marrés, on a regardé la télévision.* Bon, ça, normal. *Je ne suis pas allé me coucher. Au petit matin j'ai eu une attaque cérébrale.* Et là, écoutez bien : *je me suis fracassé le crâne d'une façon horrible sur la cuvette des WC. Mon cerveau est sorti de la plaie, Eva tenait mon cerveau entre ses mains, elle a appelé les secours et ça m'a sauvé la vie.*

Bon, alors là, plusieurs questions se posent. D'abord, on se dit que si son cerveau était tombé dans la cuvette des WC et que l'autre ait tiré la chasse, il y aurait eu une certaine logique, compte tenu de ce qu'il y a dans le cerveau de Sulitzer. Ensuite, on se demande comment Eva, en tenant le cerveau dans ses mains, a pu composer le numéro ! Peut-être l'a-t-elle posé quelques instants sur la tablette du téléphone, puis l'a-t-elle fait glisser du revers de la main en s'apercevant qu'elle l'avait posé sur le carnet avec les numéros d'urgence ? En plus, où a-t-elle mis le cerveau de Sulitzer pendant le transfert à l'hôpital ? Vous les imaginez aux urgences, elle donnant un *Tupperware* au médecin de garde : « Voilà le cerveau de mon mari » ?… Enfin, l'essentiel c'est qu'on ait remis en place le cerveau de Paul-Loup. Et le mérite d'Eva est d'autant plus grand qu'elle n'avait jamais vu de cerveau et qu'elle n'avait aucune idée de ce à quoi ça pouvait servir, vu qu'elle en est privée…

Enfin, rassurons-nous, tout va bien, d'autant qu'on nous précise que tous les repas de Paul-Loup sont préparés par un ami restaurateur qui lui fait livrer ses plats préférés. D'ailleurs, on voit la photo du plat sur la table d'hôpital, on apprend que les deux hommes vont ouvrir le Sulitzer Café, et là, on comprend que dans cet article, le trépané est en train de faire la promo de son livre et de son restau. D'ores et déjà, on peut considérer que la zone cynisme du cerveau de Sulitzer est sauvée.

Eva, la prochaine fois, le cerveau, tu le laisses tomber dans la cuvette et tu tires la chasse.

TÉLÉTHON

Décembre 2003

Au Téléthon, s'ils n'ont pas de promo, ils ne viennent pas. Un exemple au hasard : Julien Clerc. Non, parce qu'on ne va pas toujours s'attaquer à Bernard Menez ! Alors, bien sûr, on peut ironiser sur les jeux de patronage du Téléthon, comme le concours d'épluchures de pommes de terre, sur cet étalage de bons sentiments de chanteurs en promotion. Par exemple, on n'a pas vu Julien Clerc cette année. Non, Julien Clerc, c'est l'année dernière qu'il a sorti son album, donc c'est l'an dernier qu'il est venu embrasser les myopathes. Et ça, évidemment, c'est toujours un peu gênant.

TÉLÉVISION DE L'ÉTÉ

Septembre 2003

Une chronique de rentrée, c'est bien sûr d'abord, un bilan des vacances. J'imagine qu'à l'heure où je vous offrirai ce billet d'humeur, nous aurons largement évoqué, en ricanant grassement, votre séjour à Mýkonos, Stéphane, et notre invité, Fabrice Luchini, même s'il est comme d'habitude inhibé, timide, silencieux et introverti, n'aura pas manqué, en qualité d'ancien coiffeur, de commenter votre nouvelle coupe de cheveux.

Permettez-moi néanmoins, Stéphane, de saluer votre audace capillaire, puisque vos différentes coupes de cheveux constituent un voyage à travers le temps. Après avoir revisité les années 1940 avec un ramené en arrière façon Jean Marais dans *Les Parents terribles* de Jean Cocteau, voici que vous rendez maintenant hommage aux *sixties* avec ces boucles qui nous rappellent irrésistiblement Jimi Hendrix.

Tout ça pour vous dire que je pense que vers 12 h 25, ces thèmes auront largement été abordés. Aussi, à votre grand soulagement, je ne parlerai pas de vous Stéphane dans cette première chronique.

Non, je vous parlerai de télévision. La télé de l'été.

Remarquez, pour être honnête, j'ai quand même pensé à vous, Stéphane, car Canal + a diffusé un film grec intitulé *L'Attaque de la moussaka géante*, dont voici l'intrigue. Des femmes extraterrestres tendent le doigt vers un morceau de moussaka avachie. Celle-ci se met à grossir et sème la panique dans les rues d'Athènes. C'est pas crédible. À Mýkonos, on n'a jamais vu des femmes faire grossir quelque chose avec le doigt.

En été, la télévision hiberne et nous diffuse ce qu'elle n'ose pas nous montrer habituellement. Le pire, ce fut une émission des plages sur France 3, animée par Pierre Sled. Sur les plages de Bénodet, Le Touquet ou Biscarosse, il faisait battre des records stupides comme la course en sac en piscine… Mais tout ça n'est qu'un prétexte grossier pour nous montrer en plan de coupe des filles aux seins nus, et pour demander l'envoi de SMS surtaxés…

Sur TF1, j'ai vu une chose surréaliste qui s'appelle *Incroyable mais vrai*, qui est la reprise d'une émission que présentait Jacques Martin dans les années 1970. C'est présenté par Bruno Roblès accompagné de Sophie Favier et de Roger Pierre. Enfin, au début, j'ai cru que c'était une statue de Roger Pierre, une statue de sel, comme s'il s'était retourné sur Sodome en flammes.

Pourtant, lors d'un gros plan, je me suis aperçu que c'était un Roger Pierre vivant. On s'en rendait compte en regardant à l'intérieur de sa bouche, qu'il gardait en permanence entrouverte, la langue qui bougeait au rythme d'une respiration saccadée et rapide…

Vous étiez invité à l'une de ces émissions, Stéphane, et j'ai vu à votre regard que vous étiez inquiet. Vous m'avez confié hors antenne qu'à un moment, vous le pensiez décédé ou en catalepsie… Mais non, en fait, il regardait vos cheveux avec inquiétude tout en haletant. On voyait bien que vous lui rappeliez quelqu'un, en plus avec votre Dormeuil 1953 vous avez accentué son trouble, à un moment il ne savait plus où il était tant vous lui rappeliez un personnage d'une pièce de Barillet et Grédy qu'il avait créée en 1953.

L'émission durait plus d'une heure, il était là… et enfin, vint le moment de sa séquence. Il s'agissait d'*Incroyable mais vrai* d'hier. Oui, parce qu'il faut savoir que Roger Pierre est un type qui, dès qu'il vous salue, vous raconte une anecdote. Et toujours avec la date, le lieu, les circonstances… Du genre : « 1957, théâtre municipal de Mâcon, on jouait *On purge bébé* en tournée… » Donc, là, il commence : « 1953, Montréal, je prends le thé avec Bourvil et madame Bourvil, et une classe d'étudiants vient nous demander des autographes… Soudain, au milieu des étudiants, se glissa Jean Richard… On a ri… » Pas nous.

Sinon, les sujets d'*Incroyable mais vrai* sont d'une connerie sans nom : le trappeur qui vit avec un ours, les crocodiles dans les waters, une toilet-teuse qui teint les chiens en violet, et les toilettes femmes d'une boîte de nuit où deux cuvettes de WC sont côte à côte, un sujet d'une délicatesse exquise. Je vous explique : on voit deux filles s'agiter sur la piste de danse, puis elles des-cendent aux toilettes faire caca, et, nous dit la voix *off* d'*Incroyable mais vrai*, elles peuvent s'asseoir côte à côte et, tout en procédant, parler de leur conquête. À un moment, y en a une qui a dit : « Tu sais quoi ? Je crois que j'ai la cote avec Michel… – Avec qui ? », demande l'autre –

oui, parce qu'au moment où elle disait le prénom, on a entendu le bruit d'un corps tombant dans l'eau… Ensuite, on les voit se rajuster et remonter danser, et la voix *off* conclut : « Et les voici de nouveau prêtes à danser pour faire des conquêtes. »

On eut droit également aux postiches pubiens, pour les femmes qui perdent leurs poils. Donc on voyait la collection du perruquier, des touffues, des blondes, des crêpues… Et puis, délicatesse suprême, on nous expliqua que la colle de ces postiches résistait à toute forme d'humidité.

Comme chroniqueuse, y avait aussi Sophie Favier, qui se contentait de lire sur son prompteur des informations prétendument incroyables mais vraies, ponctuées par les applaudissements du public enthousiaste… Par exemple, la plus longue peine de prison, vingt siècles pour un membre de l'ETA qui a tué onze personnes. Et là, le public applaudit…

En plus, elle raconte des conneries du genre : « Savez-vous que les Mexicaines ne s'épilent jamais les jambes, pour pas qu'on les confonde avec les Indiennes ? » Ou le pire, que m'a signalé Philippe Vandel : Sophie Favier annonce sans rire : « Vous savez d'où vient le mot *avion* ? » Bon, évidemment, si t'as fait un an de latin, tu sais que ça vient de *avis*. Mais l'autre sans rire, annonce : « Avion, ça signifie "appareil volant imitant un oiseau naturel"… » Oui, parce qu'il y a beaucoup d'oiseaux artificiels… Les types lui ont écrit ça sur le prompteur pour se foutre d'elle, et ça l'a pas gênée, « appareil volant imitant un oiseau naturel »...

À part ça, bien sûr, j'ai regardé *Saga.* Alors d'abord, un mot sur la présentation. Fini le bateau virtuel, fini les deux figurants qui servaient le thé à la menthe, Stéphane cette année était seul et marchait dans les jardins de l'hôtel de luxe qui le recevait gratuitement. Vous portiez un costume Dormeuil, de la ligne Afrique équatoriale française, d'un jaune moutarde assorti à vos chaussures. Comme le crépi des murs de l'hôtel était de la même couleur, quand vous passiez devant on voyait juste une tête et deux mains qui bougeaient dans l'espace, c'était terrifiant... Mais ce que j'aime, dans *Saga*, ce sont vos lancements et surtout vos conclusions d'émission.

Comment dire ? Vos textes sont à la littérature ce que les poèmes de Bruno Masure sont à la poésie. Depuis Yves Simon, on n'avait plus écrit avec autant de lieux communs et de métaphores téléphonées. Par exemple, quand vous recevez Christian Clavier, vous dites : « Depuis qu'il a tourné *Napoléon*, il a gagné ses galons d'empereur du cinéma français... » Pour un mannequin : « La sylphide de l'Est se dévoile sous toutes les coutures... »

Mais le chef-d'œuvre reste sans conteste la conclusion de votre émission de la semaine dernière. Accrochez-vous, vous êtes prêts ? Écoutez bien :

« Si Cupidon frappe à votre porte, surtout n'oubliez pas de lui ouvrir… »

Bon déjà, comme ça, sans analyse du texte, c'est magnifique. Mais maintenant, essayons d'aller un peu plus loin… « Si Cupidon frappe à votre porte… » Bon, déjà le truc crédible : l'autre andouille avec un arc et une plume au cul qui frappe à la porte, vous vous préparez à lui dire : « On a déjà donné », mais voyant que c'est l'ange de l'amour, vous vous retenez, Stéphane, car en amour, vous n'avez pas encore donné… Mais c'est surtout la deuxième périphrase qui est intéressante : « Surtout n'oubliez pas de lui ouvrir… » Vous imaginez la scène ?

– Toc, toc, toc !
– Qui c'est ?
– C'est Cupidon qui frappe à votre porte !
– Oui, voilà !

Et là, que se passe-t-il ? Vous devenez Alzheimer… Enfin, toujours est-il que vous oubliez de lui ouvrir…

La seule certitude, c'est que quand vous regardez *Saga*, c'est pas l'intelligence qui frappe à votre porte.

Ce soir, la télévision diffuse le film *Le Chagrin et la Pitié* d'Ophuls. La télé en été, c'est ça : le chagrin et la pitié…

TERRORISME

Mars 2004

Y a des jours comme ça où la télévision ne fait pas rire. Depuis vingt-quatre heures, on n'y voit que ces désormais traditionnelles images de femmes hurlant leur détresse et d'hommes ensanglantés, hébétés et titubants.

Des gens simples rattrapés par l'histoire. Sauf qu'eux, ils s'en foutent de l'histoire. Eux, hier, ils voulaient juste savoir si Ikéa allait livrer le bureau du petit, ils se demandaient pourquoi leur toubib leur avait dit : « On va quand même faire un petit bilan sanguin. » Ben là, pour le coup, avec les transfusions, forcément, ça allait fausser les résultats.

Y a des jours comme ça où la télévision ne fait pas rire, et pourtant la télé a ceci de remarquable qu'elle parvient à fabriquer de la connerie avec les événements les plus tragiques.

Par exemple, hier soir, sur France 2, Olivier Mazerolles, à la fin d'un débat auquel participaient Le Pen, Bayrou et d'autres. Le visage de Mazerolles, qui évoque habituellement un gérant de supérette, s'illumina soudain lorsqu'il nous annonça un flash spécial consacré à un coup de théâtre, une revendication d'al-Qaida dans l'attentat madrilène.

Alors apparut David Pujadas, l'œil gourmand, excité comme une puce, qui nous montre un vague texte dactylographié, non authentifié, signé, nous précisa-t-il à regrets, par le beau-frère de Ben Laden.

Déjà, le beau-frère de Ben Laden, ça fait pas sérieux. Une revendication signée tonton Raymond ! Le beauf, on l'imagine le dimanche après le déjeuner dominical dire à Ben Laden : « Tu viens, on va régler le carbu de ton Opel Vectra. Après on jettera un coup d'œil à la *Mob* du mollah Omar. »

On commence à le connaître, le Pujadas, on comprend son excitation. Si les événements madrilènes sont l'œuvre des Basques, ça reste local. Mais si c'est al-Qaida, ça nous maintient une bonne petite terreur mondiale, et voilà déjà que tous les faibles d'esprit vont plonger dans la parano !

Mais revenons à la télévision.

Le traitement le plus con du drame espagnol a quand même eu lieu ce matin sur France 2, où William Leymergie s'est pris pour Dan Rather. Comme dit Stéphane Bern, Leymergie est suffisant, mais pas nécessaire. Déjà, il a démarré mâchoires serrées, genre « je suis concerné », et il a annoncé d'entrée que *Télématin* aurait un sommaire bousculé par l'actualité.

Pour ceux qui ne connaîtraient pas *Télématin*, sachez que chaque jour William Leymergie reçoit une série de chroniqueurs qui viennent parler de sujets sans intérêt, surtout à cette heure de la matinée où les gens sont en retard, avec des problèmes de boulot, madame Berton-Maillard qui va encore gueuler pour les photocopies, ou bien Michel qui ne libère pas la salle de bains. À *Télé-matin*, on vit dans un autre monde. On vous explique comment rempoter vos cactées, l'autre jour on nous a expliqué la coloscopie, avec une caméra embarquée dans l'intestin du patient, bref des trucs essentiels à cette heure de la journée.

Je vous recommande notamment une dame qui s'appelle Martinet. Déjà elle, elle n'est pas du matin, elle arrive les yeux gonflés de sommeil et le maquillage façon Picasso avec un trait de rouge à lèvres qui remonte sur la joue, bon, pour tout dire, elle fait pas net, elle doit sentir un petit peu, d'ailleurs il paraît qu'à France 2, ils disent que Martinet, elle fouette. En tout cas, de voir cette fille se lever aux aurores pour venir nous parler du fonctionnement des usines d'épuration ou de l'évolution de la chambre à coucher à travers les âges est un bonheur sans égal.

Donc, ce matin, William Leymergie, avec sa tête des jours de drame, nous informe que, compte tenu des événements, *Télématin* sera consacrée au drame madrilène. Il commence par une revue de presse, avec un journaliste qui a apporté la presse espagnole. Et là, ils s'aperçoivent qu'ils ont tous les deux fait allemand en deuxième langue. Du coup, l'échange entre Leymergie et le journaliste a donné ça : « Ah ! voici la une d'*El Pais*, voyez, il y a écrit en gras *192 muertos*, ça veut dire 192 morts. » Manque de pot, en dessous il y avait un long texte dont ils ne comprenaient pas un mot, et à un moment le journaliste, apercevant le nom Aznar, s'écrie : « Ah ! le Premier ministre espagnol a dû faire une déclaration ! »

L'autre problème, c'est que le réalisateur avait gardé ses réflexes habituels et qu'il envoyait les petites musiques guillerettes qui ponctuent habituellement les chroniques légères. Là, ça faisait : « Nous allons maintenant voir des images en direct de Madrid », et t'entendais « tagada-tsoin-tsoin ».

Télé-matin, Télé-chagrin.

TÉLÉVISION NOCTURNE

Mars 2004

La télévision nocturne est un monde fascinant qu'on rencontre parfois au hasard d'une insomnie, d'un Zermatti... (Pour ceux qui n'auraient pas lu les ouvrages précédents, c'est lorsqu'une idée fixe, préoccupante, tourne dans votre tête et vous empêche de savourer l'instant présent. Ça vient d'un prof de maths de mon fils, tellement angoissant que chaque soir précédant le cours de ce prof, on avait l'impression que devant le visage de mon fils, il y avait un rideau invisible. Voilà, c'est ça un Zermatti...)

La télévision nocturne, on ne tombe dessus, disais-je, qu'au hasard d'une insomnie, d'un Zermatti, d'une douleur dentaire, d'une engueulade de couple ou tout simplement d'une rentrée tardive à la maison… À propos de rentrée tardive à la maison, ce fut votre cas cette nuit, cher Stéphane. Quand j'aurais précisé que vous étiez accompagné, les auditeurs auront compris les raisons de votre état de fatigue.

La nuit dernière, j'ai donc mis mon réveil à sonner à 2 heures du matin, et voici ce que j'ai vu, hagard et 1, 2, 3 (oui, là j'avais prévu de mettre un adjectif à trois syllabes, ça sonnait bien, hagard et 1, 2, 3… Mais j'ai pas trouvé le mot, j'ai gardé le rythme).

2 heures du mat, donc, sur TF1 : rediffusion de la *Star Ac'*… Bon, ça commençait mal… C'était même le tout début de l'émission avec le panneau du partenaire : « *Kiabi* présente *Star Ac'*. » À bien y réfléchir, l'association est logique. Ben oui, *Kiabi* est à l'habillement ce que la *Star Ac'* est à la chanson : un produit de masse, standardisé, sans aucune ambition esthétique. Et on peut dire que la prof de chant, Raphaelle Ricci, est à la chanson ce qu'une styliste de *Kiabi* est à la haute couture : pas une seule fulgurance, pas une audace, rien, on ratisse avec des filets dérivant dans les bas-fonds de la médiocrité…

Nikos, lui, ne s'habille pas en *Kiabi* pour présenter l'émission. Tu parles, pourquoi pas en *Pantashop* pendant que tu y es ! Non, hier, il portait un blouson de cuir à 3 000 euros, un truc de Hell's Angel vieilli artificiellement. Malheureusement, c'est typiquement le genre de vêtement qui ne lui va pas. Pour porter un blouson comme ça qui doit peser douze kilos, faut mesurer un mètre quatre-vingt-dix, être mince et porter les cheveux longs. Comme Nikos a plutôt un look de marchand d'olives corinthien, qu'il est petit, adipeux et perd ses cheveux, le look Harley, ça le fait pas…

Y en a un autre comme ça, qui veut s'habiller rock'n roll : c'est Camus, le producteur de Hallyday. Le type a une tête de notable, ce qu'il est, avec lunettes, attaché-case et tête à claques. Eh bien, malgré ça, il porte le blouson usé, comme s'il avait baroudé.

Mais revenons à *Star Ac'*. Une des filles finalistes rendait visite à Johnny dans sa loge avant un concert. Seulement, vous l'avez peut-être lu dans la presse, il y a cinq jours, Johnny est tombé en sortant de voiture, il a glissé, a voulu se rattraper au blouson de Hell's Angel de son producteur Camus. Mais l'autre a les jambes qui flageolent sous le jean 501 et ils sont tombés lourdement sur la chaussée glissante.

Du coup, ils ont annulé deux concerts. Mais bon, la rencontre était prévue par contrat par Universal, alors on s'est vite rendu compte que Johnny, voulant se débarrasser au plus vite de la candidate de la *Star Ac'*, cherchait deux banalités à lui balancer. En plus, on voyait à ses yeux qu'il était sous antalgiques, et là, on eut droit à un grand moment, Johnny embrassant la fille en lui disant : « Et surtout, n'oublie jamais que... » Et là, on a vu qu'il n'avait aucune idée de ce qu'elle ne devait jamais oublier.

– ... Euh... J'ai oublié ce que tu dois jamais oublier.

Bon, comme la fin de la phrase n'arrivait pas, il finit par renoncer et repartit sur une piste nouvelle :

– Et puis tu vois, dans le rock'n roll...

Et là on se demandait s'il allait de nouveau renoncer à finir la phrase. Que nenni ! On vit soudain son visage s'illuminer et il finit par dire (et je vous jure que c'est vrai, sinon, ça n'aurait aucun sens) : « Et puis tu vois, dans le rock'n roll, quand il faut y aller, faut y aller... »

Là, c'était terrible. On se rendait compte que Johnny était devenu une sorte de caricature, avec Laetitia qui l'appelle « mon mari » et qui lui a acheté un chien d'antiquaire. On devine qu'elle rêve de lui offrir une poussette en tissu écossais pour faire le marché. Laetitia qui, voyant la catastrophe hier, s'approcha de la candidate et lui dit : « Avec mon mari, le samedi, on vote pour vous. » On imaginait les samedis soir de Johnny sur le canapé devant la table basse en merisier teinté, *Télé 7 jours* à portée de main avec un crayon et une gomme pour faire les mots fléchés de maître Capello, en train de téléphoner pour dire qu'il vote pour Machinette...

TGV

Mars 2004

LE VOYAGE À SAINT-GERVAIS

Hier soir, en remontant dans ma chambre du Carlina, charmant hôtel dont je salue Véronique, la patronne – vous savez, c'est là que Macha avait fait un scandale et quitté l'hôtel sous prétexte que la décoration manquait de classe, et que son chien Œdipe avait laissé une dernière merde dans l'entrée afin de bien montrer ce qu'était la vraie classe. À propos de connerie, disais-je, en remontant hier dans ma chambre, j'ai regardé Cauet sur TF1, dont l'invité était Gérard Hernandez.

Attention, ne confondez pas. Il ne s'agit pas de Patrick Hernandez, le *has been* qui chantait *Born To Be Alive*. Non, Gérard Hernandez, lui, est un ancien comédien qui participait souvent aux *Jeux de 20 heures*, et qui hier, dans l'émission de Cauet, racontait avoir tourné une parodie du *Cid* intitulée *Rodriguez au pays des merguez*. Et les autres autour qui demandaient : « Mais pourquoi Rodriguez ? » Ce sont les mêmes qui, lorsqu'on leur demande s'ils connaissent la tirade de Chimène, pensent qu'on leur parle d'une chanson de Chimène Badi.

Toujours est-il qu'hier, gare de Lyon, en montant dans le TGV, nous ne pouvions nous empêcher de ressentir une angoisse, qui fut vite dissipée car un miracle survint dans ce train de 14 h 38 : nous nous sommes retrouvé dans un wagon, seul avec une dizaine de jeunes filles toutes plus belles les unes que les autres et qui exerçaient la profession de strip-teaseuses. Non des moindres, puisqu'il s'agissait des filles du Pink Paradise, une boîte parisienne haut de gamme.

Loin d'être des bimbos, les filles se révélèrent être de charmantes compagnes de voyage. C'étaient des nanas sympas, pas connes, et elles se rendaient dans une boîte locale dont elles étaient la grande attraction du jour. Elles semblaient quelque peu inquiètes, car la boîte en question se nommait le Macumba à Saint-Julien-en-Genevois, et rien que ça, « le Macumba à Saint-Julien », ça sent le représentant de commerce rougeaud en produits agricoles, les soldats en permission qui scandent « à poil ! » et les bruits d'accélérateur des Golf GTi customisées sur le parking de la boîte.

À la gare de Bellegarde, nous avons quitté nos nouvelles copines. Elles traînaient leurs valises à roulettes en cherchant le quai où les attendait un omnibus qui leur ferait visiter toutes les gares jusqu'à Saint-Julien-en-Genevois, et je me suis fait la réflexion que, décidément, à Bellegarde comme à Madrid, les gares étaient bien tristes.

THÉ OU CAFÉ

Mai 2004

Je m'aperçois que je ne vous ai jamais parlé de l'émission emblématique du week-end, *Thé ou café*, présentée chaque samedi matin par Catherine Ceylac.

Bon, déjà, se réveiller à pas d'heure le week-end pour allumer la télé et regarder France 2, soit tu es malade, soit tu es en prison, ou alors tu n'as pas d'ami et le vendredi soir tu te couches juste après *Thalassa*. C'est ça le plus terrible, tu imagines le week-end rock'n roll ? Tu regardes *Thalassa*, et hop ! comme tu t'endors de bonne heure, tu te réveilles à temps pour regarder *Thé ou Café*.

Catherine Ceylac explique dans les interviews qu'elle a eu cette idée parce qu'à l'heure du petit-déjeuner, les invités n'ont pas encore mis leur masque de la journée.

C'est vrai. Sauf que l'émission est enregistrée le vendredi après-midi vers 15 heures. C'est pour ça que personne ne touche aux viennoiseries. D'ailleurs ce sont toujours les mêmes, ils ont juste passé une couche de vernis dessus.

Remarquez, Catherine Ceylac est très sympa. Je le sais parce que j'ai été invité à son émission. Avec moi, y avait Fabienne Thiebault qui s'est mise à chanter *a cappella*. Et je ne pouvais m'empêcher de penser aux téléspectateurs qui commençaient leur week-end par ça…

30 TUBES DE LÉGENDE

Mars 2004

Dans le cadre des programmes sans surprise, TF1 diffusait samedi soir son escroquerie hebdomadaire. Comme d'habitude, il s'agissait de profiter de la vague nostalgique pour faire téléphoner le public à un numéro surtaxé sous le fallacieux prétexte de classer trente chansons de fête.

On a déjà eu droit au classement des 30 chansons d'amour, des 30 meilleurs duos, des 30 extraits de comédies musicales. À quand les 30 chansons d'amour chantées par des duos dans des comédies musicales ? Samedi, il s'agissait des 30 meilleures chansons de fête. Enfin, le mot « meilleures » est à prendre dans le sens TF1, c'est-à-dire vulgaires et populacières, puisque participaient au classement *La Danse des canards*, *La Macarena*, *Tic Tic Tac*, *Un, dos, très*, *Maria*, *I Will Survive*, *La Lambada*, *Le Freak, c'est chic*, *La Bamba* et *C'est bon pour le moral*, interprétés par de vieux chanteurs passés de mode ou par des élèves de la Star Ac'– on ne se souvient même plus de quelle année ils sont issus, mais il y a toujours un grand dadais pas lavé qui chante faux et une blonde au bord de la crise de nerfs avec le ventilo qui soulève sa minijupe.

Foucault a annoncé qu'ils allaient faire une tournée mondiale. Bon, ne vous affolez pas, ça veut dire Alfortville, Douai, la Patte-d'Oie d'Herblay, puis Beyrouth, l'île de La Réunion, et retour à Goussainville. « Mondiale », c'est Beyrouth et La Réunion…

Du côté des vieux chanteurs, la prestation de Boney M fut pathétique. Déjà on voit bien que le type n'est plus au top de sa forme, avec sa moumoute mal positionnée et son dentier bruyant. En plus, comme il s'était alcoolisé avec excès pour calmer le trac, à la fin de sa chanson, il a commis une erreur : il a voulu poser un genou à terre pour saluer son public. Le voilà qui commence à s'agenouiller en titubant. Plus il descendait, plus ses jambes flagellaient, et évidemment il a failli tomber. Il a tendu les bras à l'horizontale et a battu des ailes pour se rétablir *in extremis*, mais heureusement Foucault est arrivé pour l'aider à se relever. Du coup, monsieur Boney M fut particulièrement affectueux avec Foucault, ne cessant ensuite de le couvrir de baisers équivoques.

Puis la Compagnie créole a chanté *C'est bon pour le moral*, et leur visage prouvait le contraire. Faut les comprendre, ça fait vingt-cinq ans qu'ils chantent ça partout, dans des galas de comités d'entreprise, à chaque ouverture de *Monsieur Meuble* et dans toutes les émissions de télé-nostalgie.

Contrairement à son titre, cette chanson me donne envie de pleurer. Elle sent la fin de mariage avec les papis rougeauds à bretelles qui zoukent avec des bouchères en mousseline pendant que les ados s'ennuient, et qui leur jettent en passant : « Eh ben alors les jeunes ? Heureusement que les vieux sont là pour s'amuser ! » Pendant ce temps-là, tout au bout d'une table, sur la nappe en papier tachée de mauvais vin, une fillette endormie est la seule à rêver d'amour. C'est bon pour le moral, tu parles. À la fin de la chanson, papi au bord du colapsus va pour se rasseoir et s'écroule dans les plantes vertes, filmé par un neveu représentant chez Rank Xerox et qui gagnera 100 euros en envoyant la cassette à *Vidéo-gag*.

VEUX-TU M'ÉPOUSER ?

Février 2004

Je voudrais commencer cette chronique par un *mea-culpa*. Comment ai-je pu douter une seule seconde du talent de messieurs Bataille et Fontaine ?

Comment ai-je fait pour ne pas comprendre que *Y a pas photo* et *Y a que la vérité qui compte* n'étaient que des brouillons, des esquisses, des ébauches qui annonçaient un chef-d'œuvre ! Que tels Pierre et Marie Curie, Bataille et Fontaine, incompris, indifférents aux ricanements et aux quolibets qui saluaient leurs expériences, travaillaient dans l'ombre et préparaient un miracle, une merveille, ce qui serait leur *Guernica*, leur plafond de la chapelle Sixtine, bref, leur chef-d'œuvre !

Eh bien, ce chef-d'œuvre intitulé *Veux-tu m'épouser ?* fut diffusé vendredi soir sur TF1.

Il y a encore de l'espoir à la télévision.

Veux-tu m'épouser ? est une émission dans laquelle six demoiselles à qui on n'a pas appris la classe ni la dignité viennent nous offrir leur vie en pâture et qui simulent une pathétique cérémonie de mariage.

D'abord, un mot sur le décor. On en a vu, des décors ringards, des trucs à deux balles qui veulent faire tape-à-l'œil, du style *La Chance aux chansons*. Avec *Veux-tu m'épouser ?*, c'est quasiment surréaliste. Le décorateur avait deux impératifs : que ça évoque le mariage et que ce soit pas cher, vu qu'ils n'étaient pas sûrs (à juste raison) que l'émission marche et qu'il y en ait une deuxième.

Du coup, il avait créé une chose constituée de panneaux de carton-pâte peints en rose, avec des portes en polystyrène recouvertes de coton hydrophile rose également, on aurait cru l'intérieur du cercueil d'Orlando. Il y avait aussi du bleu ciel et du fuchsia, bref : à côté de ce décor, celui de *La*

Chance aux chansons passerait pour celui de *Présence protestante*. Mais surtout, cerise sur le gâteau, il y a ce que Bataille et Fontaine appellent le Temple de l'amour : un décor qui descend du ciel. Bon, ne vous affolez pas, le Temple de l'amour, c'est un toit en plastique blanc sur quatre pieds, comme ils en vendent à Carrefour pour prendre l'apéro dans les jardins des pavillons de banlieue, et cette chose descend des cintres en se balançant.

Vous aurez compris que cette émission est un best of de la connerie télévisée. Il faut absolument que vous trouviez la cassette, vous pourrez ainsi organiser des soirées avec des amis, je vous garantis deux heures de pur bonheur.

Tiens, rien que la voix *off*, une belle voix grave qui débite des lieux communs pseudo-romantiques, du genre : « Voici Aurélie, Miss Bourgogne. Une Miss, certes, mais derrière la Miss, une femme, et derrière la femme, un secret, derrière ce secret, un amour. Un amour qui la démaquille et qui lui fait peur. »

Vous visualisez ? C'est la chenille qui redémarre. Vous avez Miss Bourgogne, derrière Miss Bourgogne, y a une femme, derrière la femme un secret et derrière, un amour qui la démaquille avec son coton et son démaquillant. Elle, soudain, elle se voit démaquillée dans un miroir et elle a peur, c'est normal. Mais la voix *off* continue : « Cet amour ressemble à un film romantique, ils se sont rencontrés… en boîte. Mais il y a un obstacle : Aurélie suit ses études. » Ne vous affolez pas, elle est en capacité en droit, les seules études où t'as pas besoin du bac. Mais comme lui est vendeur dans un supermarché, Aurélie nous fait part de ses craintes : « J'ai peur qu'il ne puisse pas aimer une femme qui gagne plus. » (Et là, vous avez la voix *off* qui dit : « Eh oui, la peur, toujours la peur. ») Bataille et Fontaine la rassurent : « C'est vrai, mais nous savons qu'il risque d'avoir une promotion qui lui permettra de suivre des études pour devenir chef de rayon, et ne plus vivre dans votre ombre. » Et là, elle était rassurée : puisqu'il sera chef de rayon, il aura réussi et il n'y aura plus de barrière sociale entre eux !

Mais il faut que je vous explique le principe de l'émission. Six candidates au mariage venaient raconter leur vie, pendant que les fiancés, qui pensaient participer à un jeu télévisé, étaient enfermés dans leur loge. Puis les six prétendantes allaient passer une robe de mariée, les fiancés étaient amenés sur le plateau pour découvrir leur copine en robe de mariée balbutiant trois phrases à la con pour les demander en mariage.

Bataille et Fontaine : « Ne répondez pas tout de suite, on va vous laisser le temps de la réflexion... Vous avez dix minutes pendant lesquelles vous allez retourner en loge et vous aurez le droit de passer un coup de fil à un ami. »

VINGT ANS DE BONHEUR

Mars 2004

Pour commencer, détendons-nous un instant avec l'émission intitulée *Vingt ans de bonheur*, présentée samedi dernier sur France 2 par Patrick Sébastien. Ce qu'il y avait de pathétique dans cette émission, c'est qu'elle était coanimée par Marie-Ange Nardi et Valérie Payet, dont c'était le retour à l'écran.

Valérie Payet, qui après avoir coprésenté *Nulle part ailleurs*, est devenue la star de Radio Monoprix, et Marie-Ange Nardi, sainte Blandine télévisuelle bouffée par un lion et qui présentait le jeu *Qui est qui ?*

Un jour, une candidate se présente et lui dit : « Bonjour Marie-Ange, j'ai déjà eu l'occasion de jouer avec vous dans *Pyramides.* »

Pour pas avoir l'air con, Marie-Ange s'exclame : « Mais oui, je m'en souviens très bien. » Et l'autre qui dit timidement : « Ah ! mais non, c'est pas possible, j'étais la candidate au téléphone… » Là, Marie-Ange sort les avirons : « Eh bien oui ! Figurez-vous que votre voix me disait quelque chose ! »

Samedi soir, donc, cette émission terrible, puisque la chaîne annonça qu'elle remettrait à l'antenne celle des deux coanimatrices qui se montrerait la meilleure.

Autant vous dire que ce fut pathétique. D'abord parce que Patrick Sébastien, bouffant le micro, ne leur laissait pratiquement rien à dire. En fait, il ne leur restait à peu près qu'à donner le numéro auquel le public devait téléphoner pour gagner… Les pauvres, elles étaient tellement tendues qu'elles se trompaient à chaque fois dans le numéro. À un moment, on leur signale un téléspectateur au téléphone, et pour une fois Sébastien les laisse un peu parler, et ça a donné ça…

Valérie : – Ah ! nous avons un téléspectateur au téléphone !

Marie-Ange : – Oui, nous avons quelqu'un en ligne.

Valérie : – Allô ?

Marie-Ange : – Oui, allô ?

Et là, on entend une toute petite voix qui répond : « Allô ? » Du coup nos deux présentatrices en font des tonnes, du genre : « Oh ! nous avons une toute petite fille en ligne. »

L'autre : – Bonjour ma chérie !
L'autre : – Dis-moi comment tu t'appelles ?

– Charlotte.

Les voilà qui de nouveau rivalisent de nunucherie :

– Oh ! la petite Charlotte !

– Ça va, ma petite chérie ? Tu es gentille de nous téléphoner.
– Et tu as quel âge, mon petit lapin ?
– 82 ans.

À cet instant, elles ont tellement ramé qu'on se serait cru dans *Ben Hur*, vous savez, quand la galère se met en position de combat et qu'un gros Noir donne le rythme en tapant sur un tambour.

– Oh ! mais vous avez une voix jeune, Charlotte…
– Ah ! bon ?
– On a déjà dû vous le dire, Charlotte…
– Non, non, jamais…

Au moins, on est sûr que Radio Monoprix ne va pas perdre son animatrice.

VŒUX

Janvier 2004

« Et si les cons faisaient une pause ? »

Au début, ce fut juste une idée folle qui m'effleura l'esprit, et puis, dans les heures précédant le 31 décembre à minuit, allez savoir pourquoi, cette idée grandit dans ma tête et devint un espoir insensé, un rêve, une utopie : « Et si les cons, pour fêter l'année nouvelle, décidaient de faire une trêve, de prendre un peu de repos ? »

Eh bien, je suis au regret de vous dire que, dès le 1er janvier à 0 heure, tous mes espoirs furent anéantis, puisque à la première minute de 2004, on assista à un déchaînement de connerie généralisée. Non, je ne parle pas des programmes de TF1, car je commettrais un pléonasme, et j'y viendrai tout à l'heure. Non, je disais que dès la première minute de 2004, les cons se sont déchaînés en recouvrant la France d'une déferlante de vœux envoyés par SMS. Pour ceux qui l'ignoreraient encore, il s'agit de ces messages transmis grâce aux téléphones portables, et qu'on appelle également des textos.

Mais, me direz-vous, pourquoi traiter de cons des gens qui ont la courtoisie de vous envoyer leurs vœux ?

Tout simplement, vous répondrai-je, parce que j'ai reçu dans la nuit du nouvel an une trentaine de ces messages me souhaitant une bonne année, qui n'étaient en réalité que des formules types que mes correspondants envoyaient à tout le carnet d'adresses en mémoire dans leur téléphone.

Un peu comme les entreprises qui envoient un *mailing* signalant une promotion à la totalité des clients figurant dans un fichier.

Un nom dans un fichier clients, voilà ce qu'est devenue l'amitié, et quand je vous dis que les expéditeurs sont des cons, figurez-vous qu'en plus, leurs vœux sont constitués de sentences humanistes, du genre « je souhaite qu'en 2004, on pense un peu plus à l'autre », et le type te balance le truc sans penser à toi.

J'ai une copine qui a repris le portable de son mari décédé il y a quelques mois. Eh bien, le mort a reçu des dizaines de vœux de santé, avec les conneries façon Gérard Holtz, du genre *carpe diem.* Les types veulent faire croire qu'ils ont fait latin, ils ont juste vu *Le Cercle des poètes disparus. Carpe diem*, ils ont écrit au mort. Vis le moment présent avec intensité. Ben oui, mais on va avoir du mal à faire suivre....

Quand je vous aurai dit en outre que pour gagner du temps ces messages sont écrits dans un sabir jeune, avec des abréviations incompréhensibles pour qui n'a pas des enfants au collège, vous comprendrez ma première colère de 2004.

Je pense que le message le plus con est quand même « 2 004 bises pour 2004 ». C'est fou le nombre de bises qu'ils ont envoyées. Bref, vous l'avez compris, c'était peut-être la trêve des confiseurs, mais pas la trêve des cons biseurs...

On en éprouverait presque de la compassion pour les gentils cons, ceux qui individualisent chaque message, qui se sont appliqués à bien l'écrire et qui vous l'envoient en oubliant de signer. Et vous, derrière, vous passez deux heures à essayer de repérer le numéro de téléphone dans votre agenda...

N'envoyez pas de SMS, vous avez jusqu'à la fin du mois, écrivez vos vœux manuellement.

VOUS POUVEZ RÉPÉTER LA QUESTION ?

Décembre 2003

Hier soir, une fois n'est pas coutume, la télévision m'a rendu heureux. Merci France 3.

Ah ! que le service public est beau quand il remplit sa mission !

Ah ! que le service public est beau quand, à l'époque des fêtes, il apporte dans sa hotte une émission comme celle qu'il nous offrira dorénavant tous les soirs à 20 h 10 et qui s'intitule *Vous pouvez répéter la question ?*

Déjà, rien que le titre, on dirait du Baudelaire : *Vous pouvez répéter la question ?* La phrase magnifique des gagneurs de temps, des bouffeurs d'antenne, la phrase de ceux qui ne savent pas, mais veulent donner le change. Pour tout dire, la phrase des *losers*.

Alors c'est vrai, l'idée d'appeler ce jeu *Vous pouvez répéter la question ?* est une grosse connerie, mais quand je vous aurai dit que c'est ce qu'il y a de moins mauvais dans l'émission, vous comprendrez ma joie enfantine.

Vous pouvez répéter la question ? (on ne s'en lasse pas) est présenté par Pierre Sled et déjà, rien que ça, c'est un cadeau.

L'émission commence par un générique grossièrement copié sur celui des *Grosses Têtes* de RTL. On imagine déjà les embrouilles Sacem, enfin ça ressemble aux *Grosses Têtes,* sauf que les cuivres jouent faux.

L'émission est enregistrée en province, puisqu'il s'agit en réalité de ce qu'en matière de vieilles voitures ou de vieux instruments de musique on appelle un *vintage*, c'est-à-dire une copie d'ancien : là, c'est une copie des mythiques *Jeux de 20 heures*, présentés à l'époque par Maurice Favières, Jean-Pierre Descombes et maître Capello.

L'émission est enregistrée sous une structure en plastique fournie et posée par France 3 Régions. Hier, la première a eu lieu à Saint-Quentin, et dès le début, on s'aperçut que la sono tonitruante sous la structure en plastique empêchait Pierre Sled de s'entendre. Ajoutez à ça les cris de la foule, du coup Pierre Sled hurle pendant toute l'émission.

Hier soir, il a commencé en disant : « Nous sommes à Saint-Quentin pour *Vous pouvez répéter la question ?* un jeu dont voici la règle. Je pose des questions, et il faut donner la réponse. »

On remarquera l'extrême audace de ce jeu.

Ce qui est drôle, c'est que derrière Pierre Sled, il n'y a pas de public, juste la cloison en plastique transparent, avec des passants. Les plus âgés sont indifférents, mais les jeunes peu à peu s'agglutinent, sautent en l'air, font des doigts d'honneur à Pierre Sled. À part ce dernier, il y a d'autres participants, des « personnalités » comme ils disent, et vous verrez que le terme n'est pas usurpé, puisqu'hier on a eu droit à Eva, Anne-Laure, Olivier Picasso, Didier Gustin et Richard Lornac qui, lorsqu'il s'est fait acclamer par le public de Saint-Quentin, leva les bras dans un geste de victoire gaullien.

Une précision : je vous ai parlé de l'écho dans la voix de Sled, mais les invités, eux, sont carrément inaudibles, on dirait qu'ils parlent depuis le chœur de la cathédrale de Chartres, ce qui donne une solennité incongrue à cette grosse farce.

Mais le meilleur, la cerise sur le gâteau, c'est que tous les questionnaires relatifs à la musique sont chantés et dansés par Pierre Sled et ses invités.

Pour vous donner une idée, hier, ils ont chanté *Pas de boogie-woogie* d'Eddy Mitchell, j'ai cru que c'était *Le Marteau sans maître* de Pierre Boulez. Alors vous voyez bien que France 3 ose la culture : du Pierre Boulez à une heure de grande écoute !

Décembre 2003

Vous vous souvenez que je fondais beaucoup d'espoirs sur la nouvelle émission de France 3 intitulée *Vous pouvez répéter la question ?* Eh bien, le moins qu'on puisse dire, c'est qu'on n'a pas été déçu.

Je m'adresse à nos auditeurs dépressifs, à ceux qui ne croient plus en eux : regardez vite cette... chose qui est sans aucun doute, et je pèse mes mots, l'émission de télévision la plus crétine du P.A.F.

C'est un joli mot, « crétin », on ne l'emploie plus assez, il a été supplanté par le mot « con », plus pratique, certes, mais également moins précis. Prenons un exemple au hasard : Pierre Sled, qui présente *Vous pouvez répéter la question ?* Eh bien, force est de reconnaître qu'il est bien plus crétin que con.

Quoi qu'il en soit, regardez les dernières de *Vous pouvez répéter la question ?* car l'émission s'arrête prochainement. Eh oui ! les bonnes choses ont une fin. Je vous en prie, regardez, car ça en devient fascinant, on ne pensait pas qu'un cerveau humain puisse être capable de concevoir une telle merde.

C'est bien simple, c'est beau comme le bouddhisme. C'est une sorte de quête de l'imbécillité absolue, un long chemin dans la médiocrité pour enfin atteindre le nirvana de la connerie pure.

Vous voyez ces images de bateaux qui remontent dans l'Arctique et qui sont peu à peu entourés par les glaces jusqu'à être cernés d'un tapis immaculé (comme dirait Yves Simon) ? Eh bien, là, c'est pareil : Pierre Sled a tellement avancé dans la connerie, émission après émission, qu'il a atteint la nullité absolue, une sorte de paradis blanc comme celui dont parlait Michel Berger.

Venons-en à l'émission proprement dite. Le responsable des jeux de France 3, dont je voudrais ici saluer la compétence, a décidé de délocaliser ce jeu en l'envoyant dans des villes de provinces de moyenne importance, comme Saint-Quentin par exemple, en se disant : « Là-bas ils ne doivent pas voir beaucoup de spectacles, ils seront indulgents, ils ne nous jetteront pas des pierres. » Mais les gens de Saint-Quentin ne sont pas idiots, ils ont tout de suite compris qu'une émission animée par Pierre Sled et sa pléiade de vedettes (Denise Fabre, un certain Jean Rachid qui paraît-il triomphe en ce moment, Anne-Laure, une perdante de la *Star Ac'*, et Sophie Thalman), les habitants de Saint-Quentin ne s'y sont pas trompés, et l'essentiel du public est constitué de papis en chandail et casquette, les retraités qui habituellement jouent aux boules à l'endroit où France 3 a planté sa tente. Pour être honnête, il y a aussi quelques jeunes dans le public, des types aux oreilles décollées qui gardent la bouche ouverte et la langue sur la lèvre inférieure, probablement issus de mariages consanguins, ou je ne sais pas. Ben oui ! Est-ce que vous imaginez qu'un ado normalement constitué puisse dire :

– Tiens, maman, je sors !
– Où vas-tu mon chéri ?
– Je vais voir Jean Rachid, Denise Fabre et Robert Wurtz sous une tente en plastique !

Oh ! mais je m'aperçois que parmi les participants à ce chef-d'œuvre de la télévision, j'avais oublié de citer notre ami Richard Lornac, vêtu d'une magnifique veste blanche. Au début, j'ai cru qu'il était là en extra pour servir les toasts et les boissons, mais non, il fait la musique. Ah ! bon ? Donc c'est ça le bruit qu'on entend en arrière-fond ? Je me disais, ils pourraient quand même arrêter les travaux de voierie pendant l'émission. Je sais, Richard, que tu as les traites du pavillon de Longjumeau à payer…

Hier, ils étaient au Mans. Ils reçoivent un candidat, je vous jure, j'ai cru que c'était un comédien, le type avait le même pull et le même strabisme que François Morel dans les Deschiens, c'est tout juste si Pierre Sled n'a pas dit : « Nous accueillons mon gars Régis. »

– Comment tu t'appelles ?

Le type : – Ben, Régis…

Pierre Sled, sérieux : – Vous avez l'air en pleine forme, Régis !

Régis : – Ben, ma foi…

Voici maintenant les questions, je vous demande de me croire, tout ce que je vais vous dire est totalement authentique.

Pierre Sled : – Alors, Régis, voici la première question qui a pour thème nos plus beaux villages. Régis, pour 10 euros (oui, parce que vu le budget de l'émission au début ils avaient prévu des allumettes, mais finalement ils ont fait un effort)…

pour 10 euros, Régis, lequel de ces villages se trouve dans le Lot : Montcuq, Monderrière, Mes fesses ou Maquéquette ?

Et au moment où Régis répond « Montcuq », mesdames et messieurs, Richard Lornac ponctue cette brillante réponse par une série de notes au synthé illustrant une gastro-entérite aiguë…

Et Pierre Sled conclut : « Eh bien vous avez gagné 10 euros grâce à Montcuq ! »

Les plus de 20 ans se souviennent d'une séquence du *Petit rapporteur* avec le génial Daniel Prévost, interviewant le maire de Montcuq : « Montcuq est étroit… »
Autre question :

– Pour 50 euros, lequel de ces villages trouve-t-on en Charente ? Chirac, Jospin, Juppé ou Mamère ?

Ah ! oui, j'ai oublié de vous dire qu'il y avait aussi Didier Gustin, l'imitateur, qui, pour aider le candidat, fait : « Écoutèze, c'est moi… » Et Régis : « Ah ! oui, Mamère… »

Suit un questionnaire sur les chansons de Delpech :

– Chez qui c'était bien, c'était chouette ?

Et là, tout le monde se lève et chante… Ça devient sublime, forcément sublime, comme aurait dit Duras. Dire qu'ils chantent faux serait sans rapport avec la réalité. Vous voyez une taverne bavaroise à 5 heures du mat quand quelques survivants ânonnent *Lili Marlene* ? Là, c'est pareil, avec Richard, donc, qui les accompagne au marteau-piqueur, et le public les regarde, atterré. Ils ont beau être consanguins, ils ont conscience de ce qu'est une cacophonie, et comme ils restent bouche ouverte, Pierre Sled s'exclame : « Ça va, Le Mans ? », comme Johnny à Bercy. La foule répond quelques « ouais ! » fatigués, alors que dans le fond, on entend distinctement une voix s'écrier : « Aux chiottes ! »

Cette injonction était superflue, l'émission n'aura à aucun moment quitté les toilettes de la télévision.

VOYANCE

Mars 2004

Je vous ai trouvé une nullité, un rien, un néant, une émission présentée par une nommée Elsa Fayer sur RTL 9, une émission de voyance.

L'invitée de la première émission était madame Christine Deviers-Joncour, qui comme d'habitude a minaudé, pris des pauses, soupiré... Elle a un truc qu'elle trouve irrésistible de classe, Christine : elle fait les yeux doux en passant sa langue contre l'intérieur de sa joue... Bref, en la voyant tenter de séduire aussi vulgairement, on se disait que Roland Dumas avait quand même été bien crétin de céder à ça.

L'animatrice commence par lui demander si elle croit à la voyance. Évidemment, madame Christine y croit dur comme fer.

– Oui, j'y crois, dit-elle, parce qu'il y a des choses quand même étonnantes.
– Et vous consultez souvent des voyantes ?
– Ah ! non, jamais, parce que j'ai peur d'apprendre des mauvaises nouvelles.
– Euh, oui, mais là, le principe de l'émission, c'est que vous consultiez une voyante.
– Oui, mais là, je suis tellement au fond que je ne peux que remonter. Je n'ai plus un sou, je suis SDF.

Alors je voudrais dire à madame Deviers-Joncour que trop, c'est trop : j'ai été invité au Fouquet's pour la première fois de ma vie il y a quelques jours. Elle s'y trouvait et semblait y avoir ses habitudes. En tout cas, ce jour-là, compte tenu de ce qu'il y avait dans son assiette, elle n'a pas eu besoin d'aller dîner aux Restos du cœur.

Madame Deviers-Joncour nous a révélé que le président Chirac consultait une voyante en ajoutant : « C'est normal, il a un pays à diriger, il faut qu'il se fasse aider. »

D'abord la voyante, nommée Isabelle Viand, fait le portrait en aveugle de l'invitée avec les conneries habituelles (« je vois une personnalité contradictoire, à la fois rebelle et conformiste, qui a besoin d'être aimée, sensible »), et la mère Deviers-Joncour qui s'extasie : « Oh ! c'est incroyable, comment peut-elle voir tout ça ?... »

La voyante – qui évidemment connaît l'invitée – finit par dire : « Vous aimez les hommes de pouvoir », et là, Deviers-Joncour s'insurge : « Ah ! non, absolument pas ! »

Un détail qui a son importance. L'émission a été enregistrée il y a plusieurs semaines, à l'époque où Christine sortait son disque, et comme l'invité a le droit d'interroger trois fois la voyante, sa première question fut : « Est-ce que mon disque va marcher ? »

On passe un extrait à la voyante dont on voit le visage se décomposer au fur et à mesure de l'écoute et qui finit par dire : – Hum... euh, oui, ça va marcher, et on en fera même une musique de film... *(puis, très vite)* Je vois... un homme brun dans votre entourage. »

Là, Deviers-Joncour s'exclame : – Incroyable, oui, je connais un homme brun, mais comment faites-vous ?

La voyante s'enhardit...

– Il vous a aidée à faire votre disque...

Manque de pot, il devait n'y avoir que des blonds, des rouquins et des chauves, car Christine, déçue, lui répond :

– Ah ! non, pas d'homme brun dans mon entourage, pour le disque.

– Non, mais pas forcément tout près, mais pas loin ! Y a pas eu un stagiaire brun qui un jour vous a apporté votre café ?

Mai 2004

Je vous ai parlé, il y a quelques jours, d'une émission de voyance nullissime sur RTL 9. Eh bien, figurez-vous que l'invité, cette semaine, n'était autre que Stéphane Bern. Je vous rappelle le principe de cette émission : Stéphane pose des questions à une voyante qui répond à grands coups de banalités. Donc, déjà, elle dit à Stéphane : « Arrêtez-moi si je dis une bêtise, je vois en vous un enfant qui a grandi… »

Ah ! la vache, c'est vrai, quand on voit d'où il vient avec sa coupe *Saga* et ses costumes Dormeuil, ç'aurait pu être un vieillard qui a rajeuni ! Et elle continue : « Je vois autour de vous des émissions, il y a une nouvelle proposition d'émission. » Stéphane : « Je vois pas… » Ça tournait à la Berezina pour la sorcière, mais ils ont passé au bas de l'écran un avis stipulant que depuis l'enregistrement, Stéphane Bern était devenu l'envoyé spécial de Canal + aux Jeux olympiques d'Athènes (les habitués de notre émission auront compris que Stéphane voulait ainsi faire passer en note de frais son billet d'avion pour Mýkonos).

Notons à l'intention de monsieur le responsable financier de Canal+ que la prestation télévisée de

Stéphane Bern pendant la période des Jeux Olympiques se borna à commenter pendant deux heures la cérémonie d'ouverture. Toute dépense passée en note de frais en dehors de ces deux heures constitue un abus de bien social caractérisé.

En tout cas la voyante avait du mal, d'autant que Stéphane avait ce visage fermé qu'on lui connaît bien lorsqu'il a décidé de ne pas faire un effort. On pouvait y lire : « Vas-y ma poule, démerde-toi ! »

L'autre, timidement : – Je vois un livre... Vous allez écrire un livre ?

Stéphane : – Ben, comme d'habitude, j'ai toujours un contrat d'édition en cours...

Dès lors, ne voulant plus prendre aucun risque, elle termina avec des banalités, du genre : « Vous évoluez en mûrissant. » Là, elle avait le choix. Elle aurait pu dire aussi : « Vous mûrissez en évoluant. »

Deuxième question de Stéphane :

– Est-ce que je vais réaliser mon rêve secret ?

Moi, le rêve secret de Stéphane, je le connais, mais je ne vais pas le dire. En fait, il est inavouable, mais ce qui est sûr, c'est que la voyante était mal partie en disant : « Votre rêve secret concerne l'humanitaire. »

Vous avez compris le côté malin de la prédiction ? Qui oserait répondre : « Mais non, ma pauvre fille, je m'en tape de l'humanitaire ! Mon rêve secret, c'est de baiser sans trêve au soleil d'une île grecque » ?

Y A QUE LA VÉRITÉ QUI COMPTE

Décembre 2003

Un mot sur *Y a que la vérité qui compte* et son lot habituel de demandes en mariage. Quand on pense à l'intimité d'une telle demande, à son romantisme, faire ça devant Bataille et Fontaine, c'est sept ans de malheur assurés ! Si jamais votre fiancé vous fait venir à *Y a que la vérité qui compte* pour vous demander en mariage, quittez-le vite, c'est un gros blaireau.

Lundi, il y avait ce garçon qui depuis des mois parle au téléphone avec Samia qu'il n'a jamais vue.

– Ah ! bon ? Mais vous ne vous êtes pas envoyé vos photos ? demande Bataille.
– Non, parce que j'ai pas eu le temps à cause du boulot, répond-il. Tu parles !

La fiancée, Samia, était assez jolie, nonobstant une dent récemment cariée à laquelle elle n'était pas habituée et sur laquelle elle passait sa langue en procédant à des succions régulières afin d'extraire les fibres alimentaires qui, telles les murènes du commandant Cousteau, se nichaient dans cette cavité nouvelle, puis déglutissait les reliefs exhumés.

Cette habitude d'une classe folle, il ne s'en était jamais rendu compte au téléphone, le fiancé, et là il était trop tard, il découvrait qu'il allait passer sa vie avec une fille qui émettait un bruit répugnant en aspirant ses dents creuses. Bonne chance mon gars !

Un autre type – et là, c'était du sérieux – était venu pour demander à son ex de le reprendre à la maison. Il expliquait qu'il avait fait des petites bêtises, et on sentait que c'était un euphémisme. La dame arrive, ni belle ni laide, une timide à lunettes et à problèmes, et sa première réaction en voyant apparaître la tête de l'ex, c'est de lui crier d'un air sévère : « Mais tu m'avais juré que c'était pas toi qui me faisais venir à la télé ! »

On comprend que si elle avait su, elle ne serait pas venue. Qu'on lui a fait croire qu'elle allait participer à un jeu pour gagner un week-end dans un hôtel Étap. Toujours est-il qu'elle était très déçue. Du coup, elle répond au type : « Tu sais bien que c'est très grave ce qui s'est passé ! J'ai besoin de temps pour oublier… »

Les deux andouilles : « Vous avez besoin de temps ? Eh bien, ça tombe bien, on vous laisse trois minutes pour réfléchir pendant la pub. »

Bataille et Fontaine sont de gros malins. Vous savez ce qui fait le succès de *Y a que la vérité qui compte ?* Ce n'est pas de voir un petit-fils rendre hommage à sa grand-mère, ça, tout le monde s'en fout, mais bel et bien le plaisir malsain de voir un type se prendre un râteau devant cinq millions de téléspectateurs.

Hier arrive un prénommé Rodolphe. C'est incroyable : dans cette émission, les *losers* ont tous le même look. Bataille et Fontaine lui demandent ce qu'il a fait comme études, il répond CAP cuisine, et Bataille qui dit : « Ah ! ça, c'est ce que j'ai toujours rêvé de faire, passer un CAP cuisine ! » L'autre : « Ah ! bon… »

– Alors, Rodolphe, que vous arrive-t-il ?
– Eh ben voilà, j'ai fait venir Elsa, ma meilleure amie avec qui je me suis fâché cet été, et que je viens récupérer…

On aurait cru le mec à la consigne de la gare du Nord : « Bonjour, je viens récupérer Elsa… – Vous avez le ticket ? » Ah ben non, justement, le problème de Rodolphe, c'est qu'il n'a plus le ticket.

Il raconte son histoire :

– Ben voilà, un soir on a vu qu'on avait des sentiments, il s'est passé un petit quelque chose, on a couché ensemble, mais sans plus…

Ah ! bon, sans plus, ça doit vouloir dire qu'il ne l'a pas attachée au lit ni fouettée, ni fait intervenir des animaux. On est rassurés…

Mais Elsa a un petit ami… Et elle accuse Rodolphe de s'être vanté partout d'avoir couché avec elle, ce qui contrarie le petit ami. Rodolphe explique que c'est faux, qu'il n'a jamais dit à personne qu'il avait couché avec Elsa et qu'il ne le dira jamais. Là, on voit bien qu'il a comme un vertige, vu qu'il vient juste de le balancer à cinq millions de téléspectateurs, mais à part ça, il l'a dit à personne.

De toute façon, on se doutait qu'il était mal parti, vu que depuis le soir où il ne s'est presque rien passé à part baiser comme des malades, elle ne l'a pas appelé une seule fois, ne lui a pas écrit une lettre, pas le moindre SMS, rien.

On va chercher Elsa qui, en voyant Rodolphe apparaître sur l'écran de contrôle, soupire d'un air excédé. Là, on a compris que c'était pas gagné pour Rodolphe, qui annonce d'entrée : « Je suis venu te dire que j'ai jamais dit à personne que j'avais couché avec toi. Tu sais, les rumeurs, ça va vite… »

Des cons, on en a vus. Mais là, franchement…

Évidemment, elle a laissé le rideau fermé. Rodolphe : « Ben au moins, on aura essayé ».

Bataille ajoute : « Eh oui, qui ne tente rien n'a rien. » Là j'ai cru que Fontaine allait rajouter : « Et en avril, ne te découvre pas d'un fil. »

Arrive un second candidat, Vincent, qui déclare : « Marie-Pierre, c'est la femme de ma vie, je ne peux pas vivre sans elle, je suis venu lui demander une dernière chance, même si on a eu des petits différends. »

Les petits différends, ça veut dire qu'il est rentré bourré et qu'il a tout cassé dans la maison... Alors Marie-Pierre est repartie chez son précédent petit ami.

– Alors, Marie-Pierre, vous faites quoi ?
– Je suis dans le *phoning*.

Bataille : – Oh ! vous avez une jolie voix.

Marie-Pierre : – Oui, c'est normal, je fais du karaoké.

Le visage de Vincent apparaît sur l'écran de contrôle. Elle pousse un cri de terreur... puis éclate d'un rire nerveux. L'autre qui supplie : « Moi, je suis prêt à tout recommencer de zéro ! » Fontaine : « Avant que vous ne répondiez, laissons passer une page de publicité. »

Mars 2004

Une porte lumineuse s'ouvre en haut d'un escalier. Un peu ébloui par les projecteurs, il marque un temps d'arrêt puis commence à descendre les marches d'un pas lourd, malgré son jeune âge.

C'est le morceau de viande que TF1 va livrer aux chacals. L'esclave du soir à *Y a que la vérité qui compte.* Il s'appelle Karl, il transpire. Il est gros. Pas très gros, plutôt adipeux, il ressemble à Fontaine qui l'attend en bas des marches, les mains jointes sur son sexe comme un footballeur dans le mur d'un coup franc. Ce geste-là doit s'expliquer en psychanalyse.

Les deux petits gros sont maintenant face-à-face. On sait lequel sera toujours le *loser.* Il explique que sa femme est partie. Une femme, un bébé et lui qui ne veut pas travailler. La galère. Sa femme qui n'en peut plus et qui le quitte avec le bébé. En attendant le jugement de divorce, elle a organisé les visites, le week-end. Enfin, le truc que les filles ont la force d'organiser pendant que les garçons les supplient. D'ailleurs, il est venu pour la supplier, il dit qu'il regrette de ne pas avoir travaillé, mais que c'est parce qu'il préférait rester à la maison près de sa famille. On devine que « près de sa famille », c'est le canapé où il se grattait les couilles en regardant *C'est mon choix.*

Il dit aussi qu'il ne se nourrit plus depuis qu'elle est partie, et tout le monde regarde l'humidité grasse qui suinte de son front et les boutons de sa chemise prêts à céder.

Il perd ses cheveux, il a commencé à se faire greffer des implants, mais probablement trop douloureux ou trop cher, il en est resté au stade velléitaire. Comme tout ce qu'il entreprend.

– Vous savez qu'il faut laisser du temps au temps, dit Bataille en se pinçant le nez, geste signifiant qu'il sait déjà que l'autre ne récupérera pas la fille, et que le morceau de viande de TF1 va être bouffé par les hyènes.

« On va accueillir Coralie... » En fait c'est Véronique, ils se sont trompés de fiche. Coralie, c'est le nom du bébé, l'autre n'a pas osé protester...

En bas de l'écran s'inscrit un résumé de l'histoire pour le confort du téléspectateur.

Véronique est séparée de Karl depuis plusieurs mois. Ce soir, il veut la reconquérir, Véronique acceptera-t-elle de reprendre l'histoire ?

Bataille et Fontaine demandent à la fille :

– Alors, vous êtes heureuse de passer à la télé ?
– Oui et non, répond-elle, j'ai un doute.

Là, on comprend qu'elle espère une divine surprise, un oncle d'Amérique qui la ferait héritière, mais quand l'image de Karl apparaît, elle soupire :

– J'en étais sûre.
– Vous savez qui c'est ? demande Bataille bêtement.
– C'est le père de ma fille.

On comprend qu'elle ne veut même pas prononcer son prénom.

– Si je t'ai fait venir ici, dit le gars, je sais ce que tu penses, c'est la dernière chance que j'ai, j'ai été lourd, ce que je t'ai fait est ignoble, tu es la femme de ma vie. Quand tu es partie, tu m'as dit « trouve un job », je te demande juste de me laisser une chance… Pas comme si on s'aimait plus du tout. J'ai envie de te promener dans les bois, même en ville s'il le faut. On dit souvent : "Un c'est bien, deux c'est mieux."

Bataille intervient avec cette phrase incroyable : « Excusez-moi de vous interrompre, Karl, on ne veut pas rentrer dans votre vie privée, on ne le fait jamais dans cette émission. Mais le problème, c'est qu'on devine qu'il y a quelque chose dont vous ne nous avez pas parlé. »

Eh oui, et il n'est pas content content, on aurait caché des coups, des tromperies, des trucs bien dégueulasses ?

– C'est vrai, dit la fille.

Mais elle n'en dira pas plus, et le rideau restera fermé, et elle s'en va saluant à peine Laurel et Hardy, qui se fendent d'un sourire imbécile et gêné comme Snoopy et qui disent au moment de le quitter : « Karl, il faut croire dans les vertus du temps et de la patience. » L'autre, les larmes aux yeux, leur répond : « Merci quand même. »

Vous vous demandez qui sont les chacals dont je vous parlais au début ? Les voici dans leur sinistre liste exhaustive, et dans leur ordre d'apparition lors de la pause publicitaire de l'émission.

Septembre 2004

C'était également la rentrée cette semaine de *Y a que la vérité qui compte*, avec de grands changements. Non, pas sur le fond, rassurez-vous, l'émission est toujours cette merde racoleuse où de pauvres types viennent se prendre des râteaux devant trois millions de téléspectateurs que l'humiliation des autres réconforte. Non, les changements concernent les animateurs.

Laurent Fontaine, le petit gros, ne porte plus de lunettes. Bon, comme il n'est pas encore habitué aux lentilles, on dirait qu'il vient de pleurer. On se dit : « Tiens, il a visionné la cassette de son émission… » Non, sérieusement, c'est impressionnant, on dirait les yeux de Robuchon, le cuisinier qui vient d'une autre planète, des yeux de lapin pris dans la lueur des phares.

Et puis surtout, le grand changement de l'émission concerne Rébecca.

Vous allez me dire : « Qui est Rébecca ? »

Eh bien, c'est la dame qui se trouve dans la loge de l'invité et dont les interventions consistent à annoncer : « Je me trouve avec Valérie, alors Valérie, pas trop le trac ? » Donc ça vous situe l'importance de Rébecca dans le paysage audiovisuel français…

Lundi, Fontaine, nous annonçant de grands changements dans son émission, commence par s'adresser à elle :

– Premier changement. Alors, Rébecca, une nouvelle coiffure ?
– Oui, car j'avais promis une nouvelle coiffure pour la rentrée et j'ai tenu ma promesse !

Et là je voudrais saluer Rébecca, car pendant les vacances, le thème majeur de nos discussions à tous a été : « Rébecca tiendra-t-elle sa promesse ? » On était là, heureux et soulagés, quand soudain, nous basculâmes dans le drame. Car Fontaine enchaîna aussitôt :

– Eh oui, Rébecca, malheureusement on n'aura pas l'occasion de voir longtemps votre nouvelle coupe, car vous nous quittez…

Le public : – Ooohhhhh !

– Eh oui, c'est la dernière fois qu'on vous voit dans *Y a que la vérité qui compte*, car vous allez jouer un rôle dans une série. En tout cas, on vous souhaite bonne chance…

Bon, vous avez perçu la situation… La potiche va faire de la figuration dans un téléfilm de M6, tout le monde s'en fout et Laurent Fontaine disait ça pour être poli. Mais elle, elle pense que c'est sincère et que la France entière est bouleversée par sa nouvelle coupe de cheveux et par son départ. La voilà qui se met à jouer Sarah

Bernhardt, submergée par l'émotion. On aurait cru qu'elle venait de recevoir l'oscar de la meilleure actrice. Les larmes aux yeux, la voilà qui s'écrie : « Je voudrais remercier d'abord toute l'équipe de *Y a que la vérité qui compte*, sans qui je n'aurais pas pu faire tout ça... Et vous tous qui... » Et là, elle éclate en sanglots... Bataille ponctue : « Séquence émotion », et l'autre en larmes qui finit par se ressaisir : « Attendez, je voudrais vous présenter celle qui va me succéder. Voici Daphné, et je vous demande d'être très gentils avec elle, car ça va être très difficile de prendre la suite. »

L'autre, Daphné, pour montrer d'entrée qu'elle a le même QI que Rébecca : « Merci beaucoup, je voudrais dire à quel point je suis fière de reprendre le flambeau. »

Puis l'émission commence et arrive sur le plateau Agnès, pas vraiment féminine, habillée comme Rambo en commando camouflage. Elle serre la main à Fontaine, l'autre se plie de douleur. Bon, pour être clair, c'était une stagiaire de Lesbos...

Et Fontaine commence :

– Alors, Agnès, vous avez fait venir un garçon pour lui demander de vous faire un enfant...
– C'est ça...

Le public : « Aahh... »

– Mais vous n'êtes pas amoureuse de ce garçon…
– Non, dit Agnès, pas du tout.

Le public : « Oohh… »

– Ben voilà, poursuit Agnès, je suis homo et avec ma compagne Cathy, c'est très dur d'avoir un enfant, alors on a pensé à Dorian, un copain à nous homosexuel.
– Donc, récapitulons, dit Fontaine, dépassé. Ce garçon est le meilleur ami de votre couple et vous voulez donc qu'il vous fasse un enfant… Mais il est homosexuel ou hétéro ?
– Il est homo.
– Ah… Donc, il n'a jamais fait l'amour avec une fille ?
– Si, si. Il a même des enfants.

Et là, Fontaine, rassuré :

– Ah, donc il sait comment il faut faire. Mais vous comprenez bien que ça signifie que vous allez devoir passer une nuit avec lui, ça signifie un homme dans votre lit !

Là, c'est tout juste s'il ne lui parlait pas de sa quéquette !

Et là, on sent qu'Agnès, en visualisant la scène, se met à paniquer.

– Pas forcément, dit-elle.
– Excusez-moi, mais comment pouvez-vous faire un enfant sans faire l'amour ?

– Ah ! non, on va plutôt adopter un bébé…

Arrive ensuite Christophe qui, chaque week-end, travaille dans un restaurant en Alsace où il a rencontré Aurore dont il est tombé amoureux. Bataille et Fontaine, qui reniflent le *loser*, insistent lourdement :

– Alors, on peut dire que vous ne vivez que dans l'attente du week-end où vous allez vous retrouver au restaurant avec Aurore ?

L'autre : – Oui, c'est ça.

Résumons : le type la voit toutes les semaines, ne lui dit rien, elle non plus.

– Mais vous n'êtes jamais sorti avec elle ?
– Si, si, un jour on a été à l'hippodrome…
– Ah ! bon ? Tous les deux en tête-à-tête ?
– Ah ! ben non, y avait toute l'équipe du restaurant.
– Mais est-ce que vous avez remarqué qu'il y avait de sa part quelque chose de plus qu'avec les autres, Christophe ?
– Oui, on a des regards, et un jour je lui ai dit : « T'es mignonne… »

Arrive Aurore, d'une vulgarité inouïe. C'est bien simple, on n'avait pas vu une fille aussi triviale depuis Hermine de Clermont-Tonnerre…

Quand elle découvre Christophe sur l'écran, elle dit : « Ah ! salut » et fait la grimace.

Bataille : – Vous savez qui c'est ?

Elle : – Ouais, ouais…

Christophe : – Je t'ai fait venir parce que mon amitié s'est transformée en sentiment amoureux.

L'autre : – Pffff…

Christophe : – Si on pourrait faire un peu de chemin ensemble…

Elle : – Ben chui un peu gênée, moi chui avec quéquin, je lui en ai parlé, je pensais qu'il avait capté, entre nous c'est des sentiments amical, c'est flattant. Ah ! chuis déçue, j'étais tellement contente d'ouvrir ce rideau…

Christophe : – J'espère que t'es pas vexée…

Et elle s'en va, folle de rage.

Et là, Bataille et Fontaine : – Ce qui est important, Christophe, c'est qu'elle vous apprécie beaucoup dans le boulot…

L'autre est parti en marchant comme un automate.

Septembre 2004 (II)

J'ai pris l'habitude de vous raconter chaque mardi les turpitudes de Bataille et Fontaine la veille, dans leur émission sur TF1 qui s'intitule, rappelons-le, *Y a pas que la dignité qui compte*.

Généralement, j'ironise sur un boutonneux qui s'est pris un râteau avec une fausse blonde dont le prénom est écrit sur un pendentif plaqué or, mais hier soir, Bataille et Fontaine, qui sont vraiment deux... Oui, alors là, j'avais noté un adjectif qualificatif que je trouve un peu trop violent, aussi je vais vous laisser le soin de qualifier Bataille et Fontaine. Donc, je recommence la phrase et vous la complétez en disant l'adjectif qui vous semble convenir le mieux aux deux présentateurs... Attention, vous êtes prêts ?

Hier soir, Bataille et Fontaine, qui sont vraiment deux... ont encore franchi un pas dans l'abjection.

Voici l'histoire : une fille arrive sur le plateau, elle se prénomme Aurélie. Elle a le physique de la proie type de Bataille et Fontaine, c'est-à-dire fruste et vulgaire. Elle est blonde avec de magnifiques racines aile de corbeau et se tient sur des semelles compensées hautes de 15 centimètres. Jusque-là normal, mais la nouveauté, c'est qu'elle est enceinte de huit mois. Et là, on devine que ça va être bien putassier...

Pour bien marquer le coup, Fontaine explique qu'ils ont hésité avant d'accepter de faire venir Aurélie, qu'au sein de la rédaction, les avis étaient partagés – oui, il dit « rédaction », il ose employer un mot de journaliste pour qualifier son équipe de charognards. Fontaine explique que la venue d'Aurélie leur a posé un cas de conscience : « On s'est demandé on le fait, on le fait pas ? Mais on le fait, car on sait que c'est important pour vous Aurélie... »

Aurélie explique qu'elle est sortie avec Jonathan, mais comme il n'était pas prêt à s'engager, ils ont préféré se séparer. Dans la bouche des participantes aux émissions de Bataille et Fontaine, cette périphrase, « on est sortis ensemble mais il n'était pas prêt », signifie que le type l'a sautée à la sortie d'une boîte et qu'elle ne l'a plus revu.

Du coup, Aurélie est retournée au Macumba la semaine suivante et elle est sortie avec un autre garçon. Bon, celui-là non plus n'était pas prêt à s'engager, vu qu'il l'a fait descendre de la banquette arrière de son Opel Vectra et qu'elle s'est retrouvée à 5 heures du matin dans le parking désert du Macumba.

Le problème, c'est qu'il l'avait mise enceinte…

La semaine suivante, elle retournait au Macumba et retrouvait Jonathan avec qui elle sortait de nouveau… Mais peu à peu son ventre s'arrondit et il a bien fallu qu'elle lui dise qu'elle était enceinte, mais pas de lui. Et là, enceinte de huit mois, elle venait sur le plateau pour demander à Jonathan s'il était prêt à assumer un rôle de père avec cet enfant qui n'était pas de lui.

Et là, soudain, vous vous demandez comment une femme peut demander une chose aussi personnelle devant des millions de téléspectateurs. Et surtout comment Bataille et Fontaine, qui sont vraiment deux…, peuvent commettre une chose pareille ?

Parce qu'évidemment le pauvre gars va être piégé. Vous l'imaginez dire : « Non, j'ouvre pas le rideau, je te laisse toute seule avec le bébé dans ton ventre » ?

Et enfin, on ne peut s'empêcher de penser à ce bébé justement, qui avant même de naître sera déjà passé dans une émission de Bataille et Fontaine !

Arrive le garçon, un boutonneux portant une grosse gourmette d'argent, qui se présente :

– Ben, j'm'appelle Jonathan, chuis poissonnier au Luxembourg et j'aime le foot...

Bataille et Fontaine, les deux... : – Vous avez une idée de ce que vous faites ici ?

Jonathan : – Ben non, je vois pas du tout...

On lui montre Aurélie dans l'écran : « Ah ! tu m'as bien eu, en plus on est venus ensemble en train. »

Aurélie : – Jonathan, sache que je t'aime, tu sais que dans trois semaines je vais accoucher, mais voilà, j'aimerais que t'acceptes l'enfant. Oh ! pas que tu le reconnaisses, c'est trop te demander. (Là, on voit le type qui fait « Oh ! non. ») Mais je voudrais savoir si tu veux jouer le rôle du père, parce qu'à chaque fois que je te parle de ça, tu parles d'autre chose... Est-ce que tu t'en occuperas ? »

– Ben, faudra bien...
– Oui, mais tu veux jamais en parler !

Z'ALLEZ PAS PARTIR SANS UN DERNIER PETIT COUP DE MAILLON FAIBLE ?

Mickey : « Quelle chanson d'Aznavour raconte l'agonie d'une mère italienne ? » Réponse : « *Le Palais perdu.* »

« Dans le sigle MLF désignant un mouvement de la fin des années 1960, que signifie le F ? » Réponse : « Libre. »

« Quel film avec Bourvil et Louis de Funès a pour titre le nom d'un chien sans race ? » Réponse : « *La Grande Vadrouille.* »

Linda : « Quel personnage de l'histoire de France est mort à Sainte-Hélène ? » Réponse : « Louis XIV. »

« Dans quelle série américaine le héros Robert Dacier est-il un policier handicapé sur un fauteuil roulant ? » Réponse : « *Commissaire Moulin.* »

Laurent : « Dans quel jeu des cours de récréation doit-on toucher le mur en criant *soleil* ? » Réponse : « Dans l'école primaire. »

Jerry : « De quoi pique-t-on lorsqu'on somnole en penchant la tête en avant ? » Réponse : « Des orties… »

Patrice : « Quel chanteur interprète *Casser la voix* ? » Réponse : « Marc Lavoine. »

Sylvie : « Sur quel continent se trouve le Kilimandjaro ? » Réponse : « En Amérique. »

Riyad : « En 1984, dans quelle chanson Axel Bauer revient-il à quai après 35 jours sans voir la terre ? » Réponse : « En montgolfière. »

Dominique : « Quelle île proche de La Rochelle est reliée au continent par un pont ? » Réponse : « Tancarville. »

Sébastien : « Combien de passagers un avion biplace peut-il prendre ? » Réponse : « Trois. »

Marc : « Quelle chanteuse islandaise joue dans le film *Dancers in the Dark* ? » Réponse : « Lio. »

(C'est vrai que Lio a tout à fait le type islandais…)

Hervé : « Quel est le petit de la cigogne ? » Réponse : « Le caneton. »

Gaétan : « Complétez l'expression : sans tambours ni… » Réponse : « Sandale. »

Magali : « À quelle capitale le Kremlin est-il relié par le téléphone rouge ? » Réponse : « Moscou. »

Yacine : « Dans *La Boum*, qui incarne le père de Sophie Marceau ? » Réponse : « Fernand Raynaud. »

Aristide : « Comment appelle-t-on un mouton femelle ? » Réponse : « Je vois pas. »

« Dans *Blanche-Neige*, comment s'appelle le nain qui a tout le temps sommeil ? » Réponse : « Paresseux. »

Yohan : « Quel est le prénom de l'empereur César qui désigne familièrement un mari ? » Réponse : « Époux. »

« Sur une voiture, quels éléments peuvent être rechapés ? » Réponse : « Le pot d'échappement. »

« De quel département Toulon est-il le chef-lieu ? » Réponse : « L'Alsace. »

Marie : « Autrefois, que surveillait le garde-barrière ? » Réponse : « La gare. »

« Dans les albums de Tintin, quel savant barbichu utilise-t-il souvent un pendule ? » Réponse : « Perlimpinpin. »

« Complétez l'expression avec un nom d'oiseau : bayer aux… ? » Réponse : « Moineaux. »

Alain : « En bande dessinée, quel est le troisième personnage : Pim, Pam et… ? » Réponse : « Nana. »

Florian : « Quel mois de l'année doit son nom à l'empereur Auguste ? » Réponse : « Novembre. »

Édith : « Quand une partie est perdue, on dit que les carottes sont… ? » Réponse : « Râpées. »

« Quel pays européen accueillera-t-il la prochaine Coupe du monde ? » Réponse : « Le Brésil. »

Nicolas : « Quel dessert peut être Suzette ? » Réponse : « La crème. »

« Combien d'anses possède une amphore ? » Réponse : « Quatre. »

Joyce : « Avec le marteau, quel outil servait d'emblème à l'ex-URSS ? » Réponse : « Le croissant de lune. »

Céline : « De quoi est composé le varech ? » Réponse : « De basilic. »

Brigitte : « Quel est le satellite naturel de la terre ? » Réponse : « Je ne vois pas. »

« De quel fleuve l'Indre et le Cher sont-ils des affluents ? » Réponse : « L'Indre-et-Loire. »

Dylan : « Dans la mythologie antique, pour l'aider à sortir du labyrinthe, Ariane donna-t-elle à Thésée un fil ou une fusée ? » Réponse : « Une fusée. »

« Dans la mythologie, de quel élément Éole est-il le dieu ? » Réponse : « De la terre. »

« Quel fleuve est traversé par le pont de Normandie ? » Réponse : « Le Rhône. »

« Quelle discipline de combat olympique est gréco-romaine ? » Réponse : « Le javelot. »

« Lors de quelle bataille les troupes de Wellington ont-elles battu les troupes napoléoniennes en 1815 ? » Réponse : « La bataille d'Angleterre. »

Hanane : « Combien y a-t-il de gardiens de but dans une équipe de rugby ? » Réponse : « Un. »

Anne-Sophie : « Quelle salade évoque les cheveux ? » Réponse : « La batavia. »

Anjel : « Par quelle exclamation le public des corridas salue-t-il chaque beau geste du matador ? » Réponse : « Hey ! »

Olivier : « Qu'est-ce qui peut être de poivre, de riz, de raisin ou de beauté ? » Réponse : « Une grappe. » (Et le type semblait étonné qu'on l'élimine.)

Sharly : « De quels membres la Vénus de Milo est-elle dépourvue ? » Réponse : « Je vois pas. »

« Selon le proverbe, qu'est-ce qui fait déborder le vase ? » Réponse : « L'eau. »

« Quel élément chimique ayant pour symbole S – évoque le diable ? » Réponse : « Le satan. »

« Comment s'appellent les habitants de la Bourgogne ? » Réponse : « Les Bourgains. »

« Quel nom de héros grec porte le tendon reliant le mollet au talon ? » Réponse : « Le tendon d'Ulysse. »

Emmanuel : « Pour faire une vinaigrette, quel corps gras liquide ajoute-t-on au vinaigre ? » Réponse : « De la moutarde. »

« Comment appelle-t-on la femelle du canard ? » Réponse : « L'oie. »

« Combien d'années y a-t-il dans un quart de siècle ? » Réponse : « Quinze ans. »

« On appelle fauvette la femelle d'un fauve. Vrai ou faux ? » Réponse : « Vrai. »

« Quel est le participe passé du verbe mouvoir ? » Réponse : « Meuh ! »

Gabrielle : « Quel humoriste avait un sketch sur un paysan qui concluait en disant : *ça a eu payé, mais ça paye plus* ? » Réponse : « Molière. »

Laurent : « Porté jadis par Napoléon, il coiffe désormais les académiciens… » Réponse : « Le haut-de-forme. »

Doris : « Dans les cafés, quel nom anglais désigne un billard électrique ? » Réponse : « Un juke-box. »

Sophie : « Comment appelle-t-on une personne se déplaçant à bicyclette ? » Réponse : « Un vélomoteur. »

Séverine : « Dans un procès, comment appelle-t-on le discours de l'avocat ? » Réponse : « Adjugé. »

Laurence : « Sur quel chiffre se trouve la grande aiguille lorsqu'il est moins le quart ? » Réponse : « Sur le 45. »

José : « Sur quel continent se trouve le Sahara ? » Réponse : « Je passe. Je ne suis pas un spécialiste de la géographie… »

« Quelle tour penchée se trouve en Toscane ? » Réponse : « La tour Eiffel. »

Vanessa : « On l'aime quand elle est de pain, mais elle n'a aucun intérêt quand il s'agit d'une peinture… » Réponse : « La farine. »

« Dans une grande ville, comment appelle-t-on la mairie ? » Réponse : « La mairie d'une grande ville. »

Betty : « Quelle est la dernière lettre du mot escroc ? » Réponse : « La lettre *u*. »

Sandrine : « Dans sa chanson, que faisait Nougaro sur l'écran noir de ses nuits blanches ? » Réponse : « Une partie de *Playstation*. »

CHRONIQUES DE L'EURO

LUNDI 14 JUIN 2004

Un coup franc de Zidane

« C'est d'la triche ! » disent les enfants quand ils jouent. Pourtant, il arrive que les grands trichent aussi sur les terrains de foot. Parfois, un défenseur un peu trop lent, un peu trop lourd, un peu trop maladroit fauche un artiste… Hier soir, un Dark Vador anglais a foudroyé un ange français… et l'homme sage a sifflé. Le sage, on le reconnaît car il est plus vieux, plus gros que les joueurs, mais surtout il est vêtu de noir comme une veuve andalouse, comme s'il portait le deuil du ballon qu'il n'a plus le droit de jouer.

Donc, le sage a sifflé une faute, on a vu les veines de son cou se gonfler et la petite bille qui dansait dans sa cage en métal faisait hurler de rage le fautif espagnol qui a levé les bras au ciel en clamant son innocence, crié à l'injustice, à la provocation, dessiné avec les mains un geste de potier façonnant une sphère pour indiquer qu'il jouait le ballon... Puis, résigné, sans même un regard pour l'ange inerte à ses pieds, il a écarté les bras en un geste d'impuissance, pour montrer à ses fidèles qui dansaient dans les tribunes combien il était persécuté, et à quel point les attaquants français étaient des pédés...

Du coup, le vieux sage excédé voit jaune et Dark Vador a peur du rouge. Après une ironique courbette de respect comme font les judokas, il recule dans son camp qui devient maintenant une fourmilière... La fourmilière a peur... Le roi des fourmis dans ses buts, plié vers l'avant, hurle des ordres pour bâtir son mur de viande. Il crie trop fort, comme pour se rassurer, et les soldats-fourmis collés l'un à l'autre tanguent au gré de ses commandements et de ceux du vieux sage qui s'obstine à les faire reculer...

C'est l'heure de la punition. Zidane s'avance. On a l'impression que le temps s'arrête, que tout se fige, et pourtant... tout bouge. Le gardien qui danse d'un pied sur l'autre, le mur qui tangue et avance imperceptiblement, le coude devant le nez et la main sur les couilles, le sage qui se penche, et les anges qui, tout en indiquant du doigt que le mur est trop proche, se consultent pour élaborer des stratégies compliquées faites de fausses pistes et de feintes de tirs.

Puis, le sage siffle enfin et Zidane offre au ballon une croisière au paradis. Un tir puissant et rond, avec une courbe si pure qu'on croirait une esquisse de Léonard de Vinci ; la balle commence par contourner le mur, semble un instant s'échapper loin du cadre, puis revient en piqué terminer sa sublime parabole dans la lucarne…

Bien sûr le gardien a plongé, mais il sait déjà qu'il n'atteindra pas cette sphère à la trajectoire diabolique, alors il s'applique quand même à ce plongeon inutile, pour qu'au moins la photo soit belle…

Puis il retombe anéanti et reste allongé, vaincu, visage contre terre… Les filets, vexés d'avoir été frappés par cette boule gonflée de vide, la renvoient doucement vers l'homme allongé qui sent contre lui ce ballon, un peu comme la Pomponette qui revient se faire pardonner.

Mais les gardiens de but ne pardonnent jamais aux Pomponette. Ils pensent : « Salope, c'est maintenant que tu reviens vers moi ! » Alors, ils se relèvent, la prennent dans leurs mains et la renvoient violemment, d'un grand coup de pied méprisant, vers le centre du terrain pour que les pédés s'amusent de nouveau.

MARDI 15 JUIN 2004

À la limite du hors-jeu

Suède-Bulgarie !

Hier soir, il a voulu regarder Suède-Bulgarie alors que France 3 diffusait *La Reine Margot* avec

Daniel Auteuil, Jean-Hugues Anglade et Vincent Pérez, autant dire votre tiercé de fantasmes dans l'ordre !

Alors pour vous, madame, Suède-Bulgarie, ce n'était pas possible.

Pourtant vous ne faites pas partie de ces femmes antifoot intégristes, sauf une fois pour une Coupe du monde ou d'Europe, vous vous souvenez plus exactement, où vous êtes sortie entre copines après y avoir été incitée par un article dans *Cosmo* intitulé « Qu'ils nous footent la paix avec le foot » (oui, l'article était aussi mauvais que le jeu de mots).

Ce soir-là, vous avez bu du mauvais chianti dans une pizzeria médiocre et en riant trop fort et vous vous êtes crue obligée de raconter à vos copines qu'au bureau, vous étiez troublée par un type du service clients. Finalement, vous êtes rentrée très vite. Lui, il faisait semblant de lire, mais vous saviez qu'il avait passé sa soirée à vous attendre en courant à la fenêtre à chaque bruit de portière.

Comme vous étiez tristes tous les deux, ce soir-là, vous avez décidé de partager le foot. Il vous a expliqué les règles, vous avez regardé ensemble des matchs à la télé, il vous a même emmenée au Parc des Princes voir le PSG. Il faisait un peu froid et il a posé son blouson sur vos épaules. Vous avez adoré cet instant. Il vous a appris les rituels, les encouragements délicats aux gardiens adverses qui dégagent aux six mètres. Il vous a offert un sandwich merguez au pain caoutchouteux et, à la fin du match, vous avez chanté.

Tout ça pour dire que vous n'êtes pas bêtement anti-foot, mais Suède-Bulgarie à la place de *La Reine Margot*, non !

Déjà, dimanche soir, vous aviez fait l'effort pour France-Angleterre. Bon, c'est pareil, vous aimez bien Robert Pirès, et Thierry Henry, mais là, Suède-Bulgarie !

Alors hier, en allant vous coucher et en passant ostensiblement devant la télé, vous avez eu la vision cauchemardesque de supporters suédois, le torse nu peint en bleu avec une grande croix jaune sur leur ventre énorme et portant un casque de viking avec des cornes de vaches sur la tête. Sur chacune des cornes, y avait une canette de bière reliée à la bouche par un petit tuyau de plastique transparent !

À la fin du match, il n'a pas osé aller se coucher tout de suite, il a traînaillé en regardant des conneries à la télé, et vous allez voir si l'expression est justifiée puisqu'il s'agissait de *Y a que la vérité qui compte* de Bataille et Fontaine, où un pauvre type prénommé David venait jurer à son ex-femme qu'après un mois de séparation, il avait changé. Quand elle l'a vu sur les écrans de contrôle, elle a dit : « Ça me fait de la peine, mais non, je n'ouvrirai pas le rideau », et David, qui venait de prendre mille ans, répondit : « C'est pas grave, faut positiver... » Et là, madame, votre bonhomme a eu peur. Il a eu peur de se retrouver chez Bataille et Fontaine à cause de Suède-Bulgarie.

Alors, là, il vous faut faire un effort. Tiens, vous allez apprendre un truc que vous n'avez jamais compris au foot, la règle du hors-jeu...

Je vais vous expliquer : vous prenez de quoi écrire et en haut au milieu de la feuille, vous dessinez un petit rectangle d'un centimètrre de longueur, c'est le but. Devant le but un petit cercle, c'est le gardien de but. Et devant le gardien de but, un autre rond, c'est le défenseur. Donc vous avez de haut en bas, un rectangle, un petit rond en dessous, le gardien et un autre rond encore plus bas, le défenseur. Maintenant, vous allez symboliser un joueur de l'équipe adverse par une croix. Eh bien, votre croix doit se trouver sous les deux ronds. C'est-à-dire que l'attaquant adverse ne peut se trouver entre le dernier défenseur et le gardien. Sinon, il est hors jeu. Faites un effort, quand même !

Alors, vous savez quoi ? À midi, au restaurant d'entreprise, vous faites en sorte de vous trouver à côté de ce type du service clients et, en posant votre plateau sur la table vous lui demandez : « S'il te plaît, dessine-moi un hors-jeu. »

Détresse humaine

Oui, bien sûr, hier soir à l'Euro, il y eut Allemagne-Pays-Bas. Mais ce matin, je n'ai pas le cœur à fêter le football, tant un match est dérisoire à côté de certaines détresses humaines.

Car hier, à l'heure où la plupart d'entre vous s'enivraient des exploits de Van Nistelroy ou de Ballack, un homme, un homme seul, regardait en vain un écran de télévision éteint. Il n'y a pas que son téléviseur qui était devenu inutile, tout était noir chez lui, même la pendule digitale de son micro-ondes.

Cet homme, c'était Jean-Marie Cavada à qui le matin même des syndicalistes EDF étaient venus arracher le compteur électrique.

Et là, je voudrais m'adresser aux responsables syndicaux à l'origine de cette action. Vos dossiers ne sont plus à jour. Monsieur Cavada n'exerce plus aucun poste de pouvoir au sein de Radio France. Cet homme à qui vous avez dérobé le compteur électrique n'est plus qu'un petit retraité à la pension modeste, qui a quitté Radio France, l'entreprise qui l'employait, après avoir effectué son préavis légal de cinq heures.

Oui, il faut le savoir, à Radio France, si les conventions collectives prévoient que le préavis d'un agent de maîtrise est fixé à trois mois, temps nécessaire à la transmission des dossiers en cours, pour le président de Radio France, ce préavis est d'une demi-journée à partir de l'annonce de la démission. Ça donne une idée de la masse de travail du poste.

Remarquez, faut être honnête, sur la fin, la retraite approchant, Jean-Marie Cavada manquait de motivation, et nombreux furent ses visiteurs qui durent attendre qu'il ait fini sa lecture du catalogue Lapeyre avant de pouvoir commencer une réunion de travail.

Donc il n'avait aucun dossier à transmettre à son successeur. Ah ! si, un, un seul, une chemise sur laquelle il avait dessiné une tête de mort et en dessous écrit « Jean-Luc Hees » à l'encre rouge. Il y en avait un deuxième, toujours avec une tête de mort dessinée et « Bertrand Vannier » écrit en rouge, mais à la suite d'une inversion involontaire, Jean-Marie Cavada l'a emporté chez lui et laissé à la place un catalogue Lapeyre sur lequel son successeur s'interroge.

Toujours est-il que, messieurs les syndicalistes, vous avez commis une terrible erreur : Jean-Marie Cavada n'exerce plus d'activité. Bon, certes il va au pain le matin, il en profite pour acheter *Le Parisien*, et au retour, il s'installe sur le fauteuil *Everstyle* que lui ont offert les personnels de Radio France. Là, il regarde *Les Chiffres et les lettres* en sifflotant le générique.

Voilà pourquoi, ce matin, je vous le demande : rendez le compteur électrique de Jean-Marie Cavada ! Aucune poursuite ne sera engagée contre vous. S'il y a un cœur qui bat dans votre poitrine, vous ne pourrez rester insensibles à ma demande.

Car il y a des images insoutenables, celles de Jean-Marie Cavada dans le noir avec ses fils électriques... Bon, c'est vrai qu'en homme habitué aux responsabilités, il a immédiatement branché un fil sur la minuterie de l'escalier afin de sauver les denrées du congélateur qu'il avait rempli le week-end dernier. Oui, il était allé à Auchan et il avait dit à son épouse : « Tiens, remplis le congélo, on va prendre des surgelés pour être peinards pendant l'Euro, surtout n'oublie pas les coquilles Saint-Jacques avec du gratin dessus et les Häagen-Dazs noix de pécan.

Et depuis hier, madame Cavada est installée dans le couloir et appuie toutes les trente secondes sur la minuterie.

Alors, pour vous, monsieur Cavada, voici les principaux événements du match Allemagne-Pays-Bas. Tout d'abord, l'hymne allemand sifflé. Les gros cons qui sifflent le sont doublement, puisqu'ils sifflent du Haydn. Un supporter n'est pas obligé de connaître le quatuor l'*Empereur*. Ensuite, les Allemands marquèrent sur ce qu'on appelle un but casquette. Un coup franc excentré, personne ne touche le ballon et il entre tout seul.

Ah ! vous avez écouté le match à la radio, sur votre radio à piles ?

Tant mieux ! Euh, non, Inter ne diffusait pas le match, parce qu'un jour, un président rigoureux a refusé de payer la diffusion des matchs. Son nom ? Jean-Marie Cavada !

Un tacle régulier

Dans le foot, il existe des gestes de droite et d'autres de gauche.

Et si le dribble est de gauche, le tacle, lui, est un geste de droite.

Mais bien sûr ! Réfléchisssez un peu. Le tacle est conservateur, il ne sert qu'à défendre. Son rôle est d'empêcher les artistes d'accéder au coffre-fort que constitue le but.

L'objectif du tacle est de détruire l'imagination, la fantaisie, le rêve, pour imposer l'ordre. Alors, c'est pas de droite, ça ? On dirait que ça a été inventé par Jean-Marc Sylvestre.

Mais le pire, c'est le tacle irrégulier, les deux pieds décollés du sol. Celui qui fait mal, qui transforme l'attaquant en lapin de garenne un jour d'ouverture de la chasse. On appelle ça le tacle à la carotide. Celui-là est de droite aussi bien sûr, mais il est illégal. Il a été inventé par Pasqua. Je suis sûr que lorsqu'il jouait au foot, Pasqua taclait à la carotide et quand l'arbitre lui donnait un carton jaune, il devait lui dire : « Mais j'ai rien fait, j'ai joué le ballon, c'est une conspiration », pendant que son adversaire, sur le visage duquel on distinguait nettement la trace des crampons pasquaïens, se vidait de son sang.

Mais décrivons d'abord le tacle sur le plan technique. Il s'agit d'un geste de défenseur consistant à se jeter au sol, une jambe en avant pour écarter le ballon des pieds de l'attaquant adverse. La difficulté consiste pour le défenseur à choisir le moment précis où son tacle sera efficace. S'il tacle trop tôt, son adversaire s'échappera et le défenseur humilié aura fauché dans le vide. S'il tacle trop tard, il risque de « jouer le bonhomme », comme on dit, et de commettre une faute.

Hier soir, le match Portugal-Russie nous en a offert une démonstration spectaculaire. En première mi-temps, l'attaquant portugais Pauleta reçoit le ballon le long de la ligne de touche et s'échappe vers le but adverse, aussitôt poursuivi par un arrière russe.

Dans sa course, Pauleta sent derrière lui le souffle lourd du défenseur. Il sait qu'il est plus rapide que ce dernier qui n'a plus comme seul espoir que de se jeter dans un tacle désespéré. Alors le Portugais court la peur au ventre, il se souvient de son pote Jao Silva, taclé par-derrière, qu'on releva un jour avec une déchirure des ligaments du genou, et soudain, c'est comme si la terre se mettait à trembler sous ses jambes. Ça y est, l'autre s'est lancé, mais d'une pichenette, il a déjà poussé le ballon et parvient à s'échapper tandis que l'arrière russe laboure le sol en vain.

Alors il a piqué vers le centre et c'est là qu'il a vu arriver en diagonale Delfim en position de *libro*. Il eut même le temps de croiser son regard, ils se connaissent bien, ils ont passé trois ans ensemble à Bordeaux et ont des souvenirs communs au Dandy Club d'Agen. Pourtant, malgré les souvenirs, Pauleta comprit qu'il ne passerait pas. Dans un geste d'une grande pureté, le défenseur avait entrepris une longue glissade qui vint s'achever jambe tendue sur le ballon. Pauleta pensa aux Ballets russes, à Diaghilev et s'écroula vaincu, le nez dans le gazon. Ça sentait la pisse de chien et il pensa que le gardien du stade, le soir à la fraîche, devait laisser son caniche divaguer sur la pelouse.

Comment reconnaître un tacle irrégulier d'un tacle régulier ? Le tacle est régulier quand le joueur qui le pratique joue le ballon. Il est dit irrégulier quand il joue l'homme.

Oh ! à propos d'homme politique et de foot, un jour, à la télé, j'ai vu jouer Sarkozy. La télé diffusait un reportage sur un congrès du RPR ou une université d'été, enfin un truc où les politiques se lâchent pour montrer qu'ils sont comme tout le monde, et où on voit Madelin se promener avec un pull sur les épaules aux manches nouées sur le thorax pour montrer qu'il est sympa. Eh bien, pour clore leur machin, les élus avaient organisé un match de foot. Visiblement, Sarkozy ne savait pas jouer, mais on aurait cru de Funès, il donnait des coups aux grands en faisant : « Tiens, toi ! » Comme il savait pas jouer, il se faisait prendre le ballon par ceux qui avaient un peu de technique. Il n'avait, comme seul moyen de le récupérer, que de se jeter sur eux, une jambe en avant. Sarkozy venait spontanément d'apprendre à tacler. Quand je vous disais que c'est un geste de droite.

Tirade du ballon et des cartons

Hier soir, à la fin du match Croatie-France, dans les couloirs du stade, au moment du retour des équipes dans les vestiaires, quand, dans le crépitement des crampons sur le dallage, on sent la fatigue d'un match usant, crispant, la porte du petit vestiaire des arbitres s'ouvrit soudain, et monsieur l'arbitre entra, suivi de ses deux assesseurs. Il posa le ballon du match sur un petit bureau puis sortit ses cartons rouges, jaunes et verts qu'il posa à côté.

Après une douche sommaire, les arbitres quittèrent très vite le vestiaire, pour aller dîner chez Humberto, où l'on mange – leur avait-on dit – la meilleure morue de Lisbonne en écoutant des fados. Ils partirent en laissant sur la table du vestiaire le ballon du match et les cartons qu'un employé du stade viendrait chercher plus tard.

Une fois qu'il fut certain d'être seul, le ballon s'adressa aux cartons.

– Ça va les mecs ?
– M'en parle pas, répondit le carton jaune. On est tombés sur un arbitre adipeux, j'ai passé le match collé contre sa poche à cause de la transpiration et je vous parle pas de l'odeur… Et que j' te sautille pendant tout le match, au point que j'en avais la nausée !
– Oh ! la chochotte ! s'écria le carton rouge.

Oui, parce que les cartons au départ sont tous blancs et suivent des stages. Les plus courageux d'entre eux, ceux qui crient « *yes sir* », deviennent des cartons rouges. Ceux qui échouent aux épreuves commandos deviennent des cartons jaunes. Et puis, y a les plus sensibles, ceux que les rouges appellent les pédés, parce qu'ils supportent pas la douleur, alors eux ils deviennent cartons verts pour faire entrer les soigneurs et la civière.

– Et toi, le ballon, demanda le carton jaune, tu t'es bien amusé ?
– J'ai connu des meilleurs matchs… Mais celui-là valait d'être vécu pour la caresse de Zidane sur le corner, j'adore qu'on me fasse des ailes-de-pigeon, mais là c'était l'aile de la colombe de la paix…

« J'ai moins aimé quand Desailly m'a raté et a tapé dans le vide juste avant le deuxième but croate. Desailly, on a l'impression qu'il répond à son portable même quand il est sur le terrain. Et puis, j'ai un peu honte d'avoir été dans le but après une main de Trézéguet. Mais rien que pour le geste de Zidane, ça valait le coup. Ça m'a rappelé le jour où j'ai été ballon d'un match du Brésil… mais je vous ennuie avec mes souvenirs.

Les cartons, tous ensemble :

– Ah ! non pas du tout, raconte-nous le Brésil !
– Une soirée de rêve… Il faut dire que les artistes brésiliens savent y faire avec nous, les ballons. Déjà, avant le match, Ronaldo nous embrasse

avant de nous poser sur le rond central. C'est pas comme les Écossais ou les Norvégiens qui nous regardent à peine, tirent un grand coup et puis plus rien ! Non, avec les Brésiliens, il y a de la tendresse, des préliminaires, et surtout, ça dure une heure et demie. Ces hommes-là sont merveilleux… Ils savent nous caresser, nous cajoler, nous donner de l'effet… C'est incroyable l'effet que nous donnent les Brésiliens. Par exemple, quand Ronaldo nous amortit de la poitrine, vous pouvez pas imaginer ce qu'un ballon peut ressentir… Ils nous font des pichenettes… Ils nous passent de l'un à l'autre avec infiniment de douceur, d'une caresse brossée qui nous fait tourner la tête, et puis soudain, ils accélèrent le rythme, les passes se font plus rapides, plus saccadées, on les entend respirer au-dessus de nous, et pour terminer ils nous tirent avec une force incroyable, et nous partons au ciel dans un bruit rauque… Puis nous nous écroulons, épuisés de bonheur au fond des filets… À ce moment-là, on aimerait pouvoir se reposer un peu, fumer une cigarette, mais le gardien de but, fou de jalousie, nous renvoie d'un violent coup de pied vers le centre du terrain pour que les Brésiliens nous fassent de nouveau l'amour…

– Attention, voilà quelqu'un !

Un monsieur vêtu d'une combinaison verte avec écrit dessus *Stade de la Luz* entra dans le vestiaire, prit le ballon et les cartons et sortit en fredonnant « tirouli tirouli tiroula »…

Dans les vestiaires

La chanteuse Clarika en a fait une chanson, ça fait fantasmer les filles, ce sont les vestiaires des joueurs… Et dans les vestiaires de l'Euro, c'est comme partout, ça commence par un gardien de stade au survêtement élimé qui va ouvrir les portes à l'aide d'un impressionnant trousseau.

Qui nous expliquera pourquoi les gardiens de stades sont de vieux bonshommes rougeauds dont la couperose atteste qu'ils ne fréquentent qu'à des fins professionnelles le lieu dont ils ont la garde ?

Ce sont eux qui possèdent les clés des vestiaires, et ils n'en sont pas peu fiers.

Tout commence par des bruits. Après celui des clés du gardien, c'est l'écho du carrelage des vestiaires, aux premiers cris des joueurs.

Les gardiens de stade expliquent aux premiers arrivés qu'il faut attendre un peu pour l'eau chaude, et se répandent en consignes sur l'état dans lequel le vestiaire devra se trouver au départ de l'équipe. Les joueurs de l'équipe locale appellent le gardien par son prénom. Enfin, non, ils disent « monsieur Roger », rapport à son âge et à sa couperose. Certains le chahutent, d'autres touchent sa casquette dans un rituel porte-bonheur. Il se laisse faire, mais n'aime pas trop qu'on touche à sa casquette.

Au fur et à mesure que le match approche, les cris se font rares et laissent place à une concentration pesante ponctuée des imprécations de l'entraîneur, rappelant à ses joueurs que leurs adversaires sont des tarlouzes. Les petits gars se sont mis en tenue, presque sans s'en rendre compte, puis, en esquissant quelques mouvements d'assouplissement, ils sortent un par un des vestiaires. Dans le couloir, un arbitre de touche les attend pour vérifier leurs crampons. Le rituel est toujours le même. Le joueur s'appuie sur l'épaule de l'arbitre en soulevant alternativement ses deux pieds, un peu comme un cheval qu'on ferre. Dans le couloir, ils entendent au loin les trompettes et les slogans des supporters.

Puis viennent les premiers claquements de crampons sur le carrelage, et vas-y que j' te tape pour que les chaussures « se fassent », comme disent les grand-mères... Puis, juste après que des dirigeants aux gros pardessus ont exhorté leurs joueurs dans une dernière bouffée de cigare, les équipes sortent du couloir qui les mène dans la lumière.

Là, généralement, le vestiaire est calme pendant quarante-cinq minutes, sauf lorsqu'il y a un expulsé. On entend alors des éclats de voix dans le couloir et un joueur aux yeux rougis claque les portes, balance un grand coup de pied de colère dans le mur, puis il s'assied, la tête entre les mains, et des fois, il pleure, alors le vestiaire ne lui en veut pas pour le coup de pied dans son mur...

Soudain éclatent des cris de joie, des exclamations, des vociférations qui se rapprochent dans le couloir. Les joueurs ouvrent la porte à toute volée, et les rituels commencent. Dans l'un des vestiaires, un gars se met à hurler : « A tzig a tzig a tzig », et tous les autres répondent : « Aïe aïe aïe !...» Bon là, je vous traduis, mais hier, ils le faisaient en portugais bien sûr. Ensuite, ils ont chanté, bu du champagne et pris leur douche. Tout ça à peu près en même temps.

Mardi 22 juin 2004

Mauvais match

Le problème, avec les mauvais matchs de foot, c'est qu'ils vous laissent le temps de penser. Très vite, hier soir, la prestation pitoyable de Sylvestre et l'inexistence de Trézéguet ont permis à nos angoisses de remonter à la surface.

Et c'est pour ça qu'on leur en veut.

On avait besoin de cette heure et demie sous anesthésie, comme une pause dans tout le bordel ambiant. On se demande parfois comment on peut supporter tout ça : eh ben, grâce au foot ! Et hier soir, alors qu'on attendait cette parenthèse de petit bonheur, que voit-on ? Une équipe de France qui ressemble aux yeux de Jacques Santini : inerte, inexpressive, pétrifiée, globuleuse. Voilà, c'est ça : hier soir, l'équipe de France était globuleuse.

Du coup, au fond de mon canapé, mon esprit, laissé libre par la carence des Bleus, a fait défiler toutes les pensées qui m'angoissaient.

D'abord, le visage de cette femme coréenne aperçue une heure plus tôt dans le journal de PPDA et qui suppliait qu'on ne tue pas son fils otage en Irak. PPDA qui, de sa voix suave, nous expliquait que TF1, pour des raisons humanitaires, se refusait à montrer les images des ravisseurs et du prisonnier. Faux-cul à ce point, c'est du grand art. Tu penses qu'il sait bien, PPDA, que la détresse d'une mère est plus bouleversante que tout.

Les images du fils, c'était sur I-Télévision qu'on les voyait, un petit Asiatique qui ressemble au Chinois d'en bas, celui qui, à la fin du repas, vous apporte en rigolant ses verres de saké avec des femmes à poil. Sauf que là, il était larmes le petit Coréen, suppliant qu'on le laisse en vie. Tiens, si ça se trouve, je suis sûr qu'il adore l'équipe de foot de Corée.

Et puis, sans hiérarchie cohérente, toutes nos angoisses sont remontées à la surface, ce voisin qui met sa bagnole sur notre place de parking et à qui on n'ose rien dire, et ces parents dont la gamine de 11 ans a disparu et qui viennent de faire connaissance avec l'enfer et dont on devine que ça risque de durer. Et puis cette note de service ambiguë, au boulot, de Berton-Maillard qui tient à souligner le retard dans l'établissement du budget. Mais pauvre con, on n'avait pas les chiffres des prévisions de ventes, on n'allait pas l'inventer, ton budget !

Bien sûr, dans l'actualité, y a ce que les psy appellent des bénéfices secondaires : Messier en garde à vue comme un voleur de bicyclette, on le déteste de nous avoir fait croire qu'il était respectable, on le déteste pour la déférence que les secrétaires mettaient dans leurs « bonjour monsieur le président »... Voilà à quoi le match me laissait penser hier, au respect immérité de cette crapule de Messier. Fallait-il que l'équipe de France joue mal pour que je pense à ça...

Et même chez nous, cet enfant qui nous échappe, qui grandit trop vite, à qui ce matin, en retard comme d'habitude, on a juste demandé avant de refermer la porte de la voiture : « Tu vas bien, toi ? » et dont on se satisfait du « Ouais cool » par paresse, et puis cette phrase d'un proche hier au téléphone : « Le médecin dit que c'est pas normal que la douleur persiste malgré les anti-inflammatoires. »

Et c'est à cet instant que Thierry Henry a marqué le deuxième but.

Et puis le troisième. Alors on zappe et on tombe sur l'image de Jean-Pierre Raffarin qui, dans la cour d'un ministère, a installé une scène pour faire venir des groupes de rap, et voici notre Premier ministre qui hoche la tête dans le rythme, puis qui finit par lever le poing rageusement, en signe de révolte contre le pouvoir et là on a comme un vertige, un étourdissement, un éblouissement, mais le pouvoir, c'est lui !

Dire que si la France avait bien joué, Raffarin ne m'aurait même pas énervé.

« Donnez-leur des jeux », disaient les empereurs romains.

Des jeux, oui, mais de qualité.

Souvenirs en noir et blanc

Hier soir, en regardant le long plan panoramique sur les tribunes du stade accueillant le match Suède-Danemark, on était frappé par l'opposition de couleurs vives, le jaune des supporters suédois le disputant au rouge des Danois.

Je pensais alors au foot de notre enfance, et ces souvenirs qui traînent dans nos mémoires en noir et blanc. Même les Verts sont en noir et blanc, souvenez-vous. Les tribunes étaient pleines de ce que nous, les enfants, appelions des « pères à gapettes », des types sans âge, ouvriers ou employés, le mégot aux lèvres, coiffés d'une casquette donc, et toujours vêtus d'une gabardine ou d'une canadienne, à croire qu'il faisait froid en toute saison dans ces temps-là. De leur poche dépassait *L'Équipe*, et ces gars-là avaient tous leur sac à gamelle, je ne sais pas si vous vous souvenez de ces petits sacs en tissu écossais fermés par un lacet qu'on resserrait et qui servait de poignée. Dans la semaine, ils y mettaient la gamelle pour déjeuner au boulot, et, le dimanche, ils allaient au stade avec dedans une demi-baguette, un bout de saucisson et une bouteille de bière *Karcher* avec le bouchon fixé à la bouteille par un morceau de fer, qu'on ouvrait d'un geste de l'intérieur du pouce... La bière *Karcher* dont on entendait la pub dans les haut-parleurs du stade à la mi-temps. Je me souviens, ça disait : « Mi-temps pour les joueurs, détente pour les spectateurs, on récupère avec Karcher ! »

Et ces pères à gapettes : même s'ils n'avaient pas le visage peint aux couleurs de leur équipe favorite, c'était un beau public, un vrai public populaire de connaisseurs, plein de gouaille, et frondeur à l'occasion.

C'est drôle, ce souvenir des tribunes en noir et blanc en appelle d'autres en avalanche…

Je me souviens des ballons à couture avec la valve qui dépassait, de ces ballons qui pesaient une tonne lorsqu'il pleuvait… et qui nous laissaient à demi assommés lorsqu'on faisait une tête.

Je me souviens de ce moment de grâce lorsqu'on shoote et qu'on sait déjà que la balle ira au fond des filets.

Je me souviens des matchs de colonies de vacances où l'on faisait des têtes plongeantes pour impressionner les filles…

Je me souviens des buvettes des petits stades où l'on gardait au frais, dans des lessiveuses remplies de pains de glaces, les bouteilles de *Vittel-Délices* ou de *Pschitt*… Je me souviens de la pub « Pour toi cher ange, Pschitt orange, pour moi garçon, Pschitt citron… »

Je me souviens de la voix des commentateurs sportifs des actualités Pathé Cinéma… Cette voix si particulière des actualités pétainistes… Je me souviens que dans leurs commentaires, ils parlaient des plans de coupe. Ça donnait des choses comme : « Le Racing a dominé en première période. Madame Danielle Darrieux était dans les tribunes… »

Je me souviens parfaitement de tout ça, comme tous les enfants du baby-boom... De la même façon, dans trente ans, les mômes que l'Euro portugais fait rêver aujourd'hui se souviendront des tribunes en couleurs...

Parce que ça sert à ça, le football, à fabriquer des souvenirs avec des gros morceaux d'émotion dedans...

Je me souviens qu'on jouait au foot dans tous les terrains vagues, à côté du pavillon d'un vieux con à lunettes qui binait son jardin et qui ne rendait pas les ballons qui tombaient chez lui.

Je me souviens que je détestais les grands qui venaient dans ces terrains vagues jouer avec nous en gardant leurs chaussures de ville et la cigarette au bec.

Je me souviens que lorsqu'on jouait à la récré, il existait une règle qui disait que trois corners consécutifs entraînaient un penalty.

Je me souviens des goals volants.

Je me souviens que l'équipe de France militaire jouait une compétition qui s'appelait le challenge Kentish, avec l'Angleterre et la Belgique.

Je me souviens que tous les 11 Novembre ou le jour de Noël, l'équipe de France recevait la Belgique au Parc des Princes, toujours sous la neige, et que la France perdait toujours 3-0.

Je me souviens de l'ailier gauche irlandais Pete Best, la première rock star du foot, grâce à qui, dans les années 1960, on pouvait aimer à la fois les Stones et le football.

À propos, je me me souviens qu'on disait « une descente d'ailier », deux mots qu'on n'emploie plus. On dit « un latéral qui plonge »…

Je me souviens des inters et des demis… Demi-droit, demi-gauche et demi-centre ou arrière central.

Je me souviens que dans l'équipe du PSV Eindhoven des années 1970 jouaient les frères Van De Kerkhow et que je trouvais qu'ils ressemblaient à des ferrailleurs.

Je me souviens de Nestor Combin, l'avant-centre de Lyon, qui, lorsqu'il marquait un but, saluait à la façon d'un empereur romain.

Je me souviens que le lendemain, on faisait pareil à l'école…

Je me souviens de tout ça – mais est-ce bien utile, finalement ? Car rien n'a vraiment changé. Et si Zidane a remplacé Combin dans les rêves des enfants, ils essaient toujours de refaire la même chose le lendemain dans la cour de l'école…

Jeudi 24 juin 2004

Le plaisir…

Hier soir, lors du match Allemagne-République tchèque, la télé fit un plan sur les loges VIP du stade, climatisées avec champagne et petits-fours, isolées du reste du stade par des parois de verre. Je me disais que ces gens qui ne viennent au match de foot que lorsqu'il faut se montrer sont bien malheureux, car ils passent à côté de l'essentiel d'un match de foot, je veux parler du bonheur partagé.

Je vous explique : le plaisir commence avec l'arrivée au stade… Déjà, on a eu du mal à se garer… Ah ! la vache, on est loin, alors on presse le pas vers le stade, et on voit des gens arriver de toutes les rues environnantes.

Dès ce moment-là, on ressent une connivence, une excitation commune à tous ces gens, comme si les cornes de brume des supporters appelaient à une messe païenne… On dépasse les marchands d'écharpes et de casquettes, ceux qui offrent cinq numéros de *France Football* pour cinq euros, puis on devine à l'odeur qu'on approche des vendeurs de merguez et de saucisses de Toulouse.

À ce moment-là, c'est la fête des sens. De l'ouïe d'abord, avec ce bruissement de la foule et les clameurs des trompettes ; de l'odorat ensuite, avec ces effluves de saucisses grillées ; et de la vue, enfin, de tous ces gens heureux et excités à l'avance, convergeant vers une cathédrale qui surgit soudain au détour d'une rue.

Tous ces bonheurs-là, les VIP ne les connaîtront jamais.

Puis c'est l'arrivée au stade, et cette indicible bouffée de joie, on ne sait pas pourquoi, une fois le contrôle passé, lorsque vous êtes dans l'enceinte. Sans raison, instinctivement on presse le pas, puis on se met carrément à courir en cherchant sa tribune…

Dans le temps, les stades avaient des tribunes aux jolis noms : tribune « supporter », « pesage ». Maintenant, ce sont des chiffres et des lettres… Comme dans l'émission animée par l'ami punk de William Leymergie, Laurent Romejko… Mais peu importe..

Donc on cherche sa tribune, et lorsqu'on l'a trouvée, on monte très vite cet escalier qui mène au bonheur. On dit qu'en amour le meilleur moment, c'est quand on monte l'escalier… C'est la même chose au foot : quand on arrive tout en haut, en pleine lumière, et qu'on voit autour de nous ces tribunes bruissantes et cette pelouse à nos pieds, impressionnante, toujours impressionnante, cette pelouse où les joueurs s'échauffent déjà en survêtement.

On trouve sa place, on s'assied, et trente secondes après, pour bien montrer qu'on fait partie des initiés au bonheur, on demande au voisin : « Est-ce que Sagnol va jouer aujourd'hui ? » L'autre : « Non, il n'est pas encore rétabli. »

On le savait parfaitement, que Sagnol était blessé, et l'autre sait très bien qu'on le savait, mais c'est juste un code, un mot de passe pour montrer qu'on est du même monde et qu'on s'est choisis comme amis pour la durée d'un match… On lui prête *L'Équipe*, c'est à lui qu'on va dire « mais c'est pas vrai ! » à chaque occasion manquée, c'est dans ses mains qu'on tapera quand notre équipe aura marqué… On va chanter ensemble, on va faire pin-pon comme les ambulances quand un joueur adverse sera blessé…

Bon, c'est vrai, c'est avec lui qu'on chantera aussi un p'tit peu : « L'arbitre enculé » pour un péno oublié, mais c'est pas méchant, c'est comme les Américains quand ils disent *fuck*…

Et puis à la fin du match, on se quitte en se disant juste « salut à la prochaine », à la rigueur un clin d'œil, mais c'est tout, on se promet pas des mensonges, du genre « coco, on s' téléphone, on s' fait une bouffe » comme le font les VIP qui repartent dans leur mini-car climatisé…

C'est pour ça qu'on ne regrette jamais d'être allé au stade. Car même si le match était sans intérêt, il y a tout le reste… et ça, les VIP ne le connaîtront jamais. Même si ces bonheurs-là sont éphémères, on les garde pour toujours au fond de nous. La preuve, c'est que vous avez tous au fond du cœur le souvenir des matchs de votre enfance…

C'est pour ça que le foot est si beau. Parce que l'éphémère y est éternel.

Vendredi 25 juin 2004

Owen ou Méhaignerie ?

Je ne sais pas pourquoi j'ai pensé à Étienne Roda-Gil, hier soir, lorsque le joueur anglais Owen, dès le début du match Portugal-Angleterre, marqua un but venu d'ailleurs, comme on dit. Venu d'ailleurs, ça signifie venu du génie, comme l'étaient les fulgurances de Roda-Gil.

« T'as vu ? T'as vu ce qu'il a fait ? Il a marqué d'une pichenette, c'est pas croyable », avons-nous été nombreux à dire à celle qui regardait le match à nos côtés pour nous faire plaisir, mais qui visiblement considérait notre enthousiasme pour le moins immature, tant il est vrai que de se mettre à hurler et à sauter de joie parce qu'un type en short, à peine trentenaire, qui joue au ballon comme si sa vie en dépendait, vient de réaliser un geste d'enfant, peut sembler puéril.

Alors, j'ai regardé LCI pour m'imprégner d'informations qui ne soient pas puériles, juste au moment où monsieur Méhaignerie s'exprimait sur la présidence de l'UMP.

Bon, d'accord je vous laisse le choix. Soit je vous raconte le but d'Owen, soit je vous fais un compte rendu de l'allocution de Pierre Méhaignerie.

Ah ! vous voyez ! Vous êtes puérils, vous aussi…

Bon, je vous raconte. Sur un long dégagement de la défense anglaise, Owen, à la lutte avec deux défenseurs portugais, reçoit le ballon dos au but. Alors il se jette en arrière pour laisser passer le ballon et, tout en se laissant tomber, il frappe de l'extérieur du pied, c'est ça la pichenette…

Immature.

Après Méhaignerie, voilà Johnny aux prud'hommes contre Universal. J'aime bien Johhny, ça aussi c'est immature, surtout sur Inter. Ben oui, c'est comme ça et je vais même vous dire : Maurane m'emmerde. C'est pas immature, ça ?

Et pour être complet dans mon immaturité, je dois vous dire que ce matin, en arrivant à la Maison de la Radio, je me suis dit que si le feu de l'avenue de Versailles ne passait pas à l'orange avant que j'y arrive, la journée serait belle.

Sérieusement, je sais bien que le foot est dérisoire à côté, par exemple, d'Aboumouzak al-Gark-Aboui.

J'entends d'ici les cris d'orfraie de ceux qui n'aiment pas le foot.

C'est bien connu en psychanalyse : ceux qui détestent quelque chose vous font payer un désastre de leur enfance. Prenons un exemple au hasard : Jean-Marc Sylvestre. Croyez-vous qu'on puisse détester à ce point l'idée de partage, au point de devenir aussi naturellement le chantre de l'entreprise ? Non, ce désastre trouve son origine dans sa jeunesse.

Souvenez-vous, dans la cour de l'école, à la moindre récré, on jouait au foot. C'était bizarre : bien qu'officiellement interdit, le foot était toléré, sauf par certains profs qui nous piquaient nos ballons.

On délimitait les buts avec nos blousons en guise de poteaux. Puis, pour constituer les équipes, les deux capitaines avançaient l'un vers l'autre en posant précautionneusement un pied devant l'autre jusqu'à ce qu'ils se rejoignent. Et celui qui arrivait sur le pied de l'autre avait le droit de choisir en premier un joueur de son équipe. À la fin, il restait toujours un type inquiet à lunettes dont personne ne voulait, qui détestait le foot, et qu'on finissait par mettre arrière gauche. Mais au bout de quelques instants, le match ne l'intéressait plus et il flânait le nez au vent et se faisait engueuler à chaque but.

Une dernière chose : je suis arrivé au feu de l'avenue de Versailles avant qu'il ne passe à l'orange. La journée sera belle.

Mercredi 30 juin 2004

Bien vu, Fagor !

Hier, arrêté à un feu rouge dans Paris, j'ai vu cette affiche quatre mètres par trois qui vantait les mérites des cuisinières Fagor.

Fagor… Ce nom me semblait anachronique et, pour être honnête, je croyais la marque disparue avec les dernières cuisinières à bois ou à charbon de notre enfance. Eh bien, non : cette marque existe encore, et figurez-vous que sur l'affiche, on voyait madame Makélélé expliquer pourquoi elle avait choisi une cuisinière Fagor.

J'imaginais les réunions dans les bureaux de chez Fagor avant l'Euro.

– Monsieur le président, le chef du marketing souhaiterait vous voir…
– Qu'est-ce qui se passe, mon petit Thalvez ? Vous avez des idées, maintenant ?
– Oui, monsieur le président. On peut changer notre image de marque, qui est actuellement celle d'une entreprise *has been,* en sponsorisant l'équipe de France.

– Ah, c'est une bonne idée, ça ! L'équipe la plus âgée du tournoi, avec des joueurs ayant pour la plupart largement dépassé la trentaine, qui ont une image hautaine et méprisante et qu'on voit en permanence accrochés à un ou deux téléphones portables…

– C'est vrai, monsieur le président, mais ils vont gagner, et l'euphorie de la victoire effacera ces quelques points négatifs, et Fagor redeviendra le leader qu'il n'aurait jamais dû cesser d'être…

Je vous laisse imaginer l'ambiance chez Fagor ce matin. La société vient de se prendre une image de *loser* pour les trente ans à venir.

Il est prévu à 9 heures une réunion de direction. Et ce matin, les types du marketing vont en prendre plein les oreilles… Ils essaieront de se disculper : « Oui, mais monsieur le président, la tête du joueur grec sous la transversale était imparable, elle a décroché la toile d'araignée… »

À cet instant, un assistant du service marketing, s'ennuyant ferme, saisira cette expression au vol, « un tir qui décroche la toile d'araignée », pour laisser vagabonder son esprit vers le stade de Lisbonne, l'autre soir, au moment où un joueur grec, d'une magnifique tête fouettée, donna une trajectoire incroyable au ballon qui alla se ficher sous la barre des buts français.

Charles Biétry, qui commentait le match pour France 2, s'écria : « Je suis sûr que le ballon a décroché la toile d'araignée ! »

À l'instant précis où le ballon pénétrait dans le but, on vit descendre à toute vitesse du poteau droit une famille entière d'araignées, complètement paniquées.

Il faut dire que l'après-midi même, le père araignée, après avoir accroché sa toile à ce magnifique support naturel, y avait installé sa petite famille. Bon, pour être honnête, son épouse s'était tout de même inquiétée :

– T'es sûr ? Ça me paraît bien calme, cette prairie en pleine ville…
– Mais oui, fais-moi confiance, répondit le père.

Et voilà donc toute la petite famille installée.

Déjà, quand tous les projecteurs du stade se sont allumés, la maman araignée et les petits, éblouis, se sont mis à trembler de peur.

– Mais non, fais-moi confiance ! s'écria le père araignée.

Puis, peu à peu, le stade s'est rempli.

– T'as raison, dit madame araignée en croisant les jambes nerveusement et en allumant une cigarette. C'est calme, on est juste cernés par quarante mille personnes et il y a vingt-deux types qui viennent d'entrer sur le terrain avec un ballon.

Et quand le Grec marqua son but magnifique bien qu'inutile, son tir était si beau que je me suis demandé qui pouvait ne pas aimer le foot.

À part la famille araignée, qui dut déménager, et à part le service marketing de Fagor.

Jeudi 1er juillet 2004

Une petite Marie Brizard ?

Il s'appelle Nuno Gomez. Il porte le numéro 21 de la sélection portugaise et à chaque fois que, comme hier, je vois ce joueur à la télévision, je me rappelle que, lors d'un Euro précédent auquel il participait, une amie m'avait dit à quel point elle le trouvait sexy, insistant sur la beauté de ses yeux. « Des yeux de biche », m'avait-elle précisé.

Depuis, elle ne manque pas un seul match de l'équipe du Portugal.

De la même façon, sachant à quel point Lizarazzu exerce une véritable fascination sur la gent féminine, qui dira combien d'épouses, faisant semblant de s'intéresser à un match de foot aux côtés de leur conjoint, rêvent en silence de ces corps embroqués, fantasmant sur ces cuisses musclées et ces maillots collés par la transpiration ? Combien d'épouses fidèles ont soudain du mal à respirer, lorsqu'après un but, les joueurs d'une même équipe se jettent les uns sur les autres, s'entremêlant dans une magnifique montagne de corps d'athlètes ?

Hier matin, un journal regrettait la mauvaise qualité des retransmissions télévisées de l'Euro en regrettant qu'on n'utilise pas le savoir-faire Canal +, concernant les statistiques, les angles de vue surprenants, mais surtout les caméras dans les vestiaires.

Il faut dire qu'à chaque fois qu'on filme dans un vestiaire l'interview d'un joueur à la serviette de bain nouée à la taille, on voit passer en arrière-plan, sortant de la douche, un magnifique joueur noir, d'autant plus impressionnant si l'on pense à l'effet rétractile de la douche sur certains tissus.

Vous comprenez maintenant pourquoi les femmes qui regardent le foot à la télévision restent jusqu'à la fin et pourquoi, contrairement à ce qu'on pourrait croire, il n'est pas sûr que le football rapproche les couples qui le regardent ensemble.

– Tiens, si on prenait une Marie Brizard ?

La proposition de votre épouse hier soir pendant le match vous a étonné quelques secondes. Vous ne vous souveniez même plus qu'il en restait, de la Marie Brizard, puis, accaparé par le match, vous avez décliné sa proposition et elle s'est servie… généreusement, dirons-nous, puisque, renonçant au verre à liqueur, elle se remplit la moitié d'un *Duralex*.

Vous, monsieur, vous n'y avez pas prêté attention, puisqu'au même moment, Figo entrait dans la surface hollandaise (ah ! ben non, c'est la fin de l'Euro dans deux jours, vous devez savoir maintenant ce qu'est la surface de réparation, Figo a tiré, un amour de tir enroulé repoussé par le poteau, c'est marrant les poteaux, un coup ils repoussent le ballon, mais quand le tir est vraiment sublime, comme celui de Maniche en deuxième mi-temps, il se fait rentrant, le poteau, et accepte le ballon dans ses filets).

Tout ça pour vous dire que ma copine amoureuse de Nuno Gomez m'expliquait qu'après les matchs où ce dernier participe, elle se sent, comment dire, énervée, et la Marie Brizard aidant, elle offre à son compagnon surpris l'image d'une amoureuse déchaînée dont l'orgasme fait trembler l'immeuble.

Lui, il se dit, ce soir elle est déchaînée, il faut que j'assure, pas comme la dernière fois, donc il faut que je pense à quelque chose qui me fasse… Et le type pense à une conférence de presse de Santini. Là, il y a plusieurs écoles pour durer : d'autres pensent à Giscard présentant la Constitution européenne, il peut durer des heures avec les alinéas. Lui, c'était Santini.

Tout ça pour vous dire que si ce matin, à la machine à café ou à la photocopieuse, votre meilleure amie fredonne *You Can Leave Your Hat On*, la chanson du film *9 Semaines et 1/2*, demandez-lui si elle connaît Nuno Gomez et si elle aime la Marie Brizard.

Vendredi 2 juillet 2004

L'heure du bilan

Même s'il reste encore à jouer la finale Portugal-Grèce, nous voici déjà à l'heure du bilan de cet Euro de foot.

Curieusement, en ce jour de départ en vacances, c'est aussi le moment de faire le bilan de l'année qui vient de s'écouler. Je suis sûr d'ailleurs que Pierre Lemarque vous fera juste après le bilan de la situation politique, avec son insolence coutumière... Ça va donner ça : « Même si les élections européennes ont marqué un net affaiblissemnt de la droite, le parti socialiste, englué dans ses manœuvres internes pour préparer la présidentielle, n'est pas en mesure actuellement de proposer un programme crédible d'alternance. » Alors ça, en langage lemarquien, ça veut dire : « Raffarin est foutu ; au PS, entre Fabius en Harley et Jospin qui revient sans revenir, y a pas de programme ; autrement dit, on est dans la merde. »

Eh oui, c'est pas facile, les bilans. Ça vous met face à la réalité et à part quelques spécialistes, des proches du baron Seillière, pas moyen de les truquer.

Tiens, revenons à l'Euro de foot. Qu'en restera-t-il ? La ferveur portugaise et l'enthousiasme grec ne compenseront pas l'élimination prématurée des grandes nations de foot. Italie, Angleterre, Espagne, Allemagne et une équipe de France de sénateurs, encadrée par une fédération de notables essentiellement préoccupés par leurs notes de frais, un sélectionneur qui annonce son départ juste avant la compétition et qui perd tout crédit au point qu'un joueur lui crache dessus.

Ce fut d'ailleurs l'Euro des cracheurs, puisque outre Trézéguet, un joueur italien et un Suisse ont aussi craché au visage de leurs adversaires. Et l'autre jour, sur France 2, l'ancien gardien du PSG Bernard

Lama a réagi avec colère face à ces pratiques salivaires. Il faut dire que quand joueur cracher, Lama pas content…

Quoi qu'il en soit, voilà des joueurs qui font rêver les mômes et dont on aimerait qu'ils soient un exemple pour la jeunesse. Au lieu de ça, ces joueurs qui gagnent 100 000 euros par mois passent leur temps accrochés à leur téléphone portable et à leur Playstation, ou écoutent des CD en mâchant du chewing-gum les yeux dans le vague. On devine que ce ne sont pas les bimbos qui les accompagnent qui vont beaucoup les aider sur le plan intellectuel.

Je vous avais prévenus, c'est dur les bilans.

UN AN DANS LE BOCAL

À Chicca et Chicco.

SAINT-DENIS, MORNE PLAINE

« *Et pour terminer ce flash d'information, allons prendre des nouvelles du trafic routier en direct du PC de Rosny-sous-Bois...* »

Le chauffeur de taxi, indifférent aux tueries bagdadiennes trente secondes plus tôt, augmente le volume de son autoradio pour mieux écouter un gradé de la gendarmerie annoncer que la circulation est fluide sur le boulevard périphérique parisien.

Ce type doit vraiment être un inquiet, car nous roulons sur le périph, et il lui suffit de regarder devant lui pour constater qu'il n'y a pas le moindre bouchon en vue.

Maintenant que le voilà rassuré sur l'état de la circulation, il décide de s'intéresser à moi. Après plusieurs regards à la dérobée dans son rétroviseur, il finit par me poser *LA* question, celle que j'entends depuis deux ans dans les taxis, chaque dimanche vers 15 heures, en me rendant aux répétitions d'*On ne peut pas plaire à tout le monde.* Cette question, je la connais par cœur, comme je connais par cœur le dialogue qui va la suivre. Ça donne à peu près ça :

Le chauffeur : Il est comment, Marco ?

Moi : Euh… c'est-à-dire que c'est un garçon qui…

Le chauffeur : Moi, c'que j'aime pas, c'est qu'il coupe la parole.

Moi : Oui, ça arrive parfois, mais c'est pour mieux…

Le chauffeur : Moi, j'aime pas les gens qui coupent la parole !

Afin de mettre un terme à cette rhétorique surréaliste, je feins de m'absorber dans l'observation des voitures qui nous doublent. C'est l'heure du retour des déjeuners dominicaux obligatoires. Des couples en Opel Vectra financée par les parents et dont le repas du dimanche imposé constitue la mensualité de remboursement. Ils roulent à vive allure car ils ont hâte de rentrer. Ils ont rendez-vous. Avec leur télé.

Moi aussi, en ce dimanche 11 juin, j'ai rendez-vous avec la télé. Pour la dernière fois. Dès mon arrivée aux studios de la (morne) plaine Saint-Denis, en me dirigeant sur le plateau de l'émission que vous connaissiez, j'ai l'impression d'avancer en caméra subjective. Quand je dis que vous connaissiez le plateau d'ONPP, vous le connaissiez le dimanche soir, fardé de lumières. Mais à 15 heures, le dimanche, le plateau d'ONPP n'est pas maquillé. Il attend la répétition, en peignoir et bigoudis.

J'observe pour la dernière fois les travées du public qui dorment dans la pénombre comme si elles prenaient un peu de repos avant de devenir pour trois heures une arène ibérique. Des techniciens avec casque et micro tiennent à bout de bras de grandes plaques de polystyrène pour régler les projecteurs, d'autres encore reçoivent dans un talkie-walkie des ordres qui semblent venus d'une patrouille d'autoroute américaine. Puis Marco arrive, tee-shirt gris casquette Nike, on dirait un lycéen. Nous nous embrassons et on s'échange à l'oreille deux ou trois conneries, manière de se détendre avant la répétition. Pendant plus de deux heures, Marco va bachoter, la tête penchée sur ses notes en enroulant de l'index des touffes de cheveux comme le font les petits enfants. Moi, je n'ai pas de fiches à réviser, une fois ma chronique répétée, je rêvasse, je regarde les doublures son et lumière, sur le thorax desquelles on a collé une feuille avec le nom de l'invité qu'elles remplacent. Elles sont souvent jeunes, parfois belles, et une fois ma chronique passée, je peux les observer à ma guise.

18 heures. Fin de la répétition. On nous sert une collation dans les loges. On dîne tôt à la télé. Comme dans les hôpitaux.

20 h 30. Marco frappe à ma loge. Pour éviter que le maquillage fasse des traces sur sa chemise blanche, il a mis dans son col des Kleenex qui lui font comme une fraise Henri IV. Il jette un coup d'œil sur ma télé pour voir comment est « sa » Claire Chazal ce soir, puis après avoir échangé quelques mots en pilotage automatique à cause du trac, nous commençons la grande marche vers le plateau qui à cette heure-là ressemble aux jeux du cirque. Plus nous approchons, plus les clameurs du public sont impressionnantes. C'est l'heure où les chiens de la peur nous mordent le ventre. Alors, pour reculer l'instant d'entrer sur le plateau, nous restons pendant cinq bonnes minutes derrière le décor, à plaisanter avec les techniciens ou les invités. Puis on nous « équipe », c'est-à-dire qu'on installe nos micros HF, la maquilleuse nous « fait » les mains et là, juste avant d'arriver sur le plateau, c'est l'instant du rituel que je partage avec Marco, chaque dimanche depuis deux ans : nous nous serrons l'un contre l'autre en nous murmurant à l'oreille : « Que la force soit avec toi. »

À cet instant précis, le dimanche 11 juin, je ne sais pas pourquoi, j'ai repensé à la question des chauffeurs de taxi : « Il est comment, Marco ? » Et lorsque nous sommes entrés sur le plateau en feu en nous tenant par l'épaule, je me suis entendu murmurer : « Pas mal, il est pas mal… »

ÉMISSION DU 4 SEPTEMBRE 2005

Backstage

Le début de la nouvelle saison d'une émission de télé, c'est comme la rentrée des classes. Et à l'aube de cette deuxième année d'ONPP, j'avais acquis l'assurance des redoublants.

Pour cette première, nous recevions Marie Laforêt, en forme ce soir-là, déconneuse, ostensiblement déconneuse, un peu trop même pour qu'on soit sûrs qu'elle allait vraiment bien. Laurent Ruquier, qui la produisait, était présent également. On a l'impression que ce garçon passe sa vie à réaliser des rêves d'enfant. Il y a longtemps, dans son HLM havrais, il rêvait de devenir Thierry Le Luron, mais il eut la patience et l'humilité de n'être d'abord qu'un chansonnier à moustaches au Caveau de la République, puis un nouveau Pierre Douglas, et enfin, émission de radio après émission de radio, il affina son humour et sa répartie en même temps qu'il se cultivait, pour devenir le meilleur « chef de bande » du « Paf ». Il est intéressant de noter qu'il y a quelques années tous les artistes « qui ont la carte », ceux des Restos du Cœur par exemple, considéraient que Laurent ne faisait pas partie de leur famille, ou alors ils le regardaient avec dédain comme une « vague tante » éloignée. Mais depuis que Ruquier anime une émission à succès en *access prime time* sur France 2 devenue le passage obligé de toute promo efficace, les mêmes qui le regardaient comme si sa bite avait un goût sont devenus des inconditionnels et font même semblant de s'esclaffer aux saillies de Maureen Dor. C'est dire !

Mais Laurent n'oublie jamais et j'aime beaucoup la lueur amusée qui passe dans ses yeux lorsqu'il ressort à un invité une déclaration méprisante que ce dernier aurait fait à son propos « avant » et qu'il aurait aimé qu'on oublie.

Invité également ce soir-là : PPDA. Je partage avec cet homme une connivence d'initiés. Douloureuse et tragique, certes, mais connivence malgré tout. Je veux parler de l'expérience de la destruction par l'anarchie alimentaire. Lui et moi avons payé très cher cet enseignement, même si j'ai sauvé ma peau *in extremis*. C'est d'ailleurs dans ma clinique rédemptrice que PPDA envoya une carte me disant qu'il passait chaque jour devant cet établissement et qu'à chaque fois il pensait à moi. Même si je sais la part du show-biz dans ce geste, je crois à la sincérité de sa compassion. De la même façon, même si j'ai laissé traîner négligemment ce mot sur ma table de nuit pour frimer devant les infirmières, je fus sincèrement touché par ce message émanant du… messager. Car, quoi qu'on en pense, ça fait trente ans que cet homme est « Le » messager. Trente ans qu'il rythme nos vies à l'heure du bilan de chaque journée. Trente ans que dans tellement de foyers sa voix doucereuse en fond sonore donne les nouvelles du monde à des familles qui se donnent des nouvelles du petit dernier.

Ce soir-là, nous recevions également le préfet Bonnet, vous vous souvenez, celui de l'affaire de la paillote corse incendiée, ce qui, on en conviendra, ne confère pas à son auteur, surtout s'il représente la République, un grand titre de gloire. Eh bien, malgré ça, à son entrée sur le plateau, le préfet Bonnet fut accueilli par une... *standing ovation.* C'est ça, la médiocrité de la télévision, un public rendu incandescent par la chauffeuse de salle, un public à qui elle a dit de « mettre le feu » et qui ne fait plus la différence entre Franck Dubosc et le préfet Bonnet. (Lui aussi prétend qu'on lui a demandé de mettre le feu !) La confusion dans l'esprit du public est telle que lorsque nous recevions des personnes venant témoigner de faits tragiques, des femmes violées, des mères d'enfants euthanasiés, il était nécessaire que la chauffeuse de salle demande expressément au public de ne pas applaudir, faute de quoi la Pakistanaise violée par une famille entière aurait reçu le même accueil vociférant que Bigard.

Bocal du 4 septembre 2005

Ça y est, les vacances sont terminées, et nous voici de nouveau revenus à la banalité de notre vie quotidienne.

Parce que c'est vrai, en vacances, on a vécu des histoires folles, on a osé, on a aimé, on s'est séparé... Dites donc, à ce propos, vous avez vu que les Pomponnettes de l'été ne sont pas rentrées à la maison ? Nathalie, épouse Pernaud, prolonge ses vacances azuréennes et Cécilia vit l'été indien à New York avec un publicitaire qui lui a dit qu'elle ressemblait à une aquarelle de Marie Laurencin... Donc, pendant ces vacances, nous avons rencontré des gens extraordinaires qu'on s'est promis de revoir à Paris tant ils nous changeaient des médiocres qu'on fréquente habituellement dans notre vie professionnelle.

Et le jour de la rentrée, en se préparant dans la salle de bains, on se dit tous : « C'est pas vrai, je vais retrouver tous les autres cons aujourd'hui... »

Même nous, avec Marco, on s'est dit ça aujourd'hui, avant l'émission, en pensant à certains invités...

Bref, je disais que les vacances nous permettent parfois de vivre des aventures, et ce fut votre cas, cher PPDA, puisque toute la presse s'est fait l'écho de votre ascension du mont Blanc.

Du coup, on a failli se croiser cet été : vous avez monté le mont Blanc, moi, j'en ai descendu plein, des Mont Blanc... vanille-caramel.

Non, sérieusement, je salue votre exploit. Parvenir au sommet, déjà, c'est pas facile, mais vous l'avez réalisé dans des conditions extrêmes puisque vous avez accompli cette course en compagnie de Gérard Holtz, et ça, c'est quasiment inhumain. Tous les guides de Chamonix vous le diront, dans l'ordre des difficultés, vous avez : l'ascension du mont Blanc par la voie facile, puis l'ascension par la face nord, puis la face nord par mauvais temps, et enfin, les alpinistes très aguerris peuvent affronter la difficulté suprême, l'ascension du mont Blanc accompagné de Gérard Holtz. Là, c'est de l'extrême. Bien entendu, il est nécessaire de posséder un équipement spécial, constitué de boules Quiès triple épaisseur, parce que pendant que vous grimpez, vous avez un type à vos côtés qui n'arrête pas de vous dire des conneries comme : « Vive le sport sur France 2 », et qui finit toutes ses phrases en disant : « *Carpe diem.* » Oui, il a vu ça dans *Le Cercle des poètes disparus* et il trouve que ça sonne bien. « *Carpe diem* », il ne sait pas que c'est du latin, Gérard Holtz. Il croit que c'est un plat qu'on sert dans les grandes occasions, il doit penser qu'on sert la carpe farcie dans les fêtes juives et de la carpe diem chez les catholiques.

D'ailleurs, c'est pour ça que PPDA est parmi nous ce soir. Quand il a appris que Patrick Timsit, Richard Berry et Francis Veber venaient parler de *L'Emmerdeur*, PPD a pensé que Gérard Holtz était le thème de la soirée, et il est venu témoigner.

Je disais donc que tout le monde est rentré. Claire Chazal a repris son JT du week-end après avoir montré ses seins à la France entière, comme chaque été. C'est fou, on y a droit tous les ans, ça doit être parce qu'elle a entendu dire que pour lutter contre le cancer du sein, les femmes devaient les montrer une fois par an. Mais il faut les montrer au médecin, Claire ! Pas à *Voici* !

En plus, là, il va falloir qu'elle arrête parce que du coup, on constate la dégradation de sa poitrine d'année en année, et on se dit qu'il faut qu'elle fasse quelque chose si elle veut encore les montrer l'an prochain... Remarquez, comme ce sont des photos volées et qu'elle va faire un procès à *Voici*, avec les dommages et intérêts, elle va pouvoir payer la chirurgie et du coup, elle pourra faire une nouvelle expo l'an prochain.

À part ça, c'est aussi la rentrée à la télévision. Pendant les vacances on a changé de patron, c'est Patrick de Carolis qui a été nommé président de France Télévisions. Il ne s'agit pas de flagornerie, mais honnêtement je suis soulagé que ce soit lui qui ait été nommé. Car ma grande crainte, c'était de tomber sur un patron coincé, un austère, un spartiate, mais là, on respire car tout le monde le sait, Patrick de Carolis, c'est vraiment un déconneur. Même si, parfois, il exagère... Il arrive qu'on soit obligé de lui dire : « D'accord avec toi, Patrick, jouer à chat-bite, c'est rigolo, mais pas pendant un conseil d'administration ! »

C'est la rentrée et pourtant, cette année, quelque chose a changé. D'habitude, à cette époque, nous sommes moroses, et curieusement, je ne sais pas si vous avez remarqué : autour de vous, les gens sont heureux, ils ont le moral. Et vous savez pourquoi ?

Parce qu'on arrive au bout des cent jours que Dominique de Villepin avait fixés pour redonner le moral aux Français. On peut d'ores et déjà dire que c'est gagné, la France a retrouvé le moral. C'est fou, mais pendant plus de quatre-vingt-dix jours, c'était la sinistrose, et là, après le passage de Dominique de Villepin au JT de PPDA, il y a quelques jours, tout va bien.

Ce soir-là, il a déclaré que le chômage avait baissé, que la relance était là et que tout allait bien, il a même ajouté que ça n'avait pas été facile, que le gouvernement s'était donné un mal de chien. Au début, on a cru qu'il parlait d'un autre pays et puis non, il parlait bien de la France, et là on s'est dit : mais il se fout du monde, on connaît tous des chômeurs qui envoient des centaines de CV sans la moindre réponse, c'est le bordel partout et les choses ont plutôt empiré pendant ces cent jours ! Et puis on a compris. De Villepin n'a jamais dit que les choses iraient mieux, il a juste dit que dans cent jours la France aurait le moral. De Villepin n'a jamais promis du boulot aux chômeurs, il leur a juste promis du moral.

C'est comme quand tu déprimes, tu prends un Lexomil, ça règle pas les problèmes mais tu te sens bien. Eh bien là c'est pareil, on a un gouvernement Lexomil. Tu allumes la télé, tu vois de Villepin au JT et tu te sens bien. Alors je me demande, cher Patrick Poivre d'Arvor, si parfois vous n'en avez pas marre de jouer les infirmières et de nous administrer les sédatifs.

Plasma du 4 septembre 2005

Passons rapidement sur les programmes télé des vacances car, paradoxalement, c'est en été que la télé hiberne, c'est-à-dire que les programmes sont constitués essentiellement de rediffusions ou d'émissions qui ne coûtent pas cher.

Nulles, mais pas chères.

À ce sujet, j'espère que vous avez pu voir sur France 3 – oui, sur notre chaîne, y a aucune raison de s'acharner sur les chaînes privées, nous aussi sur le service public on est capables de faire de la daube ! – cet été l'émission présentée par Pierre Sled qui s'appelait *L'Été de tous les records*, une émission qui a parfaitement justifié son titre puisqu'elle a pulvérisé tous les records de connerie.

Pierre Sled a déclaré dans la presse qu'il n'allait pas refaire l'émission l'année prochaine car il en a fait le tour, c'est dommage, nous on s'en lasse pas.

Non, j'exagère, il y a quand même eu des nouveautés cet été, notamment l'émission de TF1 intitulée *Mon incroyable fiancé*, la première émission ouvertement raciste à la télévision française.

Alors je vous explique : on prend deux comédiens, un gros et une pouffe qui font semblant d'être amoureux, et on filme la réaction de la belle-famille, évidemment scandalisée que leur pouffe veuille épouser un gros, un gros pauvre en plus, oui, parce qu'au-delà d'un certain revenu, les beaux-parents beaufs et racistes oublient leurs préjugés. Ils acceptent que leurs enfants épousent des Noirs, des Coréens, des gros, des handicapés, pourvu qu'ils aient du fric (ou qu'ils passent à la télé !). Finalement, le plus terrible chez les cons, c'est que seuls l'argent ou la notoriété parviennent à les empêcher d'être racistes.

Sérieusement, le plus scandaleux dans *Mon incroyable fiancé*, c'est l'hypocrisie de TF1. Aux États-Unis, la version originale de l'émission s'intitule *My big fat obnoxious fiancé*, ce qui signifie : « Mon gros fiancé gras et répugnant ». TF1, avec des pudeurs de rosière, a traduit ça hypocritement par « Mon incroyable fiancé ».

Je ne sais pas si vous avez remarqué, c'est fou ce que la télévision aime les gros en ce moment. Toutes les chaînes ont leur gros, tiens, prenez la *Star Ac'* qui a débuté vendredi dernier, parmi les candidates, il y a aussi une grosse, Magalie, elle s'appelle… Je vous parie qu'elle sera une vedette de l'émission. La compassion, vous comprenez… Pendant toutes ces semaines, on verra ses bourrelets sous la douche, on compatira à ses complexes, à son mal-être, et elle deviendra terriblement attachante…

La télé nous ramène au temps des monstres des fêtes foraines ! C'est juste le ton qui est différent. Au lieu de crier : « Mesdames et messieurs, venez voir la femme à barbe ! » ou de montrer le slip de la femme la plus grosse du monde, Delarue parle à la grosse sur un ton doucereux, plein de compassion, du genre « Moi, Jean-Luc, je suis ton ami. »

Il y a quatre-vingts candidats de la *Star Ac'* dont on n'entendra plus jamais parler. Élodie Frégé a annulé son passage à Wallaby. Dans le questionnaire de Proust, à la question « Quel est pour vous le comble de la misère humaine ? » je répondrais : « Être chanteur et devoir annuler mon tour de chant au parc d'attractions Wallaby. » Ça vous donne une idée des limbes médiatiques dans lesquels sont tombés les autres candidats, alors imaginez, en plus, une grosse… Être un has been à vingt ans c'est pas facile, mais être un has been gros à vingt ans, y a qu'une seule solution pour s'en sortir : aller chez Delarue.

ÉMISSION DU 11 SEPTEMBRE 2005

BACKSTAGE

Mimie Mathy était invitée ce soir-là. Pour préparer l'émission, nous étions allés déjeuner dans le restaurant que tient le mari de la comédienne, rue de la Grange-Batelière, un restau à l'image de Mimie, simple et chaleureux. Pendant le repas, à plusieurs reprises, elle caressa la joue de son homme du revers de la main et ce geste, anodin pour la plupart des gens, obligeait Mimie à s'étirer et à tendre le bras, bref à faire un effort. En la regardant, je ne pouvais m'empêcher de penser à tous ceux qui caressent la joue de l'autre machinalement. Quand on aime machinalement, on aime à la chaîne. Mimie, elle, elle aime à la main, artisanalement.

Dans la même émission, Jean-Pierre Cassel vint parler de son cancer désormais guéri, ou en tout cas qui ne progresse plus, le professeur Debré vint parler du cancer de Mitterrand désormais guéri… ou en tout cas qui ne progresse plus, et Alexandre Jardin vint casser son image cul-cul de gendre idéal et propre sur lui en venant présenter avec force gros mots son nouveau bouquin au style rabelaisien. Il en faisait tellement qu'à un moment, à la lueur amusée qui passait dans ses yeux, j'ai cru qu'il allait soulever une fesse de son tabouret pour exhaler un long pet sonore et odorant.

Bocal du 11 septembre 2005

Aujourd'hui, nous sommes le 11 septembre. On se souvient tous de ce qu'on faisait il y a quatre ans, au moment où nous avons appris que des avions tombaient sur les tours de New York. D'ailleurs, ça fait pareil avec tous les événements qui ont bouleversé le monde, tiens un exemple au hasard : la mort de Claude François.

Oui, je sais, le rapprochement de ces deux événements est douteux, pourtant, entre Claude François et les kamikazes du 11-Septembre, il y a un point commun : la mort stupide.

Claude François, c'est de notoriété publique, était un être odieux qui piquait des crises de nerfs pour un rien au nom d'un soi-disant perfectionnisme. On l'imagine, le jour de sa mort, sortir de sa baignoire et, apercevant une applique électrique de travers, s'énerver en hurlant : « Enfoiré d'électricien, tu vas attendre longtemps que je te paye ta facture » et, en sortant de la baignoire, redresser rageusement l'applique mal fixée. Effectivement, depuis, l'électricien attend toujours le règlement de sa facture.

Vous avouerez franchement que c'est une mort à la con.

Pareil pour les kamikazes. Voilà des types à qui le mollah Omar a fait croire que s'ils tuaient des infidèles, ils auraient droit à soixante vierges pour l'éternité.

S'ils avaient été un tant soit peu intelligents, ils auraient compris que soixante vierges pour l'éternité, techniquement, ça n'est pas possible.

Ben oui, réfléchissez un peu. Le type fait sauter le World Trade. Bon, il arrive au paradis où on lui offre soixante vierges. Admettons qu'il arrive à se contrôler et qu'il n'en honore qu'une par jour. Au bout de soixante jours, il a fait l'amour avec les soixante vierges, et par définition, elles ne le sont plus, vierges… C'est fini !

Et voilà un pauvre gars qui se retrouve pour l'éternité avec soixante femmes comme vous, madame, qui passent leur dimanche à repasser du linge dans le salon en peignoir et avec des bigoudis dans les cheveux, puis qui téléphonent à leur mère puis qui remplissent un bon de commande aux Trois Suisses et qui finissent la journée, une jambe posée sur le bidet, à arracher les petites bandelettes épilatoires collées sur leurs mollets.

Déjà, les dimanches c'est chiant, mais des dimanches avec soixante femmes pour l'éternité, c'est l'enfer !

Conclusion : les terroristes vont en enfer. C'est moral.

Non, ça ne tient pas, cette histoire des soixante vierges…

D'ailleurs, vous avez remarqué que dans les avions, il n'y avait jamais de femmes terroristes ? Pas si bêtes ! Même si on leur promet soixante puceaux, les femmes n'ont rien à foutre de vivre l'éternité avec soixante adolescents boutonneux incapables de trouver leur clitoris et qui, de toute façon, passeront leurs nuits à jouer à la Playstation en laissant traîner leurs slips sales sous le lit et en écoutant du hard rock, tu parles d'un cadeau.

D'ailleurs, tous les spécialistes sérieux de l'islam sont d'accord pour dire que cette histoire des soixante vierges est une interprétation fantaisiste des textes religieux.

À propos d'interprétation fantaisiste des textes, y en a un qui n'est pas mal non plus, c'est le père La Morandais. Alain de La Morandais, le jet-setter de l'épiscopat, le Massimo Gargia apostolique et romain, le David Guetta de l'évêché.

D'habitude, lorsqu'on voit un invité faire sa promo dans toutes les émissions de télé, on a coutume de dire : « Lui, on va bientôt le voir au *Jour du Seigneur*. » Eh bien, prenez l'abbé de La Morandais, voilà un homme d'Église qui ne devrait apparaître à la télé que dans les émissions religieuses. Eh bien, lui, on le voit dans toutes les émissions, SAUF au *Jour du Seigneur*.

En revanche, il y a quelques semaines, mon père, je vous ai vu chez Cauet où, évidemment, on vous avait fait venir pour votre facilité à parler de cul. Ça, évidemment, Cauet ne risquait pas de vous inviter pour parler du dogme théologique.

Ce soir-là, vous avez expliqué que le clergé se divise en clergé séculier et clergé régulier et que si le clergé régulier fait vœu de chasteté et de pauvreté, il n'en est rien pour le clergé séculier dont vous faites partie.

– Ah bon ? demanda Cauet, avec sa délicatesse coutumière. Donc vous faites tac-tac ?
– Eh bien non, avez-vous répondu, car l'Église interdit les rapports sexuels en dehors du mariage, et comme un prêtre n'a pas le droit de se marier…
– Et donc, il ne vous reste que la branlette, conclut Cauet et vous avez éclaté de rire. Et c'est bon de rire de cul avec l'Église quand on pense que le pape interdit le port du préservatif.

Quoi qu'il en soit, ce soir, vous venez parler du mariage des prêtres, et je vous le dis franchement, je ne vois pas très bien en quoi vous êtes concerné.

En plus, moi, quand je vois un curé, j'ai pas envie de l'entendre parler de masturbation, y a des programmes pour ça le samedi à minuit. Non, j'ai plutôt envie de vous demander de m'expliquer comment vous justifiez que Dieu accepte qu'un enfant soit leucémique, ou si les hommes qui balancent des avions sur une tour ont une âme, ou bien encore pourquoi ce sont toujours les pauvres et les défavorisés qui se font piéger par la religion, les mêmes qui se font piéger par la télévision, la loterie, les astrologues bidons et toutes les conneries que seul le diable a pu inventer.

J'aimerais bien vous entendre, mon père, sur les intégristes américains dont on ne parle jamais, ces prêcheurs qui sortent de taule pour pédophilie et que l'on voit sur toutes les télévisions pendant des heures, captiver des foules de pauvres qui n'ont plus que ça pour espérer et qui finissent leur show par une série de miracles bidons avec des malades qui montent sur scène et se retrouvent guéris par une bénédiction de l'escroc. À la fin de cette mascarade, on peut lire sur l'écran : « Pour joindre Miracle Service, appelez le... » et un numéro de téléphone surtaxé s'inscrit sur l'écran.

Plus que jamais, la religion est l'opium du peuple. La deuxième, après la télé. Moins le peuple a d'espoir et plus il a besoin d'opium pour oublier sa condition.

La religion est devenue un paradis artificiel.

Voilà ce dont j'aimerais parler avec vous, mon père, en ce 11 septembre, car tout le reste n'est finalement que de la branlette.

Plasma du 11 septembre 2005

Je voudrais vous parler de deux hommes qui auraient pu être mes amis. Deux garçons que je connais, avec qui j'ai déjeuné et qui sont des types drôles et sympas, bref des garçons attachants. Pourtant, je ne les aime pas. Et vous savez pourquoi ? Parce que nous parlions tout à l'heure de la télévision opium du peuple, et que ces deux garçons sont des dealers sans foi ni loi.

Il s'agit de Bataille et Fontaine. Comment les reconnaître ? C'est facile, je vais vous donner un moyen mnémotechnique : Fontaine, c'est celui qui fait l'émission la plus merdique de la télévision française, quant à Bataille… Non, comme ça on n'arrivera pas à les différencier.

Fontaine, c'est le petit gros jovial, et Bataille le grand coincé qui ressemble à Mister Bean. Ces deux-là réalisent l'émission la plus racoleuse de la télévision française. Ça s'appelle *Y a que la vérité qui compte*. Contrairement au titre, il n'y a pas que la vérité qui compte pour Bataille et Fontaine. Il y a aussi le fric et le pouvoir, à la télé ça s'appelle l'audimat, et ces deux-là sont prêts à tout pour l'obtenir.

Je vous rappelle le principe de *Y a que la vérité qui compte* : Bataille et Fontaine font venir sur leur plateau des pauvres gens paumés à qui la vie a infligé des blessures terribles et leur font raconter leurs drames devant la France entière. Puis ils cachent derrière un rideau celui qui est la raison de leur blessure : un amour enfui, un enfant abandonné, un père parti, et là, ils leur font jouer une roulette russe odieuse.

Plusieurs cas de figure. Le rideau ne s'ouvre pas et je vous laisse imaginer dans quel état d'esprit peut se trouver un type dont une femme a refusé les avances en public, au mieux cinq ans de psychanalyse, au pire les assises pour tentative de viol comme pour ce garçon repoussé dans l'émission et qui tenta de se venger.

Parmi les autres acteurs (si on peut dire) de cette émission, il y a Daphné, qui va porter les convocations chez les invités et qui pendant l'émission se trouve dans la loge avec eux. Elle porte un prénom de nourriture pour poissons rouges, et ça lui va bien. Dans chaque émission, Daphné nous gratifie de la phrase la plus conne de *Y a que la vérité qui compte*. C'est incroyable, quand on pense que cette fille prépare ses interventions, qu'elle les écrit et qu'elle les apprend par cœur. On dirait que c'est un challenge qu'elle se lance.

L'autre jour, arrivant avec sa convocation dans le village où vivait une dame que recherchait son ex-mari, Daphné n'a pas hésité à déclarer : « Je suis venue porter ma convocation dans ce village qui, bien que modeste, n'hésite pas à rivaliser avec Paris, puisqu'il y coule une rivière. »

Donc, Daphné passe son temps dans sa loge avec le candidat, et quand Bataille et Fontaine appellent ce dernier, le cérémonial est immuable : Daphné se lève et tend le bras pour indiquer la porte ouverte au candidat, qui se trouve à un mètre et demi devant lui. Oui, parce que ce sont des téléspectateurs de *Y a que la vérité qui compte*... Un jour, il y en a un qui a cru qu'on sortait de la loge en traversant le mur. Donc, elle indique la porte où l'attend Sam, une sorte de sbire muet qui incline le buste en tendant la main puis qui glisse l'autre main dans le dos du candidat en marchant à ses côtés vers le plateau. Oui, Sam est muet, Sam n'a pas le droit de parler, et c'est très frustrant, parce qu'un type qui a l'air aussi con sans dire un mot, s'il parlait, je suis sûr que ce serait un vrai bonheur.

Hier, par exemple, sans parler, rien qu'en emmenant un candidat sur le plateau, plié en deux comme Louis de Funès dans *Le Grand Restaurant*, une main dans le dos du candidat pour pas qu'il se trompe de porte et l'autre ouverte vers l'avant, eh bien figurez-vous que notre ami Sam a mal calculé son coup en entrant sur le plateau, et qu'il s'est pris l'épaule dans le chambranle de la porte. Il est devenu très pâle, on avait mal pour lui...

Un type aussi lumineux de bêtise sans rien dire mériterait qu'on le laisse parler. Tiens, si Bataille et Fontaine nous font ce cadeau, on leur pardonnera le reste.

ÉMISSION DU 18 SEPTEMBRE 2005

Backstage

Dire qu'Isabelle Carré est fraîche et naturelle est un lieu commun. Pourtant, chaque fois que je croise cette comédienne, je suis étonné par son naturel frôlant la naïveté et sa capacité à s'enthousiasmer quasi enfantine. De la même façon, dire de Paul-Loup Sulitzer qu'il est pathétique dans son acharnement à venir sur les plateaux télé avec la démarche « pisienne » et l'élocution pâteuse des rescapés de l'accident vasculaire cérébral est également un lieu commun. Mais tous les invités ne firent pas dans le cliché ce soir-là, puisque Benoît

Poelvoorde, venu promouvoir son dernier film, un thriller psychologique, resta raccord avec son rôle de composition et ne nous offrit pas ses facéties coutumières. À noter la présence de Madame Denise, ancienne tenancière de clubs libertins et amie de Patrick Sébastien qui lui consacra un livre dans lequel il veut nous démontrer que la partouze est une notion quasi chrétienne de partage, de la même façon que dans le Nouveau Testament on parle de la multiplication des pains, Madame Denise est l'apôtre de la multiplication des bites. Pourtant, lorsque je fis remarque à cette dernière que sa vie manquait cruellement d'amour, elle me répondit : « C'est faux, j'aime beaucoup mon chat. »

Bocal du 18 septembre 2005

Vous savez que ce dimanche a été décrété Journée du patrimoine. D'ailleurs, vous qui nous regardez, vous avez sans doute été nombreux à visiter le Grand Palais à Paris, dont la toiture a été magnifiquement restaurée, ou quelque autre monument historique. Eh bien, pour clore cette journée en beauté et afin d'apporter notre soutien à cette opération de sauvegarde du patrimoine, nous avons fait venir sur ce plateau un chef-d'œuvre en péril entièrement restauré, je veux parler de Jean-Claude Brialy.

Tout comme le Grand Palais, Jean-Claude Brialy, qui fut beaucoup visité dans le passé, était un peu à l'abandon ces derniers temps.

Mais là, ça y est, c'est réparé, regardez comme il est beau… Malheureusement, comme il n'est plus tout jeune, vous devrez dorénavant vous contenter de le regarder mais vous ne pourrez plus le visiter. Eh oui, il faudra s'y faire, il n'y aura plus jamais de queue pour visiter Brialy.

Nous aurions aimé en cette Journée du patrimoine vous présenter un autre chef-d'œuvre en péril, Mireille Mathieu, mais sa restauration n'étant pas tout à fait terminée, elle ne viendra que la semaine prochaine. Elle non plus, on ne la visite pas. De toute façon, on ne l'a jamais visitée, Mireille Mathieu, ou alors y a peut-être eu des visites mais y a jamais eu de queue.

À propos de queue, je voudrais avoir une pensée pour ces gens qu'on a vus au JT de France 2, qui visitaient l'Élysée et qui ont pu dialoguer avec Jacques Chirac. Enfin, dialoguer est sans doute un mot un peu fort puisque le Président a demandé à l'un des visiteurs : « Dites-moi, est-ce qu'il y a une longue file d'attente ?

– Oui, monsieur le Président », a répondu l'autre.

Et Chirac a conclu : « C'est pas croyable. »

Eh bien, moi je dis que rencontrer le président de la République pour avoir un dialogue de cette qualité, ça valait le coup d'ouvrir l'Élysée.

C'est bien de préserver les monuments historiques. Tiens, un exemple au hasard : Maurice Papon. Lui aussi a dû être vachement bien restauré, depuis qu'il est sorti de prison, il y a juste trois ans, le 18 septembre 2002, sous prétexte qu'il était mourant. Vous vous souvenez, c'est son avocat Maître Varaut qui nous le disait : Papon va mourir. Résultat, trois ans après, c'est l'avocat qui est mort, quant à Papon, rassurez-vous, il va très bien.

Ce n'est pas le cas de Didier Tallineau. Condamné à trente ans de réclusion criminelle, cet homme atteint d'un cancer de la plèvre en phase terminale bénéficiait depuis décembre dernier d'une suspension de peine pour raison médicale. Mais la partie civile, ayant considéré qu'il pouvait encore être dangereux, l'a fait remettre en prison.

Maurice Papon, lui, n'est pas dangereux. Il passe ses journées chez lui à Gretz-Armainvilliers, à faire les mots fléchés de *Télé 7 jours*, à regarder *Motus* et *Des chiffres et des lettres*, et je suis sûr qu'aujourd'hui à midi, il a fêté comme il se doit le troisième anniversaire de sa libération autour d'une bonne choucroute arrosée de vin de Bavière partagée avec quelques amis.

On peut dire ce qu'on veut de Papon, mais voilà un homme qui sait recevoir. Il est toujours aux petits soins avec ses invités. Tous ceux qui ont partagé des repas de fête avec Papon l'ont entendu dire : « Un peu plus de francforts, mon Oberlieutenant ? »

Généralement l'autre lui répond : « Ach, Maurice, je vous l'ai déjà dit, cessez de m'appeler “mon Oberlieutenant” ! On n'est pas à la préfecture de la Gironde, appelez-moi Helmut !

– C'est que j'ai du mal, mon Ober... mon Helmut... La force de l'habitude. Alors, Helmut, voulez-vous quelques francforts supplémentaires ?

– Ach, Maurice, c'est tellement bon que je veux bien des francforts, mais donnez-moi aussi du lard et du chou. »

Et là, Papon répond en rigolant : « Ah, mais c'est un vrai convoi que vous me demandez ! Il faut que je vous signe un ordre écrit... » Et toute la tablée éclate de rire...

Après, ils éteignent les lumières et chantent *Lili Marlène*. C'est très émouvant, ces chants gutturaux dans la pénombre éclairée par les étoiles jaunes des bougies du gâteau d'anniversaire.

C'est beau, un vieux heureux.

D'autant que 1 595 juifs bordelais n'ont plus jamais eu l'occasion de fêter leur anniversaire après qu'un certain Maurice Papon eut signé leur ordre de déportation.

Alors, au nom de ces 1 595 absents et pour célébrer la Journée du patrimoine protégé : « Bonne fête, Papon ! »

Tout d'abord, ceci est ma troisième chronique télé et je voudrais dire à quel point je suis heureux de pouvoir écrire ces billets d'humeur polémiques en toute liberté et en toute indépendance et surtout souligner le fair-play, l'humour et l'intelligence de ceux que j'égratigne.

Par exemple, vous vous souvenez quand j'ai chambré Pierre Sled pour son émission *L'Été de tous les records*. Si la télévision avait été, comme on le dit, un monde paranoïaque et mégalomaniaque, les producteurs de son émission auraient envoyé une lettre recommandée à une dizaine de hauts responsables de France Télévisions pour se plaindre.

Eh bien là, au contraire, Messieurs Revon et Gateau, les producteurs de *L'Été de tous les records*, il faut les citer, d'abord pour que le public sache qui a conçu cette... émission (si, ça s'appelle quand même une émission), Messieurs Revon et Gateau sont des seigneurs, puisque s'ils ont bien envoyé des courriers de délation à tous les dirigeants de France Télévisions, c'est probablement pour souligner à quel point ma chronique les avait amusés.

Et que dire de TF1 ? TF1 qu'on accuse de tous les maux et dont j'ai dit pis que pendre la semaine dernière en parlant de Bataille et Fontaine.

Eh bien, figurez-vous que le patron des programmes de la Une, Étienne Mougeotte, avec la classe et l'élégance naturelle qu'on lui connaît, n'a téléphoné à personne pour se plaindre ou menacer. Étienne Mougeotte est un prince. On peut même dire que c'est un roi. Si, si, on entend souvent dire : « Étienne Mougeotte, c'est le roi. »

Tiens, en parlant de ça, comment ne pas citer enfin Georges Pernoud, que j'ai rencontré à la conférence de presse de rentrée de France Télévisions ? Alors que j'avais ironisé sur *Thalassa*, Pernoud est venu vers moi et m'a dit : « Tu peux y aller, chambre-moi, y a pas de problème. » Georges Pernoud est intelligent, mais ça tout le monde le sait, d'ailleurs quand vous dites Pernoud, le premier mot qui vient à l'esprit c'est « intelligent ».

Aujourd'hui, je ne vous parlerai pas de Pernoud, ni de Bataille et Fontaine non, je ne parlerai pas non plus de Carole Rousseau, de Charles Villeneuve, d'Évelyne Thomas, bref de ce qu'on peut appeler l'aristocratie de la télévision.

Je voudrais pour une fois évoquer les petits, les sans-grade : je vous parlais de la conférence de presse de rentrée de France Télévisions ? Une photo prise ce jour-là, rassemblant toute l'équipe de France Télévisions, est parue dans *VSD* cette semaine. Tout le monde est là et regarde vers le ciel, comme pour donner de la hauteur aux ambitions de France Télévisions (non, en fait, c'est juste que le photographe, pour avoir tout le monde dans le champ, était monté sur un Fenwick).

Évidemment, la première chose qu'on regarde sur cette photo, c'est ceux qu'on a mis au dernier rang. Ils sont tellement loin qu'on est obligé de lire les noms au bas de la photo pour les reconnaître.

Tout en haut, on lit : Jérôme Bonaldi, Tex, et c'est tout. Il n'y a plus de nom sur la liste de *VSD* alors qu'il y a encore un visage sur la photo.

J'ai longtemps cherché qui était cette personne qui n'existait pas et, en étudiant ce visage à la loupe, je me suis aperçu qu'il s'agissait de Valérie Maurice. Eh oui, Valérie Maurice du *Point Route*.

Comment a-t-on pu oublier Valérie Maurice ?

D'abord, c'est vrai, elle n'a pas défrayé les chroniques people cet été. On ne voit jamais Valérie Maurice les seins nus sur une plage de Corse-du-Sud. Elle n'a pas non plus vécu d'histoire d'amour avec un poissonnier monégasque. On ne lui connaît aucune liaison sulfureuse. Bon, c'est vrai, en cherchant bien, certains racontent qu'en octobre 1991 Laurent Romejko l'aurait invitée à prendre un Coca à la cafétéria de France 2, mais à part ça, rien.

Pourtant Valérie Maurice, c'est un petit bonheur.

Dès les premiers beaux jours, France 2 la sort du placard et elle, instantanément sémillante, vient nous donner l'état des routes et de la circulation pour notre premier week-end.

Comme la cigale de la fable, elle chante tout l'été, mais après la Toussaint, le dernier week-end où nous partons à la campagne pour couper les compteurs d'eau et d'électricité, France 2 enferme Valérie Maurice jusqu'à l'année suivante.

Alors, chère Valérie Maurice, ne vous inquiétez pas pour votre nom oublié dans *VSD*. Dans ce monde impitoyable de la télévision, vous avez une place particulière dans nos cœurs, vous êtes ce qu'on appelle *the girl next door*, la copine d'à côté, et pour vous remercier pour votre fraîcheur et votre sincérité, je demande au public de vous faire une ovation debout.

ÉMISSION DU 25 SEPTEMBRE 2005

Backstage

Mireille Mathieu était là, avec ses répliques « qui sentent bon la France » pour masquer l'absence de répartie, avec ses prétendus triomphes à l'étranger pour masquer l'oubli national, et avec sa frange pour masquer l'étroitesse de son front. Arnaud Montebourg était présent également, avec son panache pour masquer ses utopies, ainsi que Jean-Pierre Marielle, avec sa modestie pour masquer sa gêne d'être un seigneur, et puis qui semble toujours étonné qu'on le considère comme un seigneur.

Mais surtout, ce soir-là, il y avait Darry Cowl, et le moment le plus bouleversant de ces deux années de télévision. Darry Cowl, le petit canaillou de notre enfance, celui que tout le monde parvenait à imiter dans les cours de récré, Darry Cowl entra sur le plateau en titubant et vint me serrer contre son corps squelettique en me soufflant à l'oreille : « Je vous aime beaucoup. » En le regardant, on savait qu'il était condamné à court terme, et lui, en nous regardant, semblait dire : « On fait comme si vous n'aviez rien vu », et il passa la soirée à faire le con, avec peut-être un humour un peu plus grinçant, plus noir que d'habitude. Et quand Marco lui demanda des nouvelles de sa santé, il répondit en se frappant la poitrine du poing à la façon de Tarzan : « Tout va bien, dans quelques mois, tout ça sera complètement fini. »

Il avait raison.

Bocal du 25 septembre 2005

La France ressemble à une adolescente dont Mireille Mathieu serait la grand-mère.

Mais si, réfléchissez : on aime Mireille Mathieu comme on aime une aïeule, certes ça nous saoule un peu de lui rendre visite, mais il n'empêche qu'on l'aimera toujours, parce qu'elle nous rassure.

Quand on écoute le dernier disque de Mireille Mathieu, c'est comme un repas du dimanche midi chez mamie. Y a des hortensias dans le jardin et des géraniums sur le balcon, ça sent le chat qui dort, le fauteuil Everstyl et les mots fléchés de *Notre temps*. On écoute d'une oreille distraite en regardant discrètement sa montre. Pourtant, quand un disque de Mireille se termine, c'est comme lorsque l'on quitte grand-mère le dimanche soir, à chaque fois on ressent un pincement au cœur.

La France ressemble aussi à une adolescente aux yeux des hommes politiques.

Une ado que les hommes politiques passent leur temps à draguer. Une adolescente un peu nunuche, il faut bien le dire, car depuis plusieurs mois, la France sortait avec Nicolas Sarkozy.

Bon, pour être honnête, elle avait rêvé mieux. Elle savait, la France, que Nicolas est trop petit, qu'il n'est pas très beau, qu'il marche les pieds en canard, mais justement ces défauts lui ont fait développer une capacité de séduction incroyable et la France est tombée sous le charme de sa tchatche. Et puis, surtout, Sarko l'a séduite en lui faisant des promesses.

La France, elle aime ça, les promesses. Ben oui, je vous ai dit, c'est une adolescente un peu nunuche. D'ailleurs, à chaque fois elle se fait avoir. Tiens, souvenez-vous, il y a quelques années, elle s'était fait draguer par un bellâtre. Bernard Tapie, il s'appelait, en fait c'était un voyou qui l'a quittée aussitôt après avoir couché avec elle. Remarquez, faut dire qu'il l'a bien baisée, mais il est parti tout de suite après.

Ensuite, elle a cédé aux avances d'un sérieux, d'un austère, Lionel il s'appelait. Mais avec lui, la France s'ennuyait et elle a fait une connerie. Ça s'est passé le 21 avril 2002 : ce jour-là, la France a pratiqué une fellation à un vieux borgne qui aurait pu être son grand-père.

Bon, ça n'a pas duré. La France a regretté tout de suite, mais Lionel, vexé, l'a quittée le soir même. À noter qu'en ce moment, il essaie de revenir, mais la France se rappelle bien qu'il est parti comme ça, la laissant seule avec Chirac et le vieux borgne, et elle n'a pas du tout envie qu'il revienne. Lionel a beau frapper à la porte en tenant un bouquet de fleurs et en jurant qu'il a changé, qu'il s'est acheté des costumes de couleur, qu'il va quitter la philosophe, la France s'en fout.

Enfin, quoi qu'il en soit, il y a quelques mois, la France s'ennuyait dans sa chambre, quand Sarkozy a commencé à la draguer. À chaque fois, il arrivait avec des cadeaux plein les bras. Une fois, il lui a offert une reconduite d'étrangers à la frontière, une autre fois, il a chassé les prostituées hors de la ville, un jour il est même arrivé avec un gros paquet cadeau, dedans y avait un Karcher pour nettoyer La Courneuve.

Bien sûr, la France a beau être une gamine, elle n'était pas dupe, elle se doutait bien que c'était du toc, du tape-à-l'œil, mais Sarkozy lui promettait de l'épouser en 2007 et de lui faire de beaux enfants, une fille et un garçon, il avait déjà choisi les prénoms : Sécurité et Plein emploi. Alors, comme la France en avait marre de se sentir seule et d'avoir peur, elle était prête à s'offrir à Sarkozy.

Il n'y a pas très longtemps, tout a changé. Sarkozy avait décidé d'emmener la France en week-end à La Baule à une teuf organisée par les jeunes de l'UMP.

À cet instant de mon récit, on pardonnera une digression, mais à propos des jeunes UMP, on peut se demander comment on peut être UMP à vingt ans. Vingt ans ! L'âge de toutes les révoltes, de toutes les insoumissions ! Et là, à vingt ans, voilà des jeunes qui crient : « Vive Méhaignerie, vive Gaudin, vive la mondialisation ! » C'est terrifiant ! Jacques Brel disait qu'il faut bien du talent pour être vieux sans être adulte, eh bien les jeunes de l'UMP, ils ont bien du talent pour être adultes sans être vieux.

Enfin, quoi qu'il en soit, la France part en week-end à La Baule avec Sarkozy et là, juste au moment où Sarkozy allait rouler une pelle à la France, voilà cette dernière qui détourne la tête pour regarder de Villepin, juste au moment où il sort de l'eau. Mon Dieu qu'il était beau, on aurait cru une pub Tahiti douche !

Depuis ce voyage à La Baule, la France sort avec de Villepin.

Elle était fière de lui, faut dire qu'il a de l'allure et quand il fait un discours à la tribune de l'ONU, la

France dit : « C'est mon mec, vous avez vu comme il est beau. »

Bref, tout allait bien, quand cette semaine, il y eut l'altercation avec Hewlett-Packard.

Je vous rappelle les faits. Hewlett-Packard est un enfoiré qui gagne beaucoup d'argent, et qui, pour en gagner d'avantage, supprime mille trois cents emplois.

La France est une adolescente, vous disais-je, donc elle réagit comme une ado, c'est-à-dire qu'elle est bouleversée, un peu comme quand on fait du mal aux animaux. Alors, elle se met à pleurer et elle demande à son mec d'aller casser la gueule à Hewlett-Packard.

Et là, figurez-vous que de Villepin traîne des pieds et finit par marmonner : « Euh, Hewlett, peut-être devrais-tu penser à rendre les sous des subventions publiques ? » mais on sentait bien que ça manquait de conviction. D'ailleurs, le patron de Hewlett-Packard n'a pas eu peur. Il s'est approché et lui a lancé : « Qu'est-ce que tu dis, grand con ? T'es capable de répéter ça ?

– Euh non, je disais les sous, tu comptes pas les rendre ?
– Mais de quels sous il me parle, la gravure de mode ? Dis donc, Brushing, je te rappelle que c'est tes copains de droite qui ont voté une loi en 2002 qui me permettait de prendre l'argent des subventions sans rendre de comptes ! »

Alors, pour pas perdre la face devant sa fiancée, de Villepin a dit : « C'est la faute à Bruxelles... »

Cette phrase-là, elle l'a souvent entendue, la France. Elle l'a entendue à chaque fois que ses fiancés manquaient de couilles. Alors elle le sait maintenant, elle se mariera pas avec de Villepin en 2007, puisqu'il est comme les autres.

Messieurs les politiques, méfiez-vous, vous êtes en train de dégoûter une adolescente de l'amour.

Et ça, c'est pire qu'une faute, c'est un crime.

ÉMISSION DU 9 OCTOBRE 2005

Backstage

Avant de vous raconter ce qui s'est passé ce soir-là, je dois vous décrire comment se déroulaient nos dimanches. Je l'ai déjà dit au début de ce livre, nous arrivions au studio de La Plaine Saint-Denis vers 15 h 30. Après avoir répété l'intégralité de l'émission avec des stagiaires qui tenaient la place des personnalités invitées le soir même – à ce propos, il est arrivé que ces figurants aient plus de talent dans leur silence et leur indifférence que des invités bavards –, vers 18 heures, la répétition terminée, j'allais dîner dans ma loge. Puis l'attente, le coiffeur, la maquilleuse. À 20 heures on tournait dans la loge le « coming next », vous savez, cette courte pastille où Marco annonce le sommaire de l'émission du jour et où l'on me voit, l'espace de deux secondes, devant le miroir de ma loge. Et puis vers 20 h 30, comme je l'ai déjà raconté au début du bouquin, Marco vient frapper à la porte de ma chambre sur le rythme d'un klaxon italien. Vers 20 h 45, nous partions tous les deux pour la longue marche vers le plateau, la première année en compagnie des responsables de France 3, la deuxième année seuls, la plupart du temps, ce qui laissait augurer du sort de l'émission.

Mais revenons à ce 9 octobre. 20 h 30 : à la place de Marco, c'est Nicolas Plisson, son associé, qui frappe à la porte de ma loge et qui m'annonce que l'émission sera sans doute retardée en raison d'un envahissement du plateau par les amis de Dieudonné qui exigent la démission de Marco suite à « l'affaire » du SMS. Pour être honnête, j'avais suivi cette histoire d'assez loin, d'autant plus loin que je ne participais pas à ONPP au moment des faits. Ce dont je me souviens c'est qu'alors que je considérais Dieudonné comme l'humoriste le plus talentueux, je n'avais pas trouvé drôle son sketch du « juif avec les papillotes ». Mais peu importe, la justice avait considéré qu'il n'y avait rien d'antisémite dans l'attitude de Dieudonné et la même justice avait décidé que le SMS diffusé à l'antenne avait, lui, une connotation raciste. Voilà pourquoi une trentaine de personnes occupaient le plateau juste avant l'émission pour exiger la démission de Marco ou, pour le moins, me semble-t-il, une tribune afin de donner l'écho qu'ils jugeaient nécessaire à cette affaire.

Du coup, au lieu de commencer l'émission en direct, on a « envoyé la vieille », c'est-à-dire que la chaîne a rediffusé la séquence consacrée à Mireille Mathieu la semaine précédente. Pendant ce temps, je suis allé parler avec les « envahisseurs », qui pour la plupart me semblaient plutôt raisonnables, à l'exception d'une poignée d'exaltés. Je me souviens notamment d'une jeune fille blanche particulièrement énervée et nihiliste, qui venait là pour stigmatiser, disait-elle, l'attitude « néo-colonialiste » de Marco (*sic*). C'est peu dire que le ridicule de certains mots peut tuer le militantisme.

J'ai éprouvé la même sensation le jour où, au micro d'Europe 1, j'expliquai à Jean-Marc Morandini qu'à compter de ce dimanche 9 octobre, il ne se passa pas une émission sans manifestation bruyante des supporters de Dieudonné, et qu'arriver le dimanche pour faire de la télé sous la protection des fourgons de CRS et des barrières métalliques était particulièrement stressant. Comme j'avais employé l'expression de Fort Alamo qui me semblait une métaphore assez juste de la situation, j'ai reçu une lettre recommandée dont la forme ressemblait à un constat d'huissier, par laquelle un mouvement de défense des minorités m'accusait de racisme au motif qu'ayant comparé leur manifestation au siège de Fort Alamo, j'assimilais, je cite, « les Noirs aux Indiens, donc à des sauvages ». J'aimerais bien savoir à qui ce mouvement assimile les cons. (Par ailleurs, sans vouloir insister sur l'inculture des auteurs de ce courrier, je leur rappelle que les assiégeants de

Fort Alamo n'étaient pas les Indiens mais l'armée mexicaine. Dieu merci, l'ambassade du Mexique à Paris n'a pas jugé utile de m'attaquer pour anti-mexicanisme primaire !)

Quoi qu'il en soit, pendant la diffusion du reportage sur Mireille Mathieu, on nous installa au deuxième étage du bâtiment dans un hall d'accueil maquillé en studio de télé par la mise en place rapide d'une plante verte. Marco était assis sur un canapé avec l'invité et moi – qui étais à l'époque au meilleur de ma forme, c'est-à-dire que je pesais plus de 240 kg –, j'étais assis à côté sur une chaise de cinquante centimètres plus haute que le canapé. Quand j'ai vu au zapping les images de cette soirée, j'ai cru mourir de honte.

Vous vous en doutez, ce soir-là, le « conducteur » de l'émission fut quelque peu bouleversé, et c'est pourquoi les chroniques qui suivent sont inédites.

Bocal du 9 octobre 2005 (inédit)

Savez-vous ce qu'est un Zermatti ?

Un Zermatti, c'est une angoisse qui vient hanter votre esprit, qui se met à tourner dans votre tête en permanence et qui vous empêche de savourer l'instant présent.

Je vais vous donner un exemple. Vous avez remarqué que, parfois, vous parlez à quelqu'un et vous sentez que cette personne ne vous écoute pas vraiment, qu'elle est en pilotage automatique. Elle hoche la tête en faisant « ah ouais » ou « sans blague », mais elle n'est pas vraiment là, quelque chose la préoccupe, eh bien cette chose qui lui vrille le cerveau, c'est ce qu'on appelle un Zermatti.

Ça vient d'un prof de maths de mon fils quand il était en cinquième. Vous savez, ce genre de prof tellement sévère que la moyenne de la classe ne dépassait pas quatre et demi. Vous l'avez compris, ce prof terrifiant se nommait Monsieur Zermatti.

Vous, c'est pareil, vous nous regardez et pourtant je vous sens absents. Un Zermatti vous prend la tête. Pourtant, vous aimeriez bien être détendus pour rire avec nous, d'autant que vous avez vu les invités et vous savez que ce soir c'est place à la déconne, puisqu'il n'y a que des comiques : Muriel Robin, hein, qu'est-ce qu'elle peut nous faire marrer, cette conne, et face à elle, il fallait un comique masculin à la hauteur, on a choisi le plus fort, celui qui nous fait toujours tellement rire, Monsieur Paco Rabanne…

De la même façon que Muriel Robin a ses sketches incontournables, « Le fiancé noir », « L'addition », « La chienne Pépette », Paco a ses grands classiques qui nous ont fait mourir de rire, comme celui où il raconte qu'il est la réincarnation d'une pute égyptienne, ou son chef-d'œuvre dans lequel il annonce que la station Mir va nous tomber dessus et qu'elle détruira Paris et le département du Gers. Ben dis donc, une petite station comme ça qui détruit à la fois Paris et le Gers ! Mini Mir peut-être mais elle fait le maximum !

Comme comique, on a aussi Hondelatte, qui a écrit un bouquin sur Simone Weber, l'empoisonneuse de Nancy, une femme terrible dont le fils Jacques, Jacques Weber, continue à vouloir nous empoisonner avec un yaourt anticholestérol. Simone Weber, la diabolique de Nancy, Jacques Weber, le diabolique de Danacol.

Que des comiques, vous disais-je, et encore, vous n'avez pas tout vu puisqu'un peu plus tard dans l'émission arrivera Monsieur Peyrelevade, l'ancien patron du Lyonnais, et vous allez voir, ça nous ramène à nos Zermattis…

Les pires Zermattis sont ceux qui nous pourrissent le week-end. Ça peut être cette note de service que vous avez reçue vendredi après-midi dans laquelle le P-DG de votre boîte, Monsieur Davier-Brincourt, explique la nécessité pour l'entreprise d'être plus rigoureuse en matière de coûts de fonctionnement et qu'en conséquence, il n'y aura pas cette année de treizième mois.

Davier-Brincourt termine sa note en rappelant qu'il n'a pas cédé aux sirènes de la délocalisation. Autrement dit, remerciez-le, vous auriez pu être chômeur, alors que là, vous perdez juste la prime de fin d'année.

Putain, la prime de fin d'année ! Celle qui nous procure cette euphorie des samedis de shopping en décembre, ce bonheur d'acheter des cadeaux pour les gens qu'on aime, avec les bénévoles de la Croix-Rouge qui les emballent et leurs tirelires à pourboire, avec les marrons grillés dans le papier journal et les guirlandes aux vitrines des grands magasins !

Les Zermattis du vendredi sont les pires car ils vous pourrissent les petits bonheurs du week-end. Et il existe des enfoirés qui ont le chic pour vous coller un Zermatti le vendredi à 16 heures. C'est le cas de certains employés de banque qui adorent appeler leurs clients dont le compte est débiteur le vendredi après-midi.

Généralement, ça donne ça :

« Bonjour, ici Claude Mussadier du Crédit lyonnais. J'ai un problème avec votre compte qui présente à ce jour un solde débiteur de 538,72 euros. J'aimerais savoir quelles mesures vous comptez prendre pour que nous ne supportions pas plus longtemps les conséquences de votre insouciance. Je vous demande de régulariser au plus tôt sinon je serai contraint de refuser les chèques qui se présenteront, avec tout ce que ça signifie en termes d'interdiction de chéquier et de retrait de carte bleue. »

Mais, pauvre con, le vendredi à 16 heures, on s'en tape de notre compte en banque débiteur ! On a juste envie de partir en week-end, de retrouver ceux qu'on aime, de jouer au foot avec les enfants, de regarder France-Suisse avec des potes en se laissant aller ! Même que des fois, y a Bob qui pète, oui je sais c'est puéril, mais voilà ce à quoi on pense le vendredi à 16 heures.

Parmi vous qui avez eu un Zermatti à cause d'un coup de fil du type de la banque, un certain nombre sont clients du Crédit lyonnais.

Le Crédit lyonnais qui, cette semaine, vient de se voir condamné pour avoir floué Bernard Tapie, lequel recevra à titre de dommages et intérêts la somme de 135 millions d'euros. Rappelons que c'est l'État qui paiera les conneries du Lyonnais, c'est-à-dire nous.

Autrement dit, le type du Crédit lyonnais se permet de vous coller un Zermatti pour 538 euros 72 centimes alors qu'à cause de ses magouilles, il va nous obliger à payer, avec nos impôts, 135 millions à Bernard Tapie ! À titre personnel, j'ai déjà une amende à payer à Carole Rousseau. C'était déjà pas drôle, mais savoir que 135 millions de nos impôts vont aller à Tapie, c'est insupportable.

Alors, vous tous dont le week-end a été pourri par un Zermatti, lundi matin, téléphonez au Crédit lyonnais. Demandez à parler à la personne qui s'occupe des comptes débiteurs, prenez une voix doucereuse et dites au gars :

« Oui, bonjour, je vous appelle pour vous dire que nous avons un problème avec votre compte qui présente un solde débiteur de 135 millions d'euros. J'aimerais savoir quelles mesures vous comptez prendre pour que nous ne supportions pas plus longtemps les conséquences de votre inconséquence. »

Je ne suis pas sûr que ça serve à grand-chose, mais au moins, ça vous fera du bien.

Et la prochaine fois qu'un employé de banque vous appelle pour vous reprocher vos 538 euros 72 centimes de découvert, pensez aux 135 millions du Lyonnais, ça vous évitera un Zermatti.

Plasma du 9 octobre 2005

Alléluia, Céline Dion est de retour en France ! Vendredi soir, elle était l'invitée de la *Star Ac'*, autrement dit « que du bonheur », comme on dit à TF1.

Non, cette année, l'expression en vogue à TF1, c'est : « On va pas s'mentir… » Ça ne veut rien dire, mais ils rajoutent ça devant toutes leurs phrases pour leur donner un côté solennel, ça donne : « On va pas se mentir, ce soir c'est que du bonheur. » Ah oui, là ça change tout.

Donc, on va pas s'mentir, Céline Dion à la *Star Ac'* vendredi, c'était que du bonheur, mais aussi beaucoup d'émotion.

Bon évidemment, c'est pour de faux, c'est de l'émotion frelatée, quand Céline dit qu'elle est bouleversée d'être de retour à Paris, vous affolez pas, elle dit la même chose à Montréal, à Las Vegas, à Moscou ou à Caracas.

Pourtant on y croit, car elle pleure à chaque fois. Mais comment fait-elle pour pleurer ainsi à la demande ? Eh bien, Céline Dion a un truc.

Aujourd'hui, je suis en mesure de vous révéler le truc de Céline Dion, non pas pour pleurer vraiment, mais pour faire naître au coin de ses yeux une grosse goutte qui va descendre sur sa joue, doucement, tout doucement, pour qu'elle ait bien le temps de prendre des poses.

Ce truc, le voici : Céline Dion détourne le visage de l'axe de la caméra, et là, très vite, elle s'arrache un poil de nez. Quand elle se retourne, la larme est là, tremblante au coin de l'œil, et la voilà qui se met à couler tout doucement. Essayez ça, et vous verrez...

C'est un vieux truc qu'on utilisait au lycée pour draguer, on disait aux filles : « Tu sais, je n'ai jamais aimé vraiment avant toi » et là, hop, on se retournait, on tirait sur le poil et on continuait : « Pourtant, puisque tu ne veux pas de moi, je continuerai ma vie solitaire et insoumis... » et là, hop, la larme.

Bref, beaucoup d'émotion vendredi soir sur TF1. Déjà, les producteurs avaient prévu une entrée en scène bouleversante puisque les élèves arrivaient deux par deux pour faire une haie d'honneur à Céline, bon, l'émotion pure en prit tout de suite un sérieux coup dans l'aile vu qu'une élève s'est cassé la gueule en haut de l'escalier.

Et puis Céline est arrivée. On voyait bien qu'elle attendait le moment propice pour détourner la tête et s'arracher un poil du nez, c'est le moment un peu délicat, généralement elle se retourne vers l'orchestre en tendant un bras pour lui rendre hommage, tandis que de sa main libre, hop, le poil du pif… elle attendait donc le moment propice quand tout à coup se sont mises à tomber du ciel des particules de polystyrène, vous savez, les mêmes qu'on trouve dans les colis. Oui, c'était une idée artistique de la production qui trouvait que ça évoquait la neige du Canada. Donc, ils balancent des cintres vingt sacs de particules de polystyrène. Y en a trop, y en a partout, ça devient apocalyptique, les chanteurs en ont dans la bouche, dans le nez et dans les yeux, et là, hop, le polystyrène sur la pupille fait une réaction lacrymale, et voilà Céline qui se met à avoir sa larme sans avoir besoin de s'arracher un poil du nez !

Et Nikos, voulant sauver le désastre, eut beau dire à Céline : « C'est des larmes de bonheur », nous, en la voyant ainsi avec ses milliers de billes blanches collées sur la figure, qui n'osait ouvrir la bouche de peur d'avaler 500 grammes de polystyrène, on ne pouvait s'empêcher de pleurer aussi… de rire…

On va pas se mentir, Céline Dion, c'est que du bonheur.

ÉMISSION DU 16 OCTOBRE 2005

BACKSTAGE

Ce soir-là Antonio Banderas, le bel Antonio, me tendit la main en disant : « Bonsoir, je vous reconnais, nous nous sommes rencontrés à Beverly Hills. » C'est faux, bien sûr, et il doit dire ça à tous ceux qu'il rencontre, mais même si c'est puéril, ça fait du bien.

Malgré le cirque hollywoodien, la nuée de gardes du corps avec des enclumes dans la mâchoire et des attachées de presse hystériques, Banderas se montra enthousiaste et chaleureux, et même si cette générosité était professionnelle, elle fut pour moi une agréable surprise.

La mauvaise surprise ce soir-là, ce fut Josiane Balasko, que j'étais très ému de rencontrer tant elle m'avait bouleversé dans de nombreux films et notamment dans celui de Bertrand Blier *Trop belle pour toi*, dans lequel Gérard Depardieu la préférait à Carole Bouquet. Il y a dans ce film une scène magnifique où, après avoir fait l'amour avec Depardieu pour la première fois, Josiane Balasko, au petit matin, prend le métro et semble la seule à être colorée par le bonheur au milieu de la grisaille ambiante. Elle s'approche d'un homme triste sur le quai et lui dit : « Je voulais vous dire que cette nuit, j'ai fait l'amour avec l'homme que j'aime et que c'était merveilleux. » Le type apeuré lui lance : « Mais pourquoi vous me dites ça à moi ? » Alors Balasko répond : « Amour, cadeau, partage. »

Ce soir-là donc, je parle du film à Balasko, je lui demande de me redire cette phrase que je considère comme l'une des plus belles répliques du cinéma français et là, l'air pincé, la comédienne me répond : « Je sais plus, j'me souviens jamais de mes dialogues. »

C'est dur, la mort en direct d'une vache sacrée.

Bocal du 16 octobre 2005

Ce soir, cette chronique aura évidemment un ton différent des billets habituels en raison de l'actualité et de la psychose qui règne ici et dont vous percevez probablement la lourdeur. Car oui, vous le savez tous et il ne sert à rien de faire comme si cette angoisse n'existait pas, oui, je le dis, nous avons peur, la France a peur de ses poulets.

C'est la noblesse du clown du service public que de savoir parfois ôter son gros nez rouge pour se mettre au service d'une grande cause, et ce soir, afin de lutter contre les préjugés, j'ai à mes côtés quelqu'un qui a eu le courage de venir témoigner sur le douloureux problème de la grippe aviaire, mesdames et messieurs, je vous demande de faire un triomphe debout à mon invité… *(À cet instant, je posai devant moi un magnifique poulet de Bresse, déplumé, le cul passé au chalumeau par un volailler des beaux quartiers.)*

Ce poulet que vous venez d'acclamer, mesdames et messieurs, est porteur de la grippe aviaire. Comment ? *(Je regardai attentivement ses parties génitales.)* Ah non, excusez-moi, c'est une poule, une poule que j'ai achetée avenue Mozart dans le XVIe arrondissement à Paris, c'est donc une poule de luxe. Oui, c'est une poule de luxe, mais son cul, c'est du poulet, c'est pour ça que j'ai confondu…

Comme cette poule a demandé à rester anonyme, et nous respecterons son choix, je ne vous donnerai donc que son prénom et ses initiales, Christine Devier-J. Non, comme ça on risque de la reconnaître, appelons-la Christine D. Joncourt.

Comment reconnaître une poule de luxe ?

Oui, là, je vous demande de m'excuser mais je vais être un peu technique car des notions d'ornithologie sont nécessaires.

Les poules de luxe sont à l'origine des dindes. Des dindes qui ont eu des rapports avec des pigeons atteints d'une maladie étrange, la jaunisse du testicule, également nommée « couilles en or ».

Donc, pour nous résumer, une poule de luxe, c'est une dinde fourrée par un pigeon aux couilles en or.

Par exemple, notre témoin Christine Devier-J. a été contaminé par un pigeon aux couilles en or nommé Roland Dumas.

Pour préparer cette émission, j'ai contacté le plus grand élevage français de dindes, et j'ai longuement parlé au téléphone avec la directrice de cet élevage, une certaine Madame de Fontenay, qui m'a expliqué qu'à son grand regret, toutes ses dindes finissaient par être contaminées vu qu'elles adoraient les pigeons qui possédaient des couilles en or.

Ce soir, je voudrais faire un geste fort, un geste symbolique, un geste qui signifie : n'ayez pas peur des poulets. Car il ne faut pas avoir peur des poulets, sauf si vous circulez dans une vieille Peugeot et que vous avez le type méditerranéen. Un geste de tolérance aussi, et je voudrais que dès demain vous fassiez tous un geste aussi fort que celui de Clémentine Célarié embrassant un séropositif. Alors, si demain vous croisez un poulet, faites comme moi, embrassez-le. *(J'embrassai le poulet sur le bec.)*

ÉMISSION DU 23 OCTOBRE 2005

Backstage

Ce soir-là, l'invitée principale était le ministre des Armées, Madame Alliot-Marie, ce qui sembla exacerber l'agressivité des amis de Dieudonné qui ponctuèrent l'émission d'explosions de pétards, d'alertes à la bombe, et de slogans déformés par les mégaphones. Pendant le direct, on voyait des CRS cavaler entre les décors. Est-ce l'ambiance tendue qui régnait ce soir-là, mais José Garcia nous la joua comédien sérieux pour montrer qu'il était plus proche de De Niro que du clown irrésistible de Canal Jeanne, vérifier partout dans épreuves, je n'ai rien noté dans ma liste concernant Canal +. Dommage. Robert Hossein était également présent, qui venait de me faire parvenir à la clinique un bouquin sur Greta Garbo et me l'avait dédicacé en ces termes : « Elle sera votre ange. » Ce fut une autre amie de Robert Hossein qui vint me voir à la clinique, et qui devint Joséphine mon ange gardien.

Bocal du 23 octobre 2005

Cette semaine aura été marquée par l'augmentation de la parano au sujet de la grippe aviaire. Comme à chaque fois que survient une grande peur collective, le comportement des cons est fascinant à observer.

Car même si on n'est pas du tout sûrs de connaître une pandémie de grippe aviaire, ce qui est certain, en revanche, c'est que nous sommes d'ores et déjà envahis par une terrible épidémie... de connerie humaine.

C'est comme ça : dès qu'il a peur, le con est stimulé, le con se surpasse.

Concernant la grippe aviaire, il a déjà pris plusieurs décisions.

Tout d'abord, ça y est, c'est décidé : le con n'achètera plus de volaille, afin de préserver la santé de ses enfants.

Il est quand même à noter que les mêmes cons qui interdisent aujourd'hui à leurs enfants de manger du poulet les ont laissés, pendant des années, consommer des nuggets… C'est soi-disant du poulet, en réalité un mélange de sucres et de graisses, une bombe à retardement qui bouche les artères de leurs chères têtes blondes, une merde fabriquée avec des poulets élevés en batteries éclairées jour et nuit par la lumière artificielle, et gavés d'antibiotiques.

Autrement dit, le fils du con qui a bouffé ça pendant des années a de fortes chances de mourir très vite d'une crise cardiaque ou d'un cancer du foie. Mais grâce à son père, il n'attrapera pas la grippe aviaire.

Je connais même des types tellement cons que pour éviter tout risque de contamination, ils n'adressent plus la parole aux gens qui ont la bouche en cul de poule.

Il paraît que Giscard a perdu plein d'amis depuis quelques semaines.

Oui, parce que l'une des caractéristiques du con, c'est qu'il multiplie les précautions inutiles, tout en prenant par ailleurs des risques bien plus grands sans s'en rendre compte.

Tiens, un exemple au hasard, Jacques Weber.

Jacques Weber qui nous saoule depuis des mois à la télévision avec son cholestérol. Bon, déjà, voilà un type qui fait des analyses de sang, à qui on détecte un taux de cholestérol anormal et qui au lieu d'aller voir un cardiologue se soigne tout seul en bouffant des yaourts. Bravo l'automédication.

Et en plus, ce matin, en passant chez mon libraire, qu'est-ce que je trouve ? Cette revue, qui s'appelle *Vins et Spiritueux*, en couverture de laquelle on voit, devinez qui ? Eh oui, notre ami Jacques Weber dont l'article est illustré de photos sur lesquelles le comédien n'arrête pas de picoler du whisky. Alors, Jacques Weber fait ce qu'il veut, mais qu'il vienne pas après se plaindre d'avoir du cholestérol.

À propos de médicament miracle, vous vous souvenez que le comédien André Pousse nous a quittés le 9 septembre dernier. Eh bien, ce mois-ci, la revue *Pleine Vie*, dans son numéro d'octobre donc, soit plus d'un mois après sa mort, ressuscite André Pousse pour nous faire l'éloge de la papaye. Vous vous souvenez que Monseigneur Di Falco nous avait déjà expliqué que Jean-Paul II avait retrouvé la pleine forme grâce à la papaye ? Résultat : deux mois après, l'autre était mort. André Pousse, lui, a fait plus fort puisque plus d'un mois après sa mort, il vient nous dire, je cite : « Je me sentais vraiment fatigué depuis quelques mois, j'avais le moral en baisse, eh bien en quelques semaines, j'ai retrouvé un moral d'acier et un tonus inouï. »

Autrement dit, grâce à la papaye, tu meurs, mais en ayant la pêche.

Y en a d'autres qui prennent un peu les gens pour des cons, ce sont les dirigeants de la Fédération française de judo, qui ont conclu un partenariat avec une célèbre marque de confiserie industrielle au faux chocolat, vous savez celui qu'on servait dans les réceptions de l'ambassadeur. Vous vous souvenez de la pub ? Ils ne disaient pas quel était le pays de l'ambassadeur qui recevait, mais à mon avis ça devait être l'Albanie ou Cuba. Y avait rien à boire, rien à bouffer, juste des chocolats industriels dans les verres et des gens qui montaient et descendaient un escalier, ça donnait pas envie d'y aller... En tout cas, dès qu'un gamin s'inscrit au judo, la fédération lui envoie une lettre à en-tête commune de la Fédération française de judo et de la société de confiseries sur-sucrées, dans laquelle sont exaltées les valeurs communes du sport et du chocolat industriel.

Je vais vous dire : quand on voit ça, on a froid dans le dos. Et même si on est pas contaminé par la grippe aviaire, on a quand même... la chair de poule.

ÉMISSION DU 30 OCTOBRE 2005

Backstage

De ce soir-là, je ne garde que le souvenir ébloui de Mireille Darc, rayonnante et indulgente avec le pauvre Benoît Magimel, étriqué de banalité mais que d'aucuns comparent parfois à Alain Delon. Sa présence à côté de celle qui restera pour toujours la femme de Delon, comme Sylvie demeure la femme de Johnny, rendait encore plus pathétique cette comparaison injustifiée.

Bocal du 30 octobre 2005

Cette semaine a été marquée par la visite houleuse de Nicolas Sarkozy à Argenteuil, chez moi, dans ma ville, enfin dans ma ville jusqu'à il y a un an, parce que pour être franc, depuis un an, grâce à vous, Marco, j'ai pris l'ascenseur social pour monter jusqu'au seizième… Jusqu'au XVIe arrondissement, un quartier difficile et c'est vrai qu'il vaut mieux ne pas y traîner la nuit car dès que le soleil se couche, le XVIe devient complètement désert, c'est bien la preuve que les gens ont peur de s'y promener.

D'ailleurs, une nuit que je rentrais à pied chez moi, je me suis soudain retrouvé à terre sans avoir eu le temps d'esquisser le moindre geste. Avant que j'aie eu le temps de me relever, j'ai entendu le grognement terrible d'un molosse et soudain, devant mon visage, j'ai vu les crocs d'un chihuahua qui tirait de toutes ses forces sur sa laisse qu'une mamie aux cheveux bleus avait bien du mal à retenir. À peine avais-je compris que le chien m'avait tendu un piège en chiant sur le trottoir pour que je glisse dessus et que je tombe, que l'animal, profitant de ma position allongée, s'arcbouta sur ma jambe et me fit subir les derniers outrages.

Je rentrai chez moi humilié, en titubant et en sursautant au moindre bruit. Soudain, j'entendis au loin un cliquetis métallique qui se rapprochait. J'eus à peine le temps de me cacher derrière une porte cochère et je vis passer Charles Pasqua, suivi de son cortège de casseroles dans un vacarme terrifiant.

Pourtant, il ne faut pas généraliser, les habitants du XVIe arrondissement ne sont pas tous des Pasqua.

De la même façon, il n'y a pas que des racailles sur la dalle d'Argenteuil, contrairement à ce que laisseraient penser les images diffusées par les télés de l'accueil qui fut réservé au ministre de l'Intérieur.

Il faut quand même dire que débarquer sur la dalle de la ZUP d'Argenteuil à la nuit tombée, sous les gyrophares des voitures de police et les projecteurs des chaînes de télé, accompagné d'une escouade de CRS et d'une meute de journalistes, ça porte un nom, ça s'appelle de la provocation. Tiens, imaginez que Mahmoud arrive au Sénat avec ses Nike et la capuche de son jogging rabattue sur sa tête baissée, je ne suis pas sûr qu'il soit bien accueilli.

C'est vrai, y a des dealers de shit sur la dalle d'Argenteuil, mais ils ne sont pas la majorité. De la même façon qu'au Sénat, les parlementaires corrompus ne constituent pas la loi du genre.

En effet, dans les trucs qui pendent au cul des sénateurs, y a pas que des casseroles, y a aussi des hémorroïdes.

Pour en revenir à vous, monsieur Sarkozy, tant qu'à venir à Argenteuil, vous auriez dû me demander de vous accompagner, je vous aurais montré les cités, la ZUP, la cité Champagne, la cité Joliot-Curie, une des toutes premières, je vous aurais montré les halls d'immeuble, tiens, je suis sûr qu'on vous a jamais appris à regarder un hall d'immeuble.

D'abord y a les boîtes à lettres. Avec, dessus, des noms étranges, des noms étrangers écrits sur des pansements adhésifs. On devine que ces boîtes à lettres ont accueilli plus de radiations de l'ANPE et de mises en demeure d'huissiers que de lettres d'amour. C'est pour ça qu'elles sont déglinguées, les boîtes, ce sont elles qui prennent les coups de poing rageurs du type qui descend au courrier en espérant qu'un employeur lui ait répondu, bien qu'il s'appelle Mohamed Belkacem et qui, à la place, ne trouve dans sa boîte qu'une lettre d'un service de recouvrement qui lui réclame ses loyers impayés.

À côté des boîtes à lettres, monsieur Sarkozy, juste au-dessus des poussettes, je vous aurais appris à lire ce qu'écrivent les enfants sur les murs des halls d'immeuble. Oui, parce qu'à la ZUP d'Argenteuil, les enfants n'écrivent pas à l'école, ils écrivent dans les halls.

Y a des insultes sur les flics, c'est vrai, mais y a aussi des paroles de rap et des vannes dont la moins drôle est meilleure qu'un sketch de Maxime.

Je vous aurais appris à écouter aussi. À écouter dans les cages d'escalier les bébés qui pleurent, les couples qui s'engueulent et la télé à tous les étages. Si vous venez un lundi, monsieur Sarkozy, vous entendrez le générique de *Y a que la vérité qui compte*. Vous imaginez ça, vivre à la ZUP d'Argenteuil, avoir des loyers de retard et regarder Bataille et Fontaine à la télé ?

C'était sûrement ce que vous disait la dame à sa fenêtre avec laquelle on vous a vu parler à la télé, monsieur Sarkozy. Seulement, on n'entendait pas ce qu'elle disait. Vous non plus, d'ailleurs, mais ça n'avait pas d'importance puisque vous faisiez les questions et les réponses. Après avoir jeté un rapide coup d'œil à la caméra, vous lui avez demandé : « Qu'est-ce que vous dites, madame ? » Et là, vous avez enchaîné : « Qu'on vous débarrasse de ces racailles ? Mais oui, madame, on va vous en débarrasser. » Si ça se trouve, l'autre à sa fenêtre, elle vous disait : « Il fait bon, on se croirait pas en octobre »…

Si vous revenez à Argenteuil, monsieur Sarkozy, on partira de la dalle, on prendra la rue Marcel-Cachin, dirigeant du parti communiste, puis on tournera à droite sur le boulevard Lénine et là, juste avant d'arriver à l'avenue Henri-Barbusse, juste en face de l'usine Dassault, je vous montrerai cet ancien bâtiment industriel désaffecté qui est devenu la mosquée.

Vous y verrez quelques-uns de ceux que vous avez laissés sur la dalle de la ZUP qui en ont eu marre de voir tous les ascenseurs en panne, qu'il s'agisse des ascenseurs d'immeuble ou de l'ascenseur social, et qui suivent des barbus qui leur promettent de monter au ciel sans avoir besoin d'ascenseur.

ÉMISSION DU 13 NOVEMBRE 2005

Backstage

Bien sûr, ce soir-là, il y eut Nathalie Baye, mais il y eut surtout Hélène Grimaud… Hélène Grimaud, un nom proustien, un nom du début de siècle pour une femme hors du temps, un nom suranné pour une femme hors des modes, un nom terne pour une femme rayonnante… Il y eut également Charles Aznavour, mais personne ce soir-là ne pouvait supporter la comparaison avec la sublimissime pianiste. À la réflexion, si, un de nos invités, un seul, par son rayonnement et sa classe innée, parvint à faire oublier Hélène Grimaud, c'est Clara Morgane.

Bocal du 13 novembre 2005

La télévision c'est la vie. Oui je sais, c'est une phrase à la con qui rappelle Brigitte Fossey ouvrant la cérémonie des Césars lorsqu'elle déclare : « Le cinéma, c'est la vie » d'un air intelligent, ce qui prouve au moins qu'elle est une grande comédienne capable de jouer un rôle de composition.

La télévision c'est la vie, car le sens de la télévision, comme le sens de la vie, c'est d'aller en permanence vers la qualité.

Et là, je suis dans la merde. Je viens de commencer une chronique de haute tenue sur le sens de la vie mais vous, vous qui nous regardez, je vous connais et je sais bien que le dimanche soir, vous n'êtes pas disponible pour une chronique culturelle.

En plus vous venez de finir toute la blanquette à l'ancienne de midi et vous êtes avachi et ballonné sur le canapé. De temps à autre, on peut voir votre corps s'agiter de soubresauts provoqués par la remontée de renvois intempestifs que vous tentez de masquer en gardant la bouche fermée, puis vous les expulsez hypocritement par bribes dans la conversation mais vous êtes trahi par l'odeur de la blanquette ayant séjourné dans l'estomac… Bref, tout ça pour dire que vous avez actuellement d'autres préoccupations que le sens de la vie et je sais que vous vous apprêtez à zapper sur TF1 pour regarder une connerie, alors là… Stop ! Regardez ce que j'ai là, mais qu'est-ce j'ai là ? Le calendrier de Clara Morgane !

Eh oui, afin de préserver un niveau d'audience correct à cette chronique, à chaque fois que mon propos deviendra un peu trop intellectuel, pour compenser, je vous montrerai une photo du calendrier de Clara Morgane. Ça commence soft en janvier, mais ne vous inquiétez pas, c'est un crescendo et si vous êtes patient, en septembre, sans que ça n'ait le moindre rapport avec la chute des feuilles, on commence à voir les poils.

Mais revenons à la qualité !

Avec Hélène Grimaud, Charles Aznavour et Nicolas Canteloup, le moins qu'on puisse dire, c'est que l'émission d'aujourd'hui est placée sous le signe de la qualité. Je vais vous dire, c'est même trop, car à la télé comme dans la vie, on a besoin aussi, de temps en temps, d'un peu de médiocrité.

Et on les connaît tous, ces moments où ça fait du bien de se laisser aller. Par exemple cet instant délicieux où, lorsque après avoir vérifié que personne ne nous regarde, on fait pipi dans l'évier en faisant hypocritement couler le robinet pour laisser croire qu'on se lave les mains.

Bon, c'est un truc de garçon, mais on l'a tous fait, même vous, j'en suis sûr, Charles Aznavour…

Qu'est-ce que vous dites ? Vous auriez bien aimé mais vous n'arriviez pas à la hauteur du lavabo ? En tout cas, je suis sûr que vous vous laissez bien aller de temps à autre à faire pipi dans un bidet…

Tout ça pour vous dire : ne soyez pas affolés par ce plateau de qualité, plus tard dans l'émission, on se laissera aller. Simplement, au lieu de faire pipi dans le lavabo, nous recevrons Bernard Montiel qui viendra parler d'Albert de Monaco, ce qui, convenez-en, est à peu près la même chose.

Mais revenons à la qualité… Hélène Grimaud a écrit un livre magnifique intitulé *Leçons particulières*, dans lequel elle se pose les questions essentielles que nous nous posons tous : comment surmonter ses doutes, comment élever son âme, un livre dans lequel Hélène Grimaud raconte sa découverte du chemin intérieur qui lui permettra de trouver le bonheur. Remarquez, dans ce calendrier c'est pareil, tout à la fin, en décembre, Clara Morgane nous montre son chemin intérieur, celui qui lui permet de trouver le bonheur.

À cet instant, je sais que vous vous dites : tiens, c'est étrange, il ne parle pas de la révolte des banlieues. Eh bien non, cette chronique n'évoquera pas la banlieue aujourd'hui. Nous l'avons fait il y a deux semaines et depuis, toutes les chaînes ont traité le sujet.

Nous avons tous en mémoire ce débat sur France 2 qui restera dans les annales, une émission très forte, au cours de laquelle Steevy du *Loft* a déclaré, je cite : « Quand qu'on voit qu'est-ce qu'on voit, on a honte d'être français. »

Eh bien il a raison, Steevy, par exemple, quand qu'on voit un crétin inculte que la télé-réalité a sorti du ghetto où croupissent de bien plus intelligents et de beaucoup plus talentueux que lui, quand on voit cet imbécile chanceux balancer à la télé des conneries dont Poujade lui-même aurait rougi, on a honte.

La France est un pays paradoxal où les immigrés n'ont pas le droit de vote, mais où les ânes ont le droit de s'exprimer à la télé. Étonnez-vous après ça qu'une jeunesse se révolte.

On ne parlera pas des banlieues, pourtant tout nous y ramène. Tiens, Roland Agret, que nous recevrons tout à l'heure, Roland Agret qui, après s'être coupé les doigts, s'est tiré une balle dans le pied pour que les pouvoirs publics l'entendent. Un homme qui s'est fait du mal pour choquer les notables, ça vous rappelle rien ? C'est la même chose que ceux qui brûlent leurs propres gymnases pour qu'on les écoute.

Le problème, c'est que quand la banlieue se tire une balle dans le pied, c'est Steevy qui a mal. On est mal barrés.

Heureusement, tout n'est pas perdu. Si la droite est incapable de gérer la crise, le PS déborde d'idées pour guérir les banlieues. Bon, c'est vrai que la direction du PS ne les a pas encore exprimées, ces idées, vu qu'en ce moment elle a d'autres urgences, Monsieur Mélenchon n'étant pas d'accord avec Monsieur Hollande sur le nombre de militants de la fédération du Pas-de-Calais, mais dès qu'ils auront résolu ce problème essentiel, ils s'occuperont des banlieues.

Mais je m'éloigne du thème de cette chronique. La qualité. Juste une chose pour finir. Si le sens de la vie c'est d'aller vers la qualité, alors il ne faut pas s'étonner que ceux qui ne voient autour d'eux que la médiocrité… ne sachent pas vivre.

ÉMISSION DU 20 NOVEMBRE 2005

Backstage

Comme la présentation des invités fait l'objet du bocal, ce backstage sera elliptique. Non, non, je ne suis pas une feignasse, c'est juste que je ne veux pas être redondant et tirer à la ligne. Quoi, qu'est-ce que tu dis ? Tu n'en as pas pour ton argent ? Bon, alors, avant la liste des invités, voici un bonus spécial, un plasma évoquant la *Star Ac'*. Alors, heureux ?

Étaient invités ce soir-là :

- Sandrine Kiberlain
- Valérie Lemercier

- Henry Chapier
- Michel Fugain et Jean-Claude Camus
- Philippe Torreton
- Jacques Attali
- Tony Gomez
- Mohammed al-Joundi et Maître Collard.

Bocal du 20 novembre 2005

Ça y est, Novembre 5, c'est fini. Oui, je dis Novembre 5 comme on disait Mai 68, pourtant, je ne suis pas sûr que les deux événements soient de même nature.

D'abord, Mai 68 c'est loin, et depuis, tout a changé. La France a changé. Pour vous donner un exemple, en mai 68, les gaullistes étaient au pouvoir, Mireille Mathieu passait à l'Olympia, et on voyait Michel Drucker le dimanche à la télévision. Aujourd'hui, les gaullistes sont au pouvoir, Mireille Mathieu passe à l'Olympia, et Michel Drucker... bon, d'accord, mais ce ne sont pas de bons exemples. Il y a de grosses différences entre Mai 68 et Novembre 5. En mai 68, on brûlait les voitures au Quartier latin, pas en banlieue. Oui, parce qu'à l'époque, les jeunes vivaient au Quartier latin, d'ailleurs les jeunes de Mai 68 vivent toujours au Quartier latin, mais aujourd'hui, ils ont cinquante-cinq piges, un 4 × 4 Cayenne, et ils tiennent une galerie d'art ou une boutique de luxe. Eh oui, aujourd'hui, le Quartier latin est devenu le quartier Cartier.

Car les enfants de Mai 68 sont devenus les notables de Novembre 5. Ils lisent toujours *Le Nouvel Obs*, mais ils commencent par la fin, par la page des propriétés à deux millions d'euros. Quand ils ont vu qu'on brûlait les voitures, ils ont eu peur pour leur 4 × 4 Cayenne. Mais non, en novembre 5, c'est pas les voitures des riches qu'on a brûlées, c'est des R19 de prolos, avec le sapin désodorisant et le dossier en billes de bois.

Mai 68 était une révolte de repus pour refuser la société de consommation, Novembre 2005 est une révolte d'exclus pour accéder à la société de consommation.

Pourtant, il existe des ressemblances entre Mai 68 et Novembre 5. Dans les deux cas, le chef de l'État est intervenu à la télévision après un silence et une absence interminables. En mai 68, de Gaulle est apparu à la télé pour déclarer : « C'est moi ou la chienlit. » Devant leur écran, les Français ont dit : « Regarde le grand Charles, Simone, il a raison », et le lendemain, tout le monde était sur les Champs-Élysées.

Là, Jacques Chirac est apparu à la télé, les Français ont dit : « Regarde le grand con, Simone, il a… des lunettes », et le lendemain y avait plein de monde chez Optic 2000.

Eh oui, car c'est un signe des temps, aujourd'hui, on s'attache à des détails, pas au fond.

Tiens, un exemple au hasard, vous qui nous regardez. Je me fatigue à écrire une chronique avec du sens, une brillante analyse sociopolitique, et vous, sur votre canapé, vous appelez votre femme qui, dans la salle de bains, est en train de se couvrir le visage d'une crème de nuit (oui, parce que le dimanche soir à 21 h 12, c'est l'heure où les épouses se déguisent en sorcier massaï. Après ça, elles ont le culot de vous dire : « Bon, faut qu'on parle… Tu sais depuis combien de temps on n'a pas fait l'amour ? » Ben oui, mais je vous comprends, vous n'avez pas envie de faire l'amour avec le mime Marceau, mais peu importe…), donc vous criez à votre épouse qui se tartine dans la salle de bains : « Simone, viens voir les cheveux de Fugain, mais c'est hallucinant, qu'est-ce qu'il leur a fait ? » Alors elle rapplique, elle regarde l'écran et dit : « Ah, je sais… Il a fait comme Monsieur Boustier de la compta clients, il s'est fait implanter du crin de cul de cochon, c'est nouveau, c'est chinois, c'est lavable. »

Je me souviens qu'un jour, Michel Fugain, vous m'avez expliqué que vous démarriez toujours votre tour de chant par une chanson légère, car au début d'un concert, le public n'est pas attentif à la chanson, il regarde le chanteur pour voir s'il a changé, comment il vieillit et s'il perd ses cheveux…

Eh bien, à la télévision, c'est la même chose. Les gens attendent la fin de ma chronique pour voir comment sont les invités et, du coup, ils ne sont pas attentifs. Alors on va tout de suite évacuer la question en détaillant tous ceux qui sont autour de la table.

Bon, alors, Michel Fugain, pour commencer, les cheveux c'est fait, sinon, il n'a pas changé, non, il n'a pas trop vieilli. Bon, alors, à côté, lui, vous ne le connaissiez pas : le monsieur qui ressemble à un commissaire aux comptes relooké par les Queer, c'est Jean-Claude Camus, le producteur de Johnny. Ensuite on a Henry Chapier, oui, je sais, il a pris un coup de vieux, et pour finir Sandrine Kiberlain. Là, Simone de la salle de bains vous a crié : « Tu me diras quand on verra la petite Kiberlain ! » C'est parce qu'elle veut voir comment elle a réagi à sa séparation d'avec Gérard Darmon...

Voilà, ça y est. Je vais maintenant reprendre le cours de ma chronique... Ah, mais je m'aperçois que j'ai oublié Marco. Bon, donc ce soir, nous avons un match d'implants Marco contre Fugain et c'est pas parce que vous êtes le chef, Marco, mais vous êtes le gagnant. Eh oui, Michel Fugain... En matière d'implants faut pas mégoter, faut prendre du haut de gamme, Marco, lui, s'est fait implanter du poil pubien de jeune Indonésienne pubère, bon, évidemment, c'est pas donné, mais sur la durée, il s'y retrouve...

Voilà, je crois qu'on peut revenir à la chronique et à la comparaison entre Mai 68 et Novembre 5.

Mai 68 s'est terminé par un million de Français dans la rue qui ont dit qu'ils voulaient le retour à l'ordre et qui, un mois plus tard, partaient en vacances. En Novembre 5, personne n'a manifesté sur les Champs, mais les Français ont répondu à un sondage : à 80 % ils voulaient le retour de l'ordre et un mois plus tard ils prévoyaient de partir en vacances d'hiver. Ceux du Quartier latin partiront au ski en 4 × 4 Cayenne. Ceux qui comptaient passer quelques jours chez de vagues cousins à Angoulême ne partiront pas, vu que la R19 a brûlé.

Je me suis longtemps demandé ce que voulait dire l'expression « la France profonde ». Aujourd'hui, je sais : ce sont les Français à qui on la met… bien profonde.

Plasma du 20 novembre 2005

Je voudrais vous parler aujourd'hui des impostures à la télévision. De ceux qui s'amusent à piéger des animateurs, comme par exemple ce type qui est venu un jour sur ce plateau en prétendant qu'il était avocat de Saddam Hussein, mais bon ça ce n'était pas très grave, c'était juste un pauvre garçon qui voulait se faire un peu de publicité, non, je parle des impostures d'un autre genre…

Souvenez-vous : ce jour-là, l'équipe de France de foot rencontrait l'Irlande du Sud pour la qualification en Coupe du monde. On n'est pas obligé d'aimer le foot, mais pour les passionnés, l'instant des hymnes est un moment fort, pas à cause du sang impur, non, mais parce que ce long travelling sur les joueurs nous fait comme un creux au ventre (oui, je sais, je devrais m'abstenir de parler de creux au ventre). Toujours est-il que ce jour-là, en voyant tous les joueurs de l'équipe de France avec la main sur le cœur pendant *La Marseillaise*, on se disait que, pour une fois, l'argent et la publicité étaient battus en brèche par la communion d'une équipe vers un idéal. Et voilà que le lendemain, on apprenait qu'un imitateur s'était fait passer pour Jacques Chirac afin de réaliser cette imposture, uniquement provoquée donc par l'argent et la publicité.

Pour tous ceux qui avaient vibré à cette *Marseillaise*, c'était comme un abus de confiance, comme si on avait corrompu nos sentiments.

Mais, pire encore, on a appris récemment qu'une journaliste de *Télérama*, Emmanuelle Anizon, avait piégé l'émission *Y a que la vérité qui compte*. J'ai déjà eu l'occasion de dire, avec une certaine violence même, ce que je pensais de l'émission de Bataille et Fontaine, ce qui me rend d'autant plus serein pour vous parler aujourd'hui de l'imposture de cette journaliste.

Vous connaissez tous le principe de l'émission. De pauvres gens en déficit affectif prennent en otage devant les caméras des anciens amants ou des anciens amis qui les ont quittés. Emmanuelle Anizon s'est fait passer pour une participante à l'émission qui souhaitait retrouver sa meilleure amie avec laquelle elle s'était fâchée parce qu'elle avait couché avec son mec. Elle a donc raconté son histoire à l'équipe de l'émission, s'est rendue sur le plateau de *Y a que la vérité qui compte* et a joué la comédie avec une complice, y compris le passage obligé des sanglots.

À cet instant, qu'on le veuille ou non, beaucoup de téléspectateurs ont eu les larmes aux yeux parce qu'ils s'identifiaient à cette femme qui avait trahi sa copine, et qui leur ressemblait, qui fréquentait des pizzerias de centre commercial… Oui, parce que la journaliste de *Télérama* avait raconté qu'elle s'était fait draguer devant une pizza quatre fromages, pour faire peuple.

Ces images laissent un goût d'autant plus amer que les deux copines ont joué la comédie jusqu'au bout : la journaliste a raconté dans *Télérama* de la semaine dernière comment elle a piégé l'équipe de Bataille et Fontaine. On se dit : ah c'est bien, on va apprendre des trucs, elle va nous révéler des turpitudes, des magouilles, des trucages, et en fait il n'y a absolument rien qu'on ne sache déjà. Ah si, on apprend qu'on mange des biscuits dans les loges. Tu parles d'un scoop !

Alors, ma poule, je voudrais te dire que le public de l'émission de Bataille et Fontaine, c'est comme l'électorat de Le Pen. Ces gens-là ont leurs raisons, et il ne sert à rien de les mépriser. Les gens qui regardent *Y a que la vérité qui compte* sont des gens qui n'achètent pas *Télérama*, qui font les mots fléchés de *Télé 7 jours*, qui mangent des pizzas quatre fromages dans des pizzerias de centre commercial.

Touchés par la grasse

Je vais vous étonner. La *Star Ac'* constitue le petit bonheur de ma semaine télé. D'une part, parce que l'émission est enfin terminée et ça, c'est vraiment une bonne nouvelle, mais également parce qu'elle nous a offert un moment fort de télévision avec la présence de Liza Minnelli sur le prime du 19 décembre.

Que restera-t-il de cette promotion ?

Magalie, sans doute. Vous savez, la jeune fille qui possède des rondeurs, comme disent ceux qui n'ont jamais connu les souffrances d'une adolescence obèse. On devine que les producteurs l'ont sélectionnée au nom de quotas fédérateurs, au même titre que le Black de service, la Québécoise, la Beurette ou les jumelles.

Avec le surpoids de Magalie, la *Star Ac'* s'est offert une dramaturgie supplémentaire. On a eu droit à tout. Aux pesées sous l'œil des caméras, aux engueulades des profs lorsqu'elle avait regrossi, aux commentaires complaisants soulignant à quel point elle devenait « une femme ».

Ce que TF1 a fait avec Magalie porte un nom : ça s'appelle un carnage mental. Parce que si la jeune fille possède une jolie voix et un physique émouvant, ce n'est pas une chanteuse. Il lui manque le « je ne sais quoi ou le presque rien » comme disait Jankélévitch (citer un philosophe dans une chronique consacrée à la *Star Ac'*, il faut le faire !), il lui manque, disais-je, ce que Michel Berger appelait « ce supplément d'âme » que possède une Chimène Badi, par exemple.

Lors de la demi-finale, Magalie a chanté en duo avec Liza Minnelli. Une Liza Minnelli elle aussi en état de grasse par trop d'excès. Du coup, lorsque le réalisateur filmait les deux en plans lointains on aurait cru deux boulettes sur la scène. Une vraie publicité pour le couscous Garbit.

Sérieusement, ce duo montra avec cruauté que si Magalie possède une jolie voix, ce n'est pas une chanteuse. Bien sûr, techniquement elle a soutenu la comparaison avec Liza, mais la chanson n'est pas une simple affaire de technique. Sinon, on ne dirait pas un artiste mais un comptable.

Pourtant, tout au long de cette *Star Ac'*, le public de TF1 a plébiscité Magalie, la sauvant à chaque nomination.

Les téléspectateurs ont été touchés par la grâce de la grasse, comme ils l'ont été par Pascal, « l'adolescent de 38 ans (*sic*) » qui a atteint les demi-finales.

Sur le plan artistique, Pascal « fait penser à Johnny », disent les profs de la *Star Ac'*. Euh, oui, peut-être, mais alors un Johnny de karaoké de pizzéria. Et puis, Johnny, le vrai, aurait-il pris des cours avec Raphaëlle Ricci ? La réponse est dans la question.

Ce plébiscite de Magalie par le public ne constitue pas, comme l'ont prétendu certains, une victoire de la France d'en bas sur la France d'en haut.

Il s'agit juste de la victoire de cette émotion racoleuse et vulgaire qu'aime à nous donner TF1.

Il s'agit juste d'une victoire de la télé-réalité. Une de plus.

ÉMISSION DU 27 NOVEMBRE 2005

Backstage

Curieusement, ma mémoire n'a rien gardé de cette émission, à part peut-être le souvenir barbouillé du disque de Patrick Sébastien. Pourtant, Jeanne Moreau était présente également ce soir-là, mais c'est un peu comme le symbole d'une époque qui fredonne le petit bonhomme en mousse et qui a oublié *Jules et Jim*.

Bocal du 27 novembre 2005

C'est un homme brisé qui vous parle. Oui, car aujourd'hui j'ai craqué, mais il est des choses qu'un homme normalement constitué ne peut pas faire.

Mais reprenons au début. Vous savez que depuis un an et demi, Marco m'entraîne à devenir un bon animateur télé. Je devrais même dire qu'il me dresse, tant Marco est un instructeur tyrannique. Pour vous donner une idée, il me force à l'appeler *sir*, « sir » s.i.r., pas « sœur » s.o.e.u.r. Même s'il me dresse pour me durcir, c'est pas une raison pour que je l'appelle sœur…

Pour vous donner une idée de ce que j'ai subi, Marco a commencé par un premier exercice, l'épreuve des invités à la con, qu'on appelle aussi le parcours du con patent. Je vous explique : vous avez en face de vous un invité qui ne sort que des banalités et vous devez faire semblant de vous intéresser. J'ai eu du mal. J'ai eu du mal, mais aujourd'hui je maîtrise parfaitement. Je suis même capable de faire semblant de m'intéresser à un discours totalement dénué d'intérêt. Par exemple, quand Michèle Alliot-Marie vient nous expliquer que l'armée peut être un recours pour les jeunes des banlieues, eh bien j'arrive même à ne pas éclater de rire… Tiens, un autre exemple, quand Mireille Mathieu parlait de sa sœur, eh bien je lui ai même dit : « Ah, mais c'est passionnant », c'est pour vous dire que maintenant j'arrive à simuler avec autant de facilité qu'une michetonneuse roumaine mineure dans les bras d'un sénateur.

Une fois ce premier niveau atteint, Marco me fit subir l'épreuve des musiques de merde. Ça c'est terrible. Il a commencé par m'infliger Arielle Dombasle interprétant des mélopées mexicaines.

J'ai dû écouter l'autre chanter *Besame mucho* avec la voix de la Castafiore, tandis que Marco me disait : « Ça te plaît, hein, réponds ! » et que j'étais obligé de hurler « Sir yes sir ! » Après cinq minutes de repos, il m'infligea Mathieu de la *Star Ac'* qui chantait *Mon gros rat dans ton petit chat*. Là, j'ai eu du mal, mais j'ai fini par réussir.

Alors, je suis passé au niveau 3 : vous devez cumuler les deux, invités à la con plus musique de merde. Ne comptez pas sur moi pour citer un nom, parce que ça serait pas bien. Surtout que Francis Lalanne est un garçon attachant.

Après avoir passé toutes ces épreuves avec succès, je pensais avoir atteint le stade ultime pour un animateur télé, la druckérisation.

La druckérisation est à l'animateur télé ce que la Légion d'honneur est au pharmacien d'Angoulême, le but ultime, le nirvana. Quand vous êtes druckérisé, vous êtes capable pendant quarante ans de trouver les disques de vos invités formidables, sans la moindre réserve, et de la même façon qu'un bonze est capable de s'immoler par le feu sans le moindre signe de douleur, un druckérisé est capable de passer un dimanche entier sur une banquette avec un chien endormi et un public de club du troisième âge de Valenciennes, à dire : « Ma chère Lorie, j'ai écouté votre album en entier, laissez-moi vous dire que je le trouve formidable », puis à écouter la femme de Jean-Pierre Raffarin chanter *Prendre un enfant par la main* puis enfin manger un plat préparé par Jean-Pierre Coffe.

Bon, ceci dit, il est malin, Drucker, si vous regardez bien, il ne mange jamais ce qu'a préparé Jean-Pierre Coffe. Bon, au début, on sent qu'il aimerait bien, mais quand il regarde son assiette, il marque un temps et dit : « Le public est venu de loin, tenez, madame, je vous donne mon assiette… » Et en plus, le public l'applaudit pour sa générosité. Bravo l'artiste… Vous comprenez pourquoi il est le plus fort.

Donc, j'avais passé avec succès toutes les épreuves et je m'apprêtais à être druckérisé, lorsque Marco m'a dit cette semaine : « Petit scarabée, tu dois réussir un dernier défi », et il m'a tendu le dernier CD de Patrick Sébastien…

Je me suis dit : « Ouais facile », d'autant que j'ai déjà eu l'occasion de dire que j'aime bien Sébastien et que je lui pardonne ses outrances, tant ses émissions nous réconcilient avec une vraie télé de divertissement et avec les vrais artistes. Je regarde la pochette : bon d'accord, elle est aussi chargée que le décor de *La Chance aux chansons*, mais c'est pas grave. C'est quand j'ai mis ça dans mon lecteur CD que j'ai craqué. C'était insupportable. En fait, vous voyez ces deux lettres, DJ ? Ça signifie qu'entre chaque chanson, Patrick Sébastien tonitrue avec des tonnes d'écho dans la voix. On se croirait dans un magasin Gigastore au moment où on annonce une vente flash.

Bon allez, parlons de choses sérieuses. Je ne sais pas si vous avez vu ça, cette semaine, le président Bush a gracié une dinde. Oui, je sais, j'ai dit parlons de choses sérieuses, c'est pas de ma faute si l'homme le plus important de la planète perd du temps dans une cérémonie à la con pour gracier un dindon.

Remarquons qu'une fois encore la France a suivi l'Amérique puisque, nous aussi, nous avons notre cérémonie officielle au cours de laquelle on gracie une dinde. Elle aura lieu la semaine prochaine : ça s'appelle l'élection de Miss France. On prend quarante dindes, on en sauve une et à la place du président Bush, on a le fils de Madame de Fontenay.

Cette semaine également, le Parti socialiste a lui aussi sauvé sa dinde, puisque François Hollande a été réélu premier secrétaire. En ces temps où la jeunesse est perdue par manque d'idéal de gauche, le Parti socialiste vient de désigner un chef qui se situe dans la tradition des romantiques révolutionnaires. Eh oui, un type qui ressemble à un charcutier-traiteur de luxe, avec les faisans au plafond, les produits italiens et le foie gras à Noël et les spécialités écrites sur la vitrine à la peinture blanche… Et si vous n'aimez pas Hollande, le deuxième rebelle exalté, c'est Laurent Fabius, le père de ce garçon qui était venu, avec une vulgarité inouïe, faire de la provocation libérale à deux euros pour faire la promotion de la société dont il est P-DG.

Ah, il est beau, le fils de Jaurès ! On devine qu'il n'a pas vraiment été élevé dans le culte de la classe ouvrière...

Il existe un proverbe qui dit : si tu veux épouser une fille, regarde la mère. De la même façon, avant d'épouser les idées des socialistes, regarde leurs fils !

ÉMISSION DU 4 DÉCEMBRE 2005

Backstage

Étaient invités ce soir-là :

- Henri Dès, aïe !
- Marlène Jobert, aïe, aïe !
- Amanda Lear, aïe, aïe, aïe !
- Laurent Ournac (« Mon incroyable fiancé »), aïe 4 XL...
- Jean-Pierre Foucault, Geneviève de Fontenay et la nouvelle Miss France 2006, une brave fille terrorisée qui commençait ses phrases par « bon, bé... ». Finalement, le naturel et la gentillesse de la Miss désamorcèrent toute velléité d'ironie et de causticité de notre part.
- Maître Achoui (avocat d'Antonio Ferrara), qui ressemblait à Ray lliota dans *Les Affranchis*, avec de très belles mains qu'il faisait glisser l'une sur l'autre comme le faisait Mitterrand sur la fin, un costume magnifique et une façon de parler douce, ponctuée de mots forts.

• J'ai longtemps été fâché avec Madame de Fontenay, qui m'en voulait d'avoir dit que les Miss étaient du gibier pour notables rougeauds de province. Elle m'en voulait également d'avoir comparé son fils à ces petites rougeurs du désert aux grandes oreilles rondes qui guettent, debout sur leurs pattes arrières, l'arrivée de prédateurs.

Je suis désormais réconcilié avec Tata Yoyo et son grand chapeau et j'en suis ravi, tant cette femme, malgré le populisme qui fait partie de son fonds de commerce, est foncièrement gentille. Et puis, une femme qui au milieu d'une réception est prise d'une envie de pisser et se soulage dans un seau à champagne ne peut pas être foncièrement mauvaise.

Bocal du 4 décembre 2005

Tout d'abord, je voudrais vous annoncer une bonne nouvelle : Madame de Fontenay n'a pas été cambriolée hier soir. Oui, parce que chaque année, lors de l'élection de Miss France diffusée en direct à la télé, des malfaisants attendaient que Geneviève apparaisse sur les écrans aux côtés de Jean-Pierre, pour s'introduire chez elle et lui dérober des objets de valeur.

Enfin, « objets de valeur » au début… Certes, la première année, les voleurs ont trouvé dans un tiroir du buffet de la cuisine quelques bons de la Semeuse et des rentes Pinay que Geneviève avait achetées avec les maigres économies qu'elle avait réalisées en revendant à la maison de retraite Les

Myosotis les restes des buffets organisés pour les élections de miss régionales.

L'année suivante, ils ne trouvèrent qu'un bocal de confiture rempli d'anciennes pièces de cinq francs, et, la troisième année, ils se sont résolus à piquer les chapeaux et divers objets personnels qu'on n'a d'ailleurs jamais retrouvés.

Oui, parce que vous savez que dans ce genre d'affaires on voit généralement ressurgir le butin plusieurs mois plus tard dans les ventes aux enchères. Mais là, quand les cambrioleurs sont allés voir les receleurs et qu'ils leur ont proposé un stock de chapeaux de veuve de dictateur sud-américain, des bas à couture Le Bourget modèle 1952 et des sous-vêtements féminins Damart, les receleurs ont poliment décliné l'offre.

Et c'est dommage car je vais vous faire un aveu : j'aurais aimé acquérir une petite chose ayant appartenu à Geneviève. Tiens, si vous avez cambriolé Madame de Fontenay et que vous nous regardez, si vous pouviez juste me mettre de côté un sous-vêtement, même usagé… Je ne vous mens pas, c'est pour faire un doudou. Oui, car pour tout vous dire, je suis en pleine lune de miel avec Madame de Fontenay. Il faut dire qu'on s'était fâchés l'an dernier, je ne sais même plus pourquoi, et Geneviève fait partie de ces gens avec qui on est malheureux d'être fâché.

En revanche, il en est d'autres avec lesquels on est fier d'être fâché, des fâcheries nobles, des fâcheries classe, qu'on porte avec orgueil, un peu comme les décorations sur la poitrine d'un maréchal russe.

Moi, comme fâcheries classe, j'ai Le Pen, Raël, Balkany, Pasqua. Ça c'est de la belle fâcherie, de la fâcherie dont on peut être fier !

C'est comme vous, Marco ; je sais qu'il y a certaines personnes avec lesquelles vous resterez fâché à tout jamais. Pourtant j'ai bien essayé de jouer les conciliateurs, y a rien à faire, vous restez inflexible. C'est le cas du professeur Meunier, spécialiste en implants capillaires à l'égard de qui, pour une raison qui m'échappe, vous éprouvez une colère qui ne semble jamais devoir se calmer.

Mais revenons à notre bonne nouvelle : l'élection de Miss France a eu lieu hier soir et Madame de Fontenay n'a pas été cambriolée. Il faut dire qu'elle avait pris des mesures en mettant en place autour de son domicile un important dispositif de sécurité qui a dissuadé les voleurs.

Mais j'y pense, ce soir, ce dispositif de sécurité a été levé et dans quelques minutes Geneviève va nous rejoindre pour passer deux heures avec nous ! Autrement dit, les gars, allez-y, vous êtes peinards, vous avez deux heures pour cambrioler maman !

L'adresse ? Tout le monde le sait, Madame de Fontenay habite Saint-Cloud, rue de la Bécasse et de la Gourde réunies. Non, sérieusement, vous ne pensiez quand même pas que j'allais vous donner l'adresse personnelle de Madame de Fontenay pour que vous alliez la cambrioler ? Ne comptez pas sur moi, c'est pas le genre de la maison.

Je sais, je vous parle des Miss France alors qu'il s'est passé des choses bien plus importantes.

Cette semaine, la grippe aviaire est de retour, ça ne s'arrange pas en Irak, une usine a explosé en Chine, entraînant une pollution terrible et un manque d'eau potable pour des centaines de milliers de personnes, Sarkozy a encore fait parler de lui... je sais qu'il se passe des choses importantes et pourtant je persiste à vous parler de l'élection de Miss France.

Parce que l'élection de Miss France, c'est comme l'intronisation du prince Albert l'autre semaine : on a besoin de ça, ça nous renvoie au monde de l'enfance, c'est pour ça que Madame de Fontenay a raison, les miss ne doivent pas défiler en bikini, elles ne doivent pas poser nues, on s'en fout de voir leurs nichons. Est-ce qu'on avait envie de voir les nichons de Blanche-Neige ?

Tout le monde a ricané à propos du doigt d'honneur sur la photo des miss. Moi, ce doigt d'honneur ne m'a pas fait rire, parce qu'il était cruellement réaliste, parce que ce majeur tendu, c'était comme si on nous réveillait en sursaut, parce que ce doigt d'honneur, c'était une usine chinoise, un poulet malade ou une bombe irakienne qui nous le faisait.

Plasma du 4 décembre 2005

Je voudrais revenir sur la cérémonie des miss hier. On a eu tous les ingrédients du genre, le coiffeur Saint-Algue cité vingt-sept fois (c'est ça la France profonde, l'élection de Miss France parrainée par une chaîne de coiffure de centre commercial qui paye ses employées au Smic), tout comme l'autre partenaire, les robes Régina. Les robes Régina... On dirait une pub à l'entracte d'un cinéma de province dans les années soixante-dix, vous savez ces films publicitaires usés aux couleurs orangées au son qui gratte qui disaient : « Mesdames, dans un cadre élégant et raffiné, Régina vous attend pour vous faire essayer les nouvelles créations parisiennes. »

Ensuite, il y eut l'apparition réjouissante d'Yves de Risbourg, qu'on sort de la naphtaline chaque année. Yves de Risbourg est à l'élection de Miss France ce que Valérie Maurice est à la circulation routière des départs en vacances. Yves de Risbourg, c'est ce type qui vient nous expliquer comment téléphoner. Bon, il a un an pour répéter, mais c'est incroyable, il s'embrouille tellement qu'à la fin on ne sait plus téléphoner, en plus, hier, il nous a donné les instructions pour voter par Minitel.

Yves de Risbourg est drôle, mais celui qu'on attend toujours comme une star, c'est son assistant. Bon, déjà, vous voyez la situation d'Yves de Risbourg, vous imaginez un vieux copain d'école qui le rencontre...

– Tiens, mais c'est ce vieux Yves de Risbourg ! Alors qu'est-ce que tu deviens ?
– Ah ben moi, j'explique comment téléphoner à l'élection de Miss France.
– Ah ouais, super, bon, faut qu'j'te laisse, chui garé en double file.

Mais son assistant, c'est encore pire, voilà un type dont le rôle consiste à tendre à Yves de Risbourg une feuille sur laquelle sont notés les résultats des votes des téléspectateurs. On ne voit que son bras ! Enfin, théoriquement, on ne doit voir que son bras, mais hier, la frustration a été trop forte, il faut le comprendre, voilà un homme qui prévient sa femme, sa famille et ses amis « Ça y est, je passe à la télé » et à qui on ne laisse apparaître qu'un bras. Aussi, hier soir, lors de sa dernière intervention, l'assistant ne s'est pas contenté de tendre le bras, on a vu soudain son visage hilare venir dans le cadre et ricaner bêtement, c'est tout juste s'il n'a pas fait coucou à sa grand-mère. Il a bien fait, car un visage comme ça, on n'est pas prêt de l'oublier. Alors, si ce matin, vous croisez ce garçon dans la rue, dites-lui « Je vous ai vu, hier soir, à la cérémonie de l'élection des Miss, vous étiez très bien »... et vous verrez, le bonheur c'est simple comme un coup de frime...

ÉMISSION DU 11 DÉCEMBRE 2005

Backstage

Ce soir-là, Roberto Benigni était invité dans l'émission. Ce type est incroyable, chaque fois qu'il vient à la télé, il fait le même numéro : et que j'aime tout le monde, et que je crie mon amour au présentateur, et que je me jette à ses pieds pour les embrasser. Benigni, c'est comme Luchini, y a pas de surprise, ils surjouent immanquablement le même rôle et, à la longue, ça donne la nausée, comme si on nous avait gavés de crème Chantilly. Remarquez, ces deux-là ne sont pas les seuls à faire toujours le même numéro convenu à la télévision. Dans un genre opposé, vous avez Joey Starr. Vous imaginez qu'un jour, ces gars-là changent de rôle, que Benigni devienne taciturne, qu'il crache par terre dans le couloir des loges comme je l'ai vu faire à Starr, qu'il réponde aux questions de l'animateur par onomatopées et d'un air méprisant, et qu'à l'inverse, Joey Starr devienne souriant, qu'il déclare à quel point il aime les humains (y compris les hôtesses de l'air), et les animaux (y compris les petits singes en cage) ? Pour le coup, ce serait un grand moment de télévision.

Et pourtant, dès que vous les connaissez un peu, vous vous rendez compte que dans la réalité Benigni et Luchini sont plus cyniques et misanthropes que Joey Starr, et que l'image outrée que donnent ces trois-là lors de leurs passages à la télé n'est qu'une *commedia dell'arte* que leur entourage professionnel les encourage à jouer.

Dans la même émission, nous recevions Guillaume Depardieu. À l'inverse de ceux que je viens de citer et de bien d'autres, ce garçon cesse de jouer un rôle en dehors des heures de boulot pour nous jeter en pleine face la vérité de ses tourments les plus intimes.

Avec lui, il se passa quelque chose d'étrange. Tout comme Marco et moi, les invités sont équipés de micros HF accrochés au revers de leur veste et reliés à un émetteur caché dans une poche intérieure. Un assistant du son procède à cette installation dans la loge de l'invité. Et ce soir-là, quand le micro de Guillaume Depardieu fut installé, alors qu'il se trouvait à l'étage au-dessus de celui de ma loge, j'ai entendu, par je ne sais quelle diablerie d'interférence, sa voix sortir de ma télévision qui diffusait le journal de TF1. Je n'oublierai jamais l'image de Claire Chazal parlant avec la voix de Guillaume Depardieu et donnant à Marco des nouvelles de sa jambe artificielle, de son état amoureux, etc., et puis, à la fin, j'ai entendu Guillaume demander à Marco avec une infinie douceur : « Comment va Guy ? J'aimerais le voir avant l'émission. » Quelques instants plus tard Marco frappait à ma porte puis le laissait entrer. Il y eut entre nous une étreinte comme souvent dans le show-biz, mais une émotion comme rarement dans le show-biz. Guillaume, dans ce monde d'imposteurs, tu es de la race des Dewaere, et pas seulement par le talent. Alors, je t'en supplie, ne finis pas comme lui.

Bocal du 11 décembre 2005

Il y a deux semaines, nous recevions Patrick Sébastien pour son album *Tu t'es vu quand t'as bu*, la semaine dernière Amanda Lear pour son disque *Tu t'es vue quand t'es pas rasée*, ainsi que « Mon incroyable fiancé » qui, lui, venait présenter son CD : *Tu t'es vu quand t'es con.*

Quelques critiques nous ont alors reproché un certain laxisme dans notre programmation musicale.

Tout d'abord, je voudrais répondre à ces médisants qu'il existe un message dans notre programmation musicale. Un message fort qui s'adresse aux jeunes.

Tout d'abord, toi la jeune fille qui nous regardes ! N'oublie jamais : L'alcool est dangereux. Si tu bois en écoutant le disque de Patrick Sébastien, le lendemain matin, tu risques de te réveiller dans un lit à côté d'un type qui ressemble à « Mon incroyable fiancé ».

Quant à toi, jeune homme qui nous regardes, si tu picoles en écoutant le disque de Patrick Sébastien, le lendemain matin, tu risques de te retrouver dans le bois de Boulogne à côté d'un type qui ressemble à Amanda Lear.

Mais cette semaine, rien de tout ça ne risque d'arriver, car avec le *Stabat mater* de Bruno Coulais, l'émission sera austère, ascétique, monacale, cénobitique, voire même anachorétique.

À cet instant, je vous imagine chez vous, monsieur devant la télé comme une feignasse pendant que madame, de la cuisine, vous crie : « Dis donc, chéri, il est arrivé, Franck Dubosc ? »

Vous : « Non, mon amour, pour l'instant, ils disent que l'émission sera anachorétique à cause du *Stabat mater.* »

L'autre, dans la cuisine : « Ooh, Maurice, t'as encore laissé les enfants jouer avec la télécommande, t'es sur Arte ! Appuie vite sur le bouton 3 et appelle-moi quand tu verras l'extrait qu'ils montrent toujours où Franck Dubosc va aux cabinets dans un camping avec son rouleau de PQ à la main ! »

Ça, c'est sûr que, pour ceux qui en sont restés à nos invités musicaux des semaines précédentes, l'émission d'aujourd'hui va constituer un choc sur le plan musical.

Pour vous donner une idée, un *Stabat mater* est à la musique de Patrick Sébastien ce qu'un dimanche de Toussaint chez Lionel Jospin est à un repas de séminaire de représentants de commerce.

Cela dit, j'aimerais bien passer un dimanche avec Lionel Jospin et sa philosophe. Si, en plus, ils invitent quelques amis déconneurs comme Michel Bouquet ou Michael Lonsdale, on risque de ne pas s'ennuyer.

En tout cas, pour en revenir au *Stabat mater*, une chronique écrite en écoutant une telle œuvre ne peut être qu'empreinte de grandeur, de beauté et de poésie.

C'est vrai qu'on peut trouver de la poésie partout. Tiens, prenons quelqu'un au hasard dans ce public interlope et vous verrez qu'on peut toujours lui trouver de la beauté, tiens par exemple, vous, monsieur, vous voyez, même à vous on peut trouver de la beaut… Euh, non, c'était pas le bon exemple, mais par exemple chez Bernard Lavilliers, regardez-moi cette poésie qui émane de cet aventurier ! Regardez la beauté vigoureuse de ce gringo qui a vécu des aventures incroyables en Argentine ou au Brésil, ce baroudeur qui est même tombé dans des embuscades, si, si, Bernard Lavilliers est tombé dans des embuscades… dans tous les bars des hôtels Hilton d'Amérique du Sud. Non, sérieusement, cet homme a vécu des aventures tragiques comme un jour à Caracas, c'était terrible, ce jour-là, le serveur du room-service de l'hôtel Intercontinental a renversé son plateau sur le treillis Agnès B. de Bernard.

On peut aussi trouver de la beauté et de la poésie dans l'actualité de la semaine. Tiens, cette semaine, on a greffé le bas du visage à une femme, c'est beau une femme qui retrouve un visage, seulement, on nous a menti, c'était pas la première fois. On a déjà greffé le bas du visage à un être humain, mais évidemment, comme ça n'a pas marché, on n'en a pas parlé, et cette fois-ci ce n'est pas *Paris Match* qui a l'exclusivité, c'est nous. Nous pouvons l'annoncer, le receveur de la première greffe de mâchoire ratée, c'est lui, c'est Jean-Pierre Castaldi.

Eh oui, le cas de cet homme défiguré avec cette mâchoire disproportionné est terrible, d'autant qu'en voyant ça, le chirurgien, qui avait également prévu de lui greffer un cerveau, a renoncé, par crainte du rejet.

Cette semaine, les accusés d'Outreau ont été innocentés et le ministre a présenté ses excuses. C'est beau un ministre qui présente ses excuses, enfin quand le ministre sait parler, parce que notre ministre de la Justice, il disait « mes esscuses », comme Bérurier dans *San Antonio*, ou bien comme ma boulangère quand elle fait une erreur dans la monnaie : « Avec mes esscuses. » Avec les esscuses d'Outreau.

Cette semaine, le boxeur Brahim Asloum s'est fait éclater. Le lendemain, on l'a vu sur tous les plateaux avec sa lèvre recousue et son arcade explosée. Et c'est là qu'il était beau, Brahim. Pas quand Jean-Luc Delarue l'avait teint en blonde comme Steevy du *Loft* et en avait fait un boxeur pour VIP à qui on offrait des adversaires de patronage pour faire frissonner Hermine de Clermont-Tonnerre.

Vous voyez, on peut trouver de la beauté et de la poésie partout. Alors vive les *Stabat mater*.

Et comme on aime autant Patrick Sébastien que Bruno Coulais, ce qui serait bien, ce serait qu'ils nous composent tous les deux *Le Petit Stabat mater en mousse*.

ÉMISSION DU 8 JANVIER 2006

Backstage

Je me souviens que, ce soir-là, la si drôle Isabelle Mergault quitta l'émission en colère après avoir attendu plus d'une heure et demie sur le plateau que vienne son tour d'être interviewée. Marco effacera le contentieux en la faisant revenir quelques semaines plus tard. Il n'empêche, attendre aussi longtemps en écoutant Véronique Jannot raconter sa vie, Jean-Christophe Mitterrand expliquant à quel point sa vie de mis en examen était difficile puisqu'il avait raté un vernissage à Marrakech, un fan de Mylène Farmer parler de sa passion et Alain Minc venu présenter avec une évidente jubilation médiatique un ouvrage sur les élites, reconnaissons à Isabelle Mergault des raisons d'avoir des impatiences.

En ce début d'année, vous me voyez touché par la grâce.

Non, ne vous méprenez pas, quand je dis que j'ai été touché par la grâce, ça ne signifie pas que Régine s'est livrée à des gestes déplacés à mon égard, non, j'ai été touché par la grâce en lisant ce livre, que dis-je ce livre, ce guide spirituel, écrit par Véronique Jannot et intitulé : *Trouver le chemin*, édité par Michel Lafon.

À ceux qui me feraient remarquer que le nom de l'éditeur, Michel Lafon, n'est pas synonyme de grande littérature, je répondrai que d'autres éditeurs qui portent des noms prestigieux, comme par exemple Flammarion, publient ce genre de… chose, je n'ose pas dire « livre »… cette chose signée Massimo Gargia.

Et là, je dois vous faire un aveu. J'ai reçu cette chose *(je montre un livre)* accompagnée d'une dédicace dans laquelle Massimo m'écrit : « Je vous aime beaucoup car nous avons en commun des problèmes de poids. »

En lisant ça, j'ai compris que je tournais mal.

Non, Massimo, nous n'avons rien en commun. Même pas ce que vous appelez les problèmes de poids. D'ailleurs, vous n'êtes pas gros, Massimo, vous êtes juste adipeux. Une mauvaise graisse de gigolo vieillissant. Je vais vous dire,

Massimo, vous manquez de panache, même dans l'obésité.

Alors je vous en prie, foutez-moi la paix, continuez à offrir votre amour à des demi-people dans les soirées où on distribue des téléphones portables…

Voilà pourquoi je ne me moquerai pas de vous, Véronique Jannot. Parce que même si d'un point de vue littéraire le style de votre bouquin n'est pas sans rappeler les rédactions de nos chers CM2, l'air qu'on y respire nettoie les neurones de la pollution médiatique.

Je ne me moquerai pas de vous, même si vous racontez qu'enfant, vous aviez pour amie une jument à qui vous alliez régulièrement confier vos secrets et qu'à votre retour de colonie de vacances, l'animal vous fit la gueule. Alors vous avez posé votre tête contre celle de la jument et vous lui avez dit : « Tu sais, ce sont mes parents qui m'ont obligée à partir mais j'ai beaucoup pensé à toi » (oui, je vous ai prévenus, le style CM2...).

Vous l'avez compris, au début de son livre, Véronique Jannot, c'est pas l'homme qui murmurait à l'oreille des chevaux, c'est la fille qui racontait des conneries à l'oreille des juments.

Par la suite, le ton du livre change. Car Véronique nous révèle ses maladies et ses opérations.

Je ne sais pas si vous avez remarqué cette insistance des vedettes de cinéma à nous raconter leurs maladies. Tiens, rien qu'ici même, dans cette émission, en trois mois, nous avons reçu Charlotte Valandrey, Mireille Darc et vous, Véronique. Remarquez, y a pas que dans le show-biz, tiens, prenez la charcuterie, c'est la même chose.

Par exemple, Madame Berthon, de la charcuterie-traiteur Berthon, à la gare de Bois-Colombes. Eh bien, Madame Berthon qui trône à la caisse n'arrête pas de raconter son fibrome aux clients qui viennent payer.

Finalement, les vedettes de cinéma c'est comme les charcutières. Elles racontent leurs malheurs et elles encaissent.

Mais le plus important dans le bouquin de Véronique, c'est lorsqu'elle explique comment elle a surmonté ses tourments et ses angoisses grâce au bouddhisme.

Et là aussi, on pense immédiatement à la charcuterie Berthon. Véronique Jannot a trouvé son équilibre grâce à Bouddha, Madame Berthon a trouvé le sien grâce au boudin.

Non, sérieusement, je sais que je vais me fâcher avec Jean-Marie Bigard, mais jusqu'à présent, pour moi le bouddhisme, c'était plutôt un truc de filles qui prennent des cours de yoga à la MJC et qui lisent Paolo Coelho.

Après avoir lu le bouquin de Véronique, on se dit que ceux qui ont la foi sont des bienheureux. Parce que pour les autres, comme nous Marco, qui ne croyons en rien, qui pensons qu'après la vie, c'est comme avant, le grand néant, y a de quoi devenir fou. Vous vous rendez compte ? Juste une toute petite vie et le néant pour l'éternité ?

Si ça peut vous rassurer, dites-vous qu'en plus, vous auriez pu être gros pendant cette toute petite vie.

Alors que pour ceux qui, comme Véronique ou Jean-Marie, ont la foi bouddhiste et croient à la réincarnation, c'est le vrai bonheur.

Bon, attention, pour la réincarnation, y a des règles. En gros, si votre vie a été exemplaire, vous vous réincarnez en un truc vachement mieux. Mais si vous avez déconné, vous régressez. Dans la vie d'après, vous devenez huissier de justice, puis un animal, puis un insecte répugnant.

Cette histoire de réincarnation me rappelle le livre d'une autre star consacré au bouddhisme, celui de Sheila – eh oui, vous voyez que le mot « star » n'était pas trop fort –, un livre dans lequel la chanteuse expliquait sans rire qu'elle avait été moine bouddhiste dans une vie antérieure.

Vous imaginez le type, toute une vie ascétique à méditer au fond d'un monastère tibétain dans le dénuement le plus complet ; il meurt en se disant :

bon, j'en ai bavé, mais là je devrais avoir une super réincarnation, et paf ! le voilà qui se retrouve en chanteuse à couettes à chanter *C'est ma première surprise-partie* puis à se faire lifter par un chirurgien albanais. Y a de quoi vous dégoûter de la foi bouddhique.

Tiens, y en a un dont on ne sait pas en quoi il s'est réincarné, c'est François Mitterrand, qui doit bien se marrer en voyant l'espèce de culte généré par l'anniversaire de sa mort tandis que Chirac est à 1 % d'espérances de vote.

François Mitterrand dont, il faut bien le dire, les médias commencent à nous gaver, comme commence à nous gaver Mademoiselle Mazarine Pingeot omniprésente, qui raconte, qui anecdote, qui prend des poses, bref, qui gère les droits dérivés. Remarquez, au moins, pendant ce temps-là, elle n'écrit pas de livres. Mais quand même, c'est triste, elle qui rêvait d'être Françoise Sagan, elle n'est que Claude François junior.

En tout cas, Véronique, ce bouquin est à votre image : populaire dans le bon sens du terme. Vous resterez pour toujours et pour la France entière Pause Café. Je connais même une maison de retraite où les pensionnaires ont surnommé l'infirmière qui leur passe le bassin Pause Pipi. Et puis je vais vous dire : après avoir lu ce bouquin, on a juste envie de se réincarner… en gentil.

ÉMISSION DU 15 JANVIER 2006

BACKSTAGE

Étaient présents ce soir-là :

- Loïc Le Floch-Prigent pour son livre sur les prisons. J'ai toujours une gêne lorsque des personnalités publient un livre sur l'état lamentable (réel) des prisons, alors qu'elles ne connaissent pas les cellules surpeuplées puisqu'elles sont seules dans la leur et qu'elles peuvent « cantiner » à leur aise. Le Floch-Prigent aurait été plus crédible en reversant ses droits à une association d'aide aux prisonniers. Je n'ai pas eu, ce soir-là, l'à-propos de lui dire, ça fait partie de mes regrets.
- Anny Duperey pour la pièce *Oscar et la Dame rose*
- Alain Duhamel pour son livre *Les Prétendants 2007*
- Michel Piccoli pour la pièce *Le Roi Lear*
- Axel et Jean-François Kahn pour leur livre C*omme deux frères – mémoire et visions croisées*
- Élie Semoun pour son spectacle au Casino de Paris
- Franz-Olivier Giesbert. Il venait ce soir-là parler des gaspillages de l'État et il cita à de nombreuses (trop nombreuses) reprises le nom de l'hebdomadaire qu'il dirige. Comme pour Le Floch-Prigent, il y a chez Giesbert quelque chose qui me dérange, comme si le type avait au-dessus de la tête un néon sur lequel serait écrit : « opportuniste ». J'y reviendrai.

- Élise Lucet
- Benoît Poelvoorde en duplex de Rome sur la demande de Johnny Hallyday d'obtention de la nationalité belge.

Bocal du 15 janvier 2006

Cette semaine, Nicolas Sarkozy m'a roulé une pelle !

J'ai longtemps hésité avant de vous faire cet aveu, car il y a des choses qu'on ne peut pas dire à la télévision. Non, pas les gros mots, aujourd'hui, on peut dire tous les gros mots qu'on veut à la télé, même les pires. On peut dire bite, couille, chatte, certes on a encore du mal à dire une grosse bite et une petite chatte, et on a encore plus de mal à dire une grosse bite dans une petite ch…

En revanche, on ne peut toujours pas dire à la télé quelque chose de politiquement incorrect. Bon, alors, tout d'abord, qu'est-ce que le politiquement incorrect ? C'est le contraire du politiquement correct, et le politiquement correct, c'est tout ce que raconte Gérard Miller chez Laurent Ruquier.

Par exemple, en ce moment, il est politiquement incorrect de ricaner de Ségolène Royal.

Il faut dire que ceux qu'on appelle les éléphants du PS ont balancé tellement de conneries misogynes lorsqu'elle a présenté sa candidature, qu'elle est devenue intouchable. On se souvient par exemple de Monsieur Mélenchon déclarant avec sa classe innée et sa finesse légendaire : « Le PS n'est pas un concours de beauté. » On le sait, Mélenchon, que le PS n'est pas un concours de beauté, puisque vous en faites partie !

Monsieur Laurent Fabius, lui, avait fait dans l'humour. Quand il a appris que Ségolène Royal se présentait à l'investiture du PS, il a demandé : « Qui va garder les enfants ? » Oui, j'ai dit humour. Pardon, Élie, de galvauder le mot mais pour Fabius, ça, c'est de l'humour.

Voilà pourquoi aujourd'hui on n'a plus le droit de balancer sur Ségolène. En plus, honnêtement, moi je l'aime bien, surtout quand je vois les autres candidats potentiels du PS. Là, elle est partie au Chili, j'étais plutôt pour, je me suis dit : tiens, elle va soutenir Madame Bachelet, une femme méritante qui élève seule ses enfants après s'être séparée de leur père qui lui faisait subir de terribles violences conjugales… Oui, il paraît que Madame Bachelet était mariée à un type qui chantait sans arrêt : « Au nord, y avait les corons », vous imaginez le calvaire ! En plus, on se disait, tiens, Ségolène va sûrement marquer son séjour au Chili d'un discours fort comme le faisait le général de Gaulle, du style « Vive le Québec libre », ou comme en 64 à Mexico quand il s'est exclamé : *« ¡Marchamos la mano en la mano! »* Ça avait de la gueule.

Donc Ségolène arrive au Chili et là, première déception, elle monte sur une estrade et bredouille trois quatre mots d'espagnol trop vite appris dans l'avion, oui parce qu'elle a expliqué que pendant le vol elle a préféré dormir pour avoir le teint frais à l'arrivée. Donc, elle bredouille, disais-je, trois mots d'espagnol. Quand je dis trois mots, c'est la vérité, elle a dit : *amigas, amigos, Bachelet presidente* et encore *amigos*. Elle a eu du mal. Ensuite, elle a fait un tour des bidonvilles, et là, je dois rendre hommage à son courage parce qu'il en faut pour traverser les bidonvilles de Santiago en talons hauts, puis elle a repris l'avion pour retrouver François Hollande, qui est devenu en quelque sorte la Cécilia de Ségolène. D'ailleurs, de la même façon que Sarkozy ne veut plus parler de Cécilia, Ségolène ne veut plus parler de François Hollande.

Tiens, un autre qui fait face à la misère avec un courage inouï, c'est Jean-François Mattei. Vous vous souvenez, Monsieur Mattei, c'était ce ministre qui, au moment de la canicule, avait fait une déclaration télévisée, en tee-shirt dans le jardin de sa villa de vacances où il expliquait que toutes les précautions étaient prises pour les petits vieux, pendant que derrière, c'est tout juste si on ne voyait pas la fumée du barbecue et si on n'entendait pas sa femme lui dire : « Tu viens manger, Jean-François, les merguez vont refroidir… » Mais bon, l'essentiel c'était de rassurer les petits vieux et Monsieur Mattei leur expliqua que s'ils avaient un problème, ils pouvaient toujours contacter par Internet le site www.santepublique.com.

Tu imagines la tête de la mamie qui a encore un téléphone à cadran rond à côté duquel elle a collé un papier avec le numéro du docteur ? Du coup, au remaniement suivant, ils ont viré Mattei du gouvernement et ils nous l'ont recasé à la tête de la Croix-Rouge. Et là, le voilà qui nous annonce en plein hiver la fermeture de trois centres de la Croix-Rouge dans le 93. Bon, là, il est quand même rentré des sports d'hiver pour faire son annonce, il a pas osé réunir les caméras devant une raclette d'un restaurant d'altitude. Rassurez-vous, comme il est vraiment très nul, il a commis un vice de procédure et l'activité des centres est prolongée de quelques mois.

Cette histoire m'a rappelé que tout au long de l'année, Jean-François Mattei est venu à la télé nous expliquer qu'il se rendait en Asie du Sud-Est pour estimer les besoins. Voilà donc un type qui pour se rendre à l'aéroport traverse le 9-3 et qui, à aucun moment, n'a arrêté son taxi pour estimer les besoins.

À part ça, cette semaine, rien d'extraordinaire, la routine. Le Dakar. Des types habillés en réparateurs Darty continuent à tuer les enfants africains. Comme d'habitude. Alors passons au surprenant.

Le baiser de Sarkozy. J'ai regardé à la télé la totalité de la cérémonie des vœux du ministre de l'Intérieur. Pour être franc, j'ai trouvé qu'il était un peu moins dans la communication qu'à son habitude, et, l'espace d'un instant, j'ai eu l'impression qu'il disait qu'il nous aimait. Alors, j'ai fermé les yeux et je l'ai laissé m'embrasser.

Depuis, j'ai un peu peur. J'espère que Sarkozy nous aime vraiment et qu'il ne nous embrasse pas juste parce qu'il a envie de nous baiser.

ÉMISSION DU 22 JANVIER 2006

Backstage

Ce fut une « spéciale musée Grévin ». Est-ce la fatigue d'une fin de week-end ? Nul ne le sait, toujours est-il que tout au long de l'émission, Chevallier (sans Laspalès) et Francis Perrin demeurèrent figés et blanchâtres comme des statues de cire. Julien Clerc fut comme à son habitude, professionnel, et Joey Starr fut comme à son habitude. Ce soir-là, nous recevions également un ex-hooligan marseillais repenti depuis qu'il avait rencontré la religion musulmane, ce qui sur le fond est une excellente chose, mais le prosélytisme forcené de ce garçon m'obligea à lui demander s'il ne pensait pas être passé d'un excès à un autre. Le lendemain France 3 reçut la plainte d'une station de radio belge musulmane me demandant de « m'expliquer » sur cette « question tendancieuse, laissant entendre que l'islam peut être un excès ». Le premier moment de colère passée, je contactai cette radio dont un des animateurs m'expliqua que sa demande à France 3 n'était que le reflet de questions que lui posaient ses auditeurs. Il me proposa de leur répondre en direct sur l'antenne, ce que je fis, et l'incident fut clos. Mais ce qui est important dans cette histoire, c'est de constater dans le domaine de l'islam, comme dans celui de l'antisémitisme, ou du racisme, à quel point les sensibilités des uns et des autres sont exacerbées et à quel point la paranoïa règne dans chacune des communautés et chez les « Français de vieille souche » vis-à-vis de ces communautés.

Bocal du 22 janvier 2006

Ce soir, je voudrais vous parler du rire car l'émission d'aujourd'hui est un peu particulière, c'est un ONPP spécial comiques. Bon c'est vrai, là vous ne pouvez pas encore vous en rendre compte parce qu'il n'y a pas de rigolos parmi nos invités actuellement sur le plateau, à part Julien Clerc bien sûr, qui nous a beaucoup fait rire lorsqu'il a sorti son album de reprises de standards de jazz, mais restez avec nous, car les plus grands clowns du moment ne vont pas tarder à arriver.

Pour commencer nous recevrons Joey Starr, qui nous fait toujours tellement rire sous son masque impassible. Oui, parce que Joey Starr est ce qu'on appelle un clown blanc (et là, j'ai deux raisons, clown et blanc, de me prendre un pain dans la tête quand il entrera dans le studio), mais ce n'est pas tout, car nous recevrons aussi ce soir Gilles de Robien, qui nous a été exceptionnellement prêté par le cirque UDF. C'est d'autant plus généreux que le cirque UDF est un tout petit cirque, mais un petit cirque qui possède le meilleur duo de clowns de toute la politique française, le duo Bayrou-de Robien qui sont un peu les Kad et Olivier de l'Assemblée nationale.

Non, c'est vrai, je ne sais pas si vous connaissez leur numéro mais c'est magnifique, Bayrou joue au chef, il est dans l'opposition sans l'être vraiment, juste pour faire son intéressant et de Robien, lui, est ministre, c'est-à-dire qu'il a la Safrane, les Ticket-Restaurant et les congés spectacles. Quand on est ministre, tous ces avantages, ça porte un nom, ça s'appelle un portefeuille. Eh bien, de Robien, il est comme toi, il n'est pas prêt de lâcher son portefeuille.

À part ça, les Verts aussi possèdent de très bons clowns. Le problème, c'est qu'ils sont trop nombreux, on s'y perd. Tiens, rien que cette semaine, y en a un nouveau qui se présente à la candidature, Monsieur Contassot. Quand on pense qu'ils pourraient constituer le premier parti de France s'ils étaient intelligents, efficaces et surtout si leurs dirigeants n'étaient pas dévorés par l'ambition personnelle…

Finalement, les dirigeants des Verts, c'est comme Sarkozy ou Fabius, sauf qu'en plus ils s'habillent mal et ils bouffent du tofu.

Sinon, les autres partis politiques sont spécialisés dans d'autres disciplines du cirque : à l'UMP, ils mettent en vedette un petit dresseur de fauves qui s'excite et hurle des ordres en donnant des coups de fouet dans le vide pour impressionner les panthères, surtout les noires. Oui, on sait pas pourquoi mais le dresseur de l'UMP est très énervé contre les panthères noires. Et enfin, comme autre grand cirque, vous avez le PS. Eux, ils sont spécialisés dans les éléphants, ils sont très lourds et puis surtout, comme tous les éléphants, ils ont peur des souris. Une souris qui s'appelle Ségolène est entrée sous le chapiteau du PS et, depuis, les éléphants sont terrorisés.

Mais que serait une grande affiche de clowns sans celui qui a fait rire la France entière ? J'ai le plaisir de vous annoncer, mesdames et messieurs, la présence tout à l'heure sur ce plateau de Monsieur… Julia !

Monsieur Julia, clown humanitaire. De la même façon qu'il existe des clowns qui vont dans les hôpitaux faire rire les enfants malades, Monsieur Julia est un clown qui fait rire les preneurs d'otages.

Je vous explique comment ça se passe. Les Irakiens, qui n'ont pas beaucoup de raisons de rire depuis des années, prennent un Français en otage et téléphonent à l'ambassade de France :

« Allô, bonjour monsieur l'ambassadeur, bon ben voilà on a pris un otage. »

L'ambassadeur : « Et qu'est-ce que vous exigez pour leur libération, une rançon, la libération de prisonniers politiques ?

– Non, non, on veut juste que ce soit Monsieur Julia qui négocie avec nous… *(Rires étouffés.)* Arrête de rire, Mouloud, sinon ils vont pas l'envoyer. »

Et là, Monsieur Julia dit : « Laissez, je m'en occupe, j'ai une parfaite connaissance du Moyen-Orient et je parle arabe couramment. »

Bon, en fait de connaissance du Moyen-Orient, il a passé quinze jours au Club Med de Djerba, et sa connaissance de la langue arabe se limite à : « *Atééné deïna chims* », qui veut dire : « Passe-moi la crème solaire. » Les GO lui ont fait une blague et lui ont fait croire que ça voulait dire : « Mon pays est prêt à entamer les négociations. »

Mais peu importe, il débarque à Bagdad, il va voir les ravisseurs, les types le reçoivent :

« Alors, monsieur Julia, que dit votre gouvernement ? »

L'autre : « *Atééné deïna chims.* » Et les ravisseurs se marrent tellement que, pendant ce temps-là, l'otage peut s'échapper par la fenêtre.

Mais je m'aperçois que je ne vous ai pas parlé du rire. C'est dommage, car je suis allé voir à contrecœur la pièce *Ce soir ou jamais* jouée par Chevallier et mise en scène par Francis Perrin. J'y ai vu une salle pleine qui riait de bon cœur à des coups de pied au cul, des moumoutes en travers du crâne et des portes qui claquent. Ces gens sont sortis du théâtre avec, comme disait Françoise Sagan, un certain sourire.

Allez voir cette pièce, parce que plus le monde dans lequel on vit est risible, plus on a besoin de rire.

Plasma du 22 janvier 2006

Samedi dernier, j'ai regardé TF1 toute la soirée. C'est vous dire si je passe des samedis exaltants. J'ai commencé par *Le Maillon faible* spécial « Duo de célébrités ». Bon, ne vous affolez pas, un « duo de célébrités » pour TF1, c'est par exemple Ève Angeli et son mari.

Comment vous dire… Vous vous souvenez des prestations de Madame Angeli dans *La Ferme* lorsqu'elle disait au cheval : « Tu es constipé, Ponpon, mais tu ne dois pas avoir honte » ? Ève Angeli, c'est la fille qui murmurait au cul des chevaux. Samedi, elle et son mari ont été éliminés très vite et c'est dommage, car Monsieur Angeli vaut largement sa compagne. Au moins on aura appris en regardant *Le Maillon faible* que les Angeli c'est comme les perruches, il faut prendre le couple, c'est plus rigolo.

Après ça, j'ai regardé le JT de Claire Chazal. Ce soir-là, comme le chante Stéphane Eicher, « les nouvelles étaient mauvaises d'où qu'elles viennent » : les morts de froid en Ukraine et en Russie, les émeutes en Côte-d'Ivoire, les manifestations pour l'emploi et celles contre la violence à l'école… Eh bien, malgré cette actualité chargée, Claire Chazal commença son journal par… l'histoire de la baleine perdue dans la Tamise.

J'eus d'abord le sentiment de vivre dans le monde de Oui-Oui, puis à la réflexion je me suis dit que Claire voulait sans doute éviter que les téléspectateurs ne passent brutalement du *Maillon faible* à la triste réalité du monde. Elle nous offrait un sas de décompression en quelque sorte.

C'est sûr qu'après avoir regardé une émission avec le couple Angeli, on ne peut pas remettre brutalement son cerveau en marche, on risque l'accident vasculaire cérébral.

À cet instant, j'imagine que parmi vous qui lisez ces lignes, certains ont accroché des posters de dauphins aux murs des chambres de leurs enfants et pensent que je suis totalement insensible.

C'est faux, je ne suis pas insensible, mais je me fous des baleines dans la Tamise qui ouvrent les journaux télé, quand dans le même JT, mais beaucoup plus loin, à la fin d'un reportage sur la vague de froid en Russie, on voit une SDF édentée assise sur un trottoir à Moscou qui dit : « J'ai peur de mourir toute seule dans la rue. »

Après ces images terribles, le journal reprit son cours, mais soudain on vit Claire Chazal, visiblement bouleversée par une dépêche qui venait de tomber, annoncer : « Nous apprenons à l'instant que la baleine de la Tamise vient de mourir, malgré les efforts des sauveteurs. »

À cet instant, on devait être très triste chez les téléspectateurs qui accrochent des posters de dauphins aux murs de la chambre de leurs enfants.

C'est sans doute pour ça que, par la suite, Claire Chazal n'a pas interrompu le journal pour nous dire si la clocharde russe était morte elle aussi. En tout cas, on est sûr qu'aucun sauveteur n'a fait d'efforts pour la sauver, elle.

Mais c'est vrai qu'un dauphin c'est si mignon, alors qu'une SDF alcoolique ça fait peur aux enfants. Et TF1 n'aime pas faire peur aux enfants.

J'allais oublier. Par curiosité, j'ai recherché quel était le sujet qui avait ouvert le même jour le JT de Béatrice Schonberg sur France 2. La chaîne publique a commencé son journal avec... la baleine perdue dans la Tamise.

Je vous ai dit que « les nouvelles étaient mauvaises d'où qu'elles viennent », alors j'imagine que France 2 comme TF1 désiraient juste ce soir-là nous laisser « déjeuner en paix ».

ÉMISSION DU 29 JANVIER 2006

Backstage

Ce soir-là, Adriana Karembeu vint nous présenter le nouveau magazine télé, *Télé show-biz*, en nous certifiant qu'elle intervenait dans les choix éditoriaux. Et ça, c'est une faute de l'attaché de presse. Jamais vous ne ferez vendre un journal en faisant dire à Adriana Karembeu qu'elle intervient dans les conférences de rédaction. Évidemment le magazine cessa de paraître après quelques numéros et Adriana revint dans l'émission quelques semaines plus tard pour nous raconter comment elle se perdit dans le désert lors du rallye des Gazelles. Enfin, perdue dans le désert, c'est beaucoup dire, en fait pendant quelques minutes le minicar qui roulait à côté de sa voiture avec les journalistes people et son assistance technique s'est arrêté parce que des photographes avaient envie de pisser, et quand Adriana a vu qu'elle n'avait plus son assistance technique à ses côtés, elle a paniqué... Et je la comprends, il faut dire que l'assistance technique d'Adriana Karembeu est constituée de grands professionnels, aussi précis que les types qui travaillent sur les stands de formule 1 lorsque Schumacher s'arrête au stand. La team Karembeu est constituée d'un photographe, d'un maquilleur, d'un coiffeur, d'un type chargé de l'asperger avec un brumisateur, d'un autre qui la ventile avec une feuille de palmier, d'un autre qui lui lit les articles de la presse people qui lui sont consacrés et d'un autre, enfin, qui invente des histoires à la con pour qu'on parle de sa patronne. Ce jour-là, il avait eu cette idée d'Adriana perdue dans les sables du désert et que l'on imaginait, la combinaison entrouverte, avec une rigole de sueur serpentant entre les seins, marchant, les lèvres entrouvertes (je parle de la bouche) vers une quelconque oasis. Ça devait être une fausse bonne idée puisqu'à part nous, personne n'en a parlé, en tout cas, personne n'a été vraiment inquiet.

Ce soir-là, nous recevions également Didier Barbelivien dont j'ai dit tant de mal par le passé, et qui vint avant l'émission me dire dans ma loge que je pouvais l'allumer tant que je voulais, mais qu'il souffrait lorsque je mettais en doute la sincérité de son amour pour Léo Ferré. Dont acte.

Grégory Lemarchal était présent dans la même émission. Vous savez, le « petit » Grégory, gagnant de la *Star Ac'*, à propos duquel j'avais reçu la semaine précédant sa venue beaucoup de courriers de fans me demandant d'être « gentil » avec lui pour ne pas « salir leur rêve ». Dont acte.

Bocal du 29 janvier 2006

Restez avec nous, car ce soir vous risquez d'être surpris.

Lorsque Marco m'a annoncé le nom des invités de cette émission, il m'a dit : « Tu vas être heureux, on accueille Adriana Karembeu et Sonia Rolland. » Effectivement, ça partait bien, mais quand je lui ai demandé : « Et à part ça, on reçoit qui ? », Marco, qui commence à bien me connaître, s'est raclé la gorge et il a répondu : « Euh... à part ça y a Barbelivienlaguilleretgrégorylemarchal. » Comme je lui demandais de répéter plus clairement son tiercé maudit, il a fini par lâcher : « À part ça, nous recevons Didier Barbelivien, Arlette Laguiller et Grégory Lemarchal. »

Bon, vous me direz, ça pourrait être pire, et tant qu'on reçoit pas le type qui a écrit la chanson du générique de *Marc et Sophie*, la dirigeante d'un parti politique nébuleux et un gagnant de la *Star Ac'*, tout va bien…

À cet instant, je devine que vous appelez votre épouse : « Tiens, viens, laisse tes lentilles, y a Carlier qui va se payer Barbelivien ! »

Et l'autre dans la cuisine : « Mais non, il ne va pas oser lui dire, à Barbelivien, qu'il a écrit des merdes, il n'a pas de couilles… »

Et vous qui insistez : « Mais si, il a des couilles, Carlier ! Tu vas voir comment il va lui dire à Barbelivien qu'il a écrit des merdes, hein Guy, que tu vas même lui rappeler à Barbelivien qu'il a écrit *Je te survivrai* pour Jean-Pierre François ? »

Remarquez, Didier, il n'a pas tort le monsieur derrière son écran. Quand on repense à cette chanson, *Je te survivrai*, on ne peut s'empêcher de se dire qu'elle a été conçue par le cerveau d'un être humain normalement constitué, et là on ne peut qu'être émerveillé par la mécanique cérébrale… Quand on pense qu'à l'intérieur de cette boîte crânienne, au cœur du cortex cérébral, des synapses ont transmis des impulsions électriques à des neurones qui ont eux-mêmes donné des ordres aux nerfs des membres supérieurs qui ont activé les muscles du bras, pour qu'au bout du compte votre main écrive sur une page blanche :

Je te survivrai et tu m'entendras
Je te survivrai quelque part en toi
Je te survivrai au-delà de moi
Je te survivrai

Vous voyez, madame, que j'ai des couilles, mais j'ai des oreilles aussi et en écoutant votre album, Didier, j'y ai entendu une chanson magnifique intitulée *Maximum respect* dédiée à Étienne Roda-Gil qui est à la chanson ce que Frédéric Dard est à la littérature, c'est-à-dire tout simplement le plus grand.

En plus, Didier Barbelivien, vous êtes la preuve que Nicolas Sarkozy a au moins une valeur, c'est l'amitié. Parce que si seuls comptaient ses rapports avec les stars, il aurait développé des amitiés plus politiquement correctes que vous. Il aurait sûrement été plus gratifiant pour lui, d'un point de vue électoral, de s'afficher avec Lorie ou Jamel.

Je parlais de surprise ce soir, parce que j'en ai marre que dans tous les talk-shows on ne parle à Adriana Karembeu que de la longueur de ses jambes. Bon, remarquez c'est vrai, une jambe d'Adriana, ça fait la hauteur totale de Sarkozy, mais quand même, Adriana, c'est autre chose. Ce soir, mesdames et messieurs, Adriana Karembeu va vous parler de philosophie, plus précisément de Schopenhauer… Alors, chère Adriana, pouvez-vous nous résumer sommairement la théorie de Schopenhauer ?

« Eh bien, Schopenhauer, tout comme Kant, a opposé les phénomènes aux choses en soi. Il affirme que ce qui nous apparaît dans l'expérience, ce n'est pas la réalité des choses mais une représentation subjective de la réalité. »

Merci Adriana. Pourtant je vous assure que lorsqu'on vous regarde, ce qui nous apparaît, c'est bel et bien la réalité, ça n'a rien de subjectif. Finalement, vous apportez au monde la démonstration que les théories de Schopenhauer sont fausses, et on dira après ça que vous n'êtes pas une intellectuelle.

Non, sérieusement, un peu de culture ne fait pas de mal. Toi, l'étudiant qui nous regardes, si tu as philo demain, si tu dois résumer la théorie de Schopenhauer – ce qu'on croit être la réalité des choses n'est que l'interprétation qu'on s'en fait – et si tu dois donner un exemple, tu peux dire : par exemple, si on écoute le dernier disque de Barbelivien, on constate que ce n'est pas de la musique réelle, c'est l'idée que Barbelivien se fait de la musique.

Et vous, madame Laguiller, vous n'êtes pas la réalité politique, vous êtes une illusion, une utopie. Moi, j'ai du respect pour vous au-delà de la condescendance habituelle – « Alors, Arlette, toujours candidate ? » –, je ne vois pas au nom de quoi on serait plus impressionné par Monsieur Édouard

Balladur. Édouard Balladur a été président du tunnel du Mont-Blanc de 1968 à 1981 et ça c'est impressionnant, alors que vous étiez dactylo au Crédit lyonnais. À propos, Arlette, vous avez vu, le Crédit lyonnais, pour faire oublier qu'ils se sont fait rouler par Bernard Tapie, ils ont changé de nom, ils s'appellent LCL, pour vos « amis » de la LCR, n'est-ce pas troublant ?

Arlette Laguiller, vous avez conscience de ne pas être venue dans une émission politique. Vous n'êtes pas chez Arlette Chabot ou Christine Ockrent. Nous vivons dans une société de la communication, et, je le déplore, une grande majorité du public est sensible à la peoplerie. Ce soir, donc, vous allez devenir une people.

Alors, chère Arlette, nous allons évoquer votre vie privée et connaître le nom de votre « Cécilio ». Il paraît que vous avez vécu une période difficile tous les deux, il vous a quittée pour aller vivre quelques semaines à Cuba avec un conseiller en propagande, mais ça y est, il est revenu et, depuis quelques semaines, on peut vous voir en photos tous les deux dans la presse people.

Alors, Arlette, pour quand le mariage… Quoi, qu'est-ce que vous dites ? Ah, c'est vrai, d'aucuns prétendent que le mariage est très mal vu au sein de Lutte ouvrière.

Autrement dit, prolétaires de tous les pays, unissez-vous, mais surtout pas à Lutte ouvrière.

ÉMISSION DU 5 FÉVRIER 2006

BACKSTAGE

Dans la semaine précédant l'émission, mon téléphone sonna et en décrochant j'entendis : « Bonjour, ici Claude François. »

Le premier moment de stupeur passé, je compris qu'il s'agissait du fils du chanteur, Cloclo junior, devenu producteur et qui insistait pour que j'aille voir le *one man show* de son poulain, Patrick Bosso. Il était, me dit-il, tout à fait d'accord pour que je chambre Bosso, mais seulement après avoir vu son spectacle. Effectivement, le spectacle était bon, avec des relents pagnolesques, bien loin en tout cas des sketches minimalistes des comiques marseillais sur les videurs de boîtes de nuit. Je le dis à l'émission, ce qui me valut toute la reconnaissance de Bosso et de Cloclo junior alors que j'avais juste fait preuve d'honnêteté intellectuelle. Il faut dire que c'est une valeur qui se perd à la télé.

Danièle Evenou était présente également, et il faut être bien stupide pour ne pas comprendre que son attitude d'écervelée hystérique n'est qu'un jeu, que Danièle est une formidable comédienne, au point qu'elle parvient même à faire croire qu'elle est folle. Je me souviens qu'elle était assise à mes côtés et que, pendant les sujets, nous parlions de Jacques Martin. Elle me raconta sa déchéance physique, ses souffrances et surtout sa solitude dans la maison de « convalescence » où il se trouvait et puis du silence des gens du « métier », à l'exception, me dit-elle, de Laurent Baffie qui prenait régulièrement des nouvelles. Je parlai de certaines valeurs absentes de la télévision, Laurent Baffie en possède certaines, notamment la reconnaissance du cœur. Quoi qu'il en soit, Jean Yanne est mort cette année, Jacques Martin ne va pas fort et notre enfance fout le camp.

Bocal du 5 février 2006

Évidemment, la semaine a été marquée par le débat sur les caricatures religieuses, enfin, débat, c'est beaucoup dire, car pour paraphraser Michel Audiard, quand des types avec des kalachnikovs parlent à des types qui dessinent des petits Mickeys, les types qui dessinent des Mickeys se taisent.

Mais avant d'y venir, je voudrais profiter de la présence de Daniel Bilalian et de Philippe Candeloro parmi nous pour évoquer les Jeux olympiques d'hiver. Des JO qui, il faut bien le reconnaître, ont un peu perdu de leur prestige dans notre pays car, depuis quelque temps, la France s'est plutôt spécialisée dans les disciplines anecdotiques, comme par exemple le biathlon.

Je ne sais pas si vous voyez ce que c'est, le biathlon : c'est ce sport où des types déguisés en douaniers mélangent ski de fond et tir à la carabine à plomb. Déjà, le ski de fond, ça fait club du troisième âge, on a tous vu dans les stations de sport d'hiver ces mamies aux cheveux bleus qui avancent précautionneusement à la queue leu leu pour aller boire un vin chaud. Dans le biathlon, non seulement y a du ski de fond, mais en plus, tout à coup, les voilà qui s'allongent dans la neige et qui se mettent à tirer à la carabine à plomb. C'est plus les JO, c'est la fête à Neuneu, on s'attend à ce qu'un type arrive avec un micro : « Encore un gagnant, bravo, jeune militaire, voici votre lot, une magnifique peluche ! »

Sinon, comme autre sport anecdotique des JO dans lequel on est forts, il y a le curling. Alors ça, c'est un sport de malades. Vous avez un type qui balance une mine antipersonnel sur une patinoire, et aussitôt on voit des maniaques qui se précipitent pour balayer frénétiquement la glace devant la mine. Ce sont des fous de la propreté, de pauvres garçons qui souffrent de TOC, d'ailleurs on peut les voir régulièrement chez Delarue. « Bonjour Pascal, vous avez vingt-cinq ans et vous souffrez de TOC, pouvez-nous dire comment se manifestent vos troubles ? » L'autre : « Eh bien dès que quelqu'un balance quelque chose sur une patinoire, il faut que je frotte avec mon petit balai. » Et Delarue enchaîne : « Et sur le plan sexuel, comment ça se passe ? » Oui, quel que soit le sujet, Delarue finit toujours par demander comment ça se passe sur le plan sexuel.

Mais revenons à nos disciplines olympiques. Vous avez aussi le bobsleigh à deux, ça c'est la discipline que pratique le prince Albert de Monaco. Un sport olympique avec le prince Albert, je vous laisse imaginer le niveau. Normalement, Édouard Balladur aurait dû être sélectionné pour Turin, mais il souffre d'un claquage du goitre. Pour en revenir à Albert de Monaco, je ne sais pas si vous vous souvenez, aux derniers JO à Salt Lake City, son bobsleigh s'est retourné, et il est rentré à pied. Autrement dit, il a terminé à pinces, monseigneur !

Non, je suis sévère avec Albert, parce que voilà un garçon qui s'entraîne tout l'hiver à Saint-Moritz, bon c'est vrai qu'il s'entraîne surtout la nuit, en boîte, et pas avec des entraîneurs, mais avec des entraîneuses, mais quand même…

Mais le temps passe et je vous avais promis de vous parler de la polémique sur la représentation de Dieu. Et là, vous êtes comme moi, vous ne savez pas quoi penser. Heureusement, dans ces moments-là, la télévision est là pour nous aider. Et, cette semaine, France 2 a donné la parole à quelqu'un qui représente l'élite intellectuelle française en la personne de Maureen Dor, à qui Laurent Ruquier dans son émission *On a tout essayé* a demandé ce qu'elle pensait de cette polémique.

D'ailleurs, d'aucuns me feront remarquer que dans l'émission de Laurent Ruquier, Steevy a plus de légitimité pour parler d'un problème touchant à la fois la philosophie, la théologie et les limites de la démocratie. Oui, c'est vrai, mais Steevy n'était pas là ce jour-là, et je l'ai regretté, tant il nous fait régulièrement des exposés brillants sur la société écrits par son âne Bourriquet.

Donc, Laurent Ruquier a demandé : « Alors Maureen, qu'est-ce que vous pensez des caricatures sur Mahomet ? » Bon déjà, dans la question « Maureen, qu'est-ce que vous pensez », y avait un contresens entre « Maureen » et « pensez », du coup, elle a marqué un temps, on voyait qu'elle cherchait la réponse dans les tiroirs de son cerveau : « Les caricatures de Mahomet… » Son cerveau lui répondait : « Acheter un pull chez Gap », non, c'est pas ça, ou bien : « La dernière chanson de Robbie Williams », non, c'est pas ça non plus, « Rendez-vous chez l'esthéticienne pour le maillot », non, c'est pas encore ça, et enfin : « Invitation à la soirée SFR pour gagner un téléphone portable… »

Finalement, elle a dit : « Non, j'veux dire à la limite, si les dessins sur Dieu sont bons, chu d'accord, mais là, j'veux dire, y zétaient moyen, à la limite, j'veux dire… » Puis elle a roulé à nouveau trois fois des yeux, ce qui signifie que sa parole avait exprimé l'intégralité de sa mémoire vive.

C'est en voyant ça que j'ai tout compris. On a peut-être pas le droit de montrer Dieu, mais comme les textes ne disent rien sur le diable, alors ce soir, je vais vous le dévoiler. Vous êtes prêts, mesdames et messieurs, voici le diable, et le pire, Marco, c'est que nous sommes possédés.

(J'ôtai le drap qui la cachait et dévoilai une télévision.)

ÉMISSION DU 12 FÉVRIER 2006

Backstage

Ce soir-là, un malaise envahit le plateau à l'arrivée de Samantha Lemonnier, la « compagne » de Raymond Devos, venue raconter ses histoires de droit de visite à l'artiste hospitalisé après un accident vasculaire cérébral. En plus, elle débarqua sur le plateau avec Maître Collard ! Devos ne méritait pas ça. Ce genre de comédie conviendra parfaitement à l'agonie de Massimo Gargia, mais pas Devos. Depuis, Raymond Devos est mort, et dans la presse on a pu lire que Madame Samantha, arrivée à l'enterrement au bras de Paul-Loup Sulitzer, avait été refoulée. Décidément, Maître Collard, Paul-Loup Sulitzer… Madame Samantha a le goût des pointures.

Bocal du 12 février 2006

Avant cette émission, j'avais un trac terrible car je savais que je devrais faire cette chronique devant l'un des plus grands humoristes français. Heureusement, Marco a compris mon angoisse et il a décidé de ne faire entrer ce grand comique qu'après ma chronique, voici pourquoi Maître Collard n'est pas encore parmi nous, il viendra nous faire rigoler un peu plus tard dans l'émission.

Et du coup, comme il n'y a aucun humoriste parmi les invités présents à cette table, je me sens beaucoup plus détendu.

Ah ben tiens, justement, puisqu'on parle des invités, faisons les présentations.

Tout d'abord, Christian Karembeu. Alors, avant l'émission, Marco, qui n'y connaît rien au foot, m'a demandé : « Dans quel club il joue Karembeu ? » Quand je lui ai répondu : « Ah mais il ne joue plus, il est retraité », il m'a dit : « Ouh là là, si c'est un papy retraité, il faut que je réécrive mes fiches », et là je vous préviens, cher Christian, Marco vous a préparé une interview spéciale senior. Il va vous demander si vous avez souscrit une convention obsèques Norwich Union, si vous avez installé chez vous l'escalier électrique de Jean Lefebvre ou la baignoire à portes de Micheline Dax et si vous regardez *Des chiffres et des lettres*. D'autre part, vous comprenez mieux maintenant pourquoi dans votre loge, à la place du petit bouquet qui attend chaque invité, Marco a fait déposer un carton de couches Confiance de Libra. Ne lui en veuillez pas, ça partait d'un bon sentiment.

Continuons les présentations. Voici donc Laurent Ruquier. Évidemment qu'il est humoriste, évidemment qu'il est drôle, mais ce n'est pas pour ça que nous l'avons invité, non, car ce soir, nous recevons le Laurent Ruquier éleveur, Laurent Ruquier, éleveur de chroniqueurs.

Vous vous souvenez de cette publicité avec l'éleveur qui expliquait qu'il élevait ses chiens avec Pal.

Eh bien Laurent, lui, aurait pu dire : « Moi, Laurent Ruquier, j'élève mes chroniqueurs au Paf, paysage audiovisuel français, et on peut dire qu'ils adorent ça… »

Pour être plus précis, Laurent Ruquier utilise deux types de nourriture pour ses chroniqueurs. Le Paf ordinaire pour ceux qui ne viennent qu'à la radio et le Paf enrichi pour les chroniqueurs à pedigree qui vont à la télé.

Il faut reconnaître que dans son élevage, Laurent Ruquier a de très beaux spécimens. Vous avez par exemple le Gérard Miller. De la même façon que, lorsque vous secouez un sac de croquettes, votre chien rapplique aussitôt à toute vitesse, dès que Gérard Miller aperçoit une caméra, il rapplique et commence à tenir un discours politiquement correct ponctué d'adverbes. Oui, car Gérard Miller est le roi de l'adverbe, pour être plus précis, Gérard Miller est spécialisé en « effectivement ». D'ailleurs, sur sa carte de visite, il y a écrit : « Gérard Miller, psychanalyse et adverbes à toute heure. »

On peut louer Gérard Miller pour une soirée. Par exemple, vous avez prévu une petite fête mais vous avez peur qu'elle soit pauvre en adverbes, tiens, par exemple, vous avez invité Miss France et Benjamin Castaldi, une fois que la miss aura dit deux ou trois fois « bon bé bonjour », et que Castaldi aura répondu « que du bonheur », votre soirée risque de tourner en rond. À ce moment-là, vous faites intervenir Gérard. Alors là, hop, il balance une phrase avec une dizaine d'adverbes, en plus il fait marrer tout le monde en draguant la miss.

Puisqu'on parle de votre élevage, Laurent, je voudrais m'excuser pour avoir été injuste avec Steevy. En effet, voilà un garçon qui ne demande qu'à apprendre, il a d'ailleurs expliqué qu'il découvrait les grands courants intellectuels et artistiques, bon, c'est vrai, quand on lui demande de citer un dadaïste, il répond « Omar Sharif » parce qu'il l'a entendu dire : « Le dada c'est ma passion », mais il apprend.

Sérieusement, cher Laurent Ruquier, le paradoxe dans *On a tout essayé* c'est que Claude Sarraute semble plus jeune que Steevy.

Je ricane, mais je suis comme tout le monde, je suis attaché à votre émission, et je vous avoue qu'en ce moment, je suis frustré puisque à votre place, France 2 diffuse les Jeux olympiques d'hiver.

Hier soir, y avait du combiné nordique. Honnêtement, c'était très chiant. Je ne savais même pas que c'était un sport. C'est bien simple, moi, le combiné nordique, je croyais que c'était une partouze d'esquimaux.

Pour finir les présentations, Mimie Mathy. Avec Marco, nous sommes allés déjeuner dans le restaurant que vous avez ouvert avec votre compagnon, et même quand vous vous êtes levée pour aller au bar, personne n'a dit : « Tiens, une brève de comptoir. » Non, les gens pensaient à Joséphine et se sont tous dit : « Un ange passe... »

Ça me rappelle le sketch de Raymond Devos, « Un ange passe ». Dans ce sketch, il disait : « Mesdames, messieurs, lorsqu'un ange passe, je le vois ! Je suis le seul, mais je le vois ! » Je souhaite à Raymond Devos de continuer à ne voir que les anges, et à ignorer les diables qui rôdent en ce moment autour de son lit d'hôpital.

ÉMISSION DU 19 FÉVRIER 2006

Backstage

Ce soir-là, Jean-Pierre Castaldi vint expliquer à quel point *La Première Compagnie* avait reboosté sa carrière. Il me semble au contraire que cette émission l'a définitivement fait basculer dans le clan des « people de soirées de promo pour téléphones portables, c'est-à-dire à des presque has been vus à la télé ». Le même jour Marielle Goitschel sembla passionnée par ce que racontait Castaldi et elle finit par me dire hors antenne : « TF1 me propose un truc comme ça, qu'est-ce que c'est bien payé, franchement je suis très tentée. » À la façon dont elle disait ça, je savais déjà qu'elle accepterait de bouffer des araignées dans la jungle brésilienne.

Bocal du 19 février 2006

Quand on était petits, on rêvait tous du troisième millénaire. On se disait : ça sera génial, on pourra conduire des voitures dans les airs, la science aura vaincu toutes les maladies et puis surtout, au troisième millénaire, les enfants du monde entier pourront avoir accès à l'éducation et à la connaissance pour devenir des hommes libres.

Honnêtement, si on reprend nos rêves point par point, force est de constater que quelque chose a merdé.

Passons rapidement sur le premier rêve : la voiture qui vole. Non seulement, on ne l'a pas encore inventée, mais à Paris, Bertrand Delanoë a inventé, lui, la voiture immobile pour cause de travaux du tramway – rappelons que le tramway fut un moyen de transport abandonné il y a plus de cinquante ans. Mais ce n'est pas parce qu'un moyen de transport est ancien qu'il n'est pas efficace, d'ailleurs, la Mairie de Paris envisage de créer des couloirs pour carrosses et de relancer les chaises à porteurs pour employer des jeunes en CPE.

Mais revenons à nos rêves du futur. Dans le domaine scientifique, là aussi quelque chose a dû merder puisque aujourd'hui, en février 2006, nous voici terrorisés à l'idée d'attraper la grippe. Et, tenez-vous bien, une grippe qui nous serait transmise par ça (*photo de canard*).

Ça, c'est un canard sauvage... Eh oui, on est en 2006 et on a tous peur qu'un canard nous refile la grippe.

Alors, apprenons à connaître cet animal qui va nous exterminer. Pour être précis, il s'agit d'un fuligule milouin. Et là, je voudrais dire que « fuligule milouin » ça ne fait pas sérieux comme nom de vecteur d'une épidémie, tiens, imaginez la bande-annonce d'un film catastrophe qui dirait : « Demain, l'humanité sera détruite par des envahisseurs sans pitié, voici l'invasion des fuligules milouins... » Non, on n'y croit pas. Remarquez, on ne croyait pas non plus qu'une maladie portant un nom de danse exotique ferait des ravages à la Réunion. Parce que franchement, moi, quand j'entendais parler de Chikungunya, ça me faisait plus penser à une chanson de Carlos, un truc qui ferait tireli pimpon sur la Chikungunya, plutôt qu'à la maladie terrible qui frappe l'île actuellement.

Mais revenons à notre fuligule milouin. Bon, on était prévenus, on avait la certitude que la grippe aviaire finirait par arriver, mais on ne savait pas où aurait lieu le premier cas. Il paraît qu'on avait autant de chances de voir tomber chez soi un oiseau contaminé que de gagner à l'Euro Millions, et là, je voudrais avoir une pensée pour le propriétaire de l'étang de Joyeux, oui, parce que le village où se trouve l'étang du fuligule milouin s'appelle Joyeux. Ça doit être la région des sept nains, en tout cas, avec la grippe aviaire, les gens de Joyeux risquent de faire Atchoum.

Autant de chances que de gagner à l'Euro Millions. Il paraît que la femme du propriétaire de l'étang où on a retrouvé le canard lui a dit il y a quinze jours : « Marcel, tiens, tu devrais jouer à l'Euro Millions, y a une grosse cagnotte », et l'autre lui a répondu : « Laisse tomber, si c'est pour voir débarquer tous les journalistes une fois que j'aurai gagné, je préfère rester peinard. »

Bon, cela dit, saluons les pouvoirs publics qui ont immédiatement pris des mesures, j'ai entendu le ministre expliquer qu'il avait mis en place autour de l'étang un périmètre de sécurité pour contrôler que les habitants du coin ne transportent pas de volailles. Autrement dit, pour vérifier qu'il n'y a pas de poulets sur les routes, on envoie les poulets sur les routes.

Sérieusement, nous avons tous vu à la télé les images des contrôles de police, à un moment, on voit un flic s'approcher d'une voiture, il regarde à l'intérieur et il dit au chauffeur : « Monsieur, vous êtes en infraction, le transport de canard est strictement interdit dans la région. » Et le type qui répond : « Mais je ne transporte pas de canard, je ramène Ophélie Winter d'un gala au Macumba de Joyeux. »

Tout ça pour vous dire que pour éviter tout malentendu, si vous souhaitez vous déplacer avec Ophélie Winter, vous devez vous munir d'un certificat du chirurgien attestant qu'il ne lui a pas greffé un bec de fuligule milouin.

Michel Audiard disait : « Faut pas prendre les enfants du bon Dieu pour des canards sauvages. » Et y a pas que les canards sauvages qui nous ont pourri le week-end, y a aussi les enfants du bon Dieu. Enfin, certains pseudo-enfants du bon Dieu qui brûlent des ambassades à Tripoli ou à Lagos… Et ça, c'était le dernier rêve pour le troisième millénaire : que les enfants du monde entier puissent avoir accès à la connaissance pour devenir libres et civilisés.

Là aussi, ça a merdé. Un peu partout, on a maintenu les enfants dans l'ignorance et les voilà devenus des adultes opprimés et barbares. Et pas seulement à Tripoli ou à Lagos. À Bagneux aussi, où un certain Youssouf Fofana s'est proclamé chef des barbares.

Hier soir, TF1 a diffusé le premier épisode d'un jeu de télé-réalité sur le thème du Moyen Âge. Le Moyen Âge, vous savez, cette époque maudite de grandes épidémies et de barbares. Heureusement, ce n'est qu'une fiction parce qu'il y a des jours où on est heureux de vivre au troisième millénaire.

ÉMISSION DU 26 FÉVRIER 2006

Backstage

Ce soir-là, Arthur était invité. Arthur, pour qui on m'a beaucoup reproché de travailler, mais dont, pendant ces deux années, je n'ai jamais reçu la moindre contrainte directe. Cela dit, le garçon est malin, suffisamment pour transmettre ses directives par l'intermédiaire des « conseils » de Marco, mais je n'en ai aucune certitude. En tout cas, chaque fois que Marc-Olivier Fogiel m'a suggéré une modification dans mon texte, ses arguments étaient justifiés. Pour le reste, Arthur fut ce soir-là égal à lui-même, il avait fait investir les travées du studio par des courtisans, et il usa de cette espèce de naïveté étonnée dont il aime jouer. Du style : « Mais je ne comprends pas ce qu'on me reproche, moi qui aime tant les gens ! » Non, Arthur n'aime que lui-même, Arthur est un opportuniste cupide qui ose réclamer à la Sacem des droits d'auteur pour ses vannes à deux euros des *Enfants de la télé*. Ce soir-là était également présent Maxime Gremetz, exclu du Parti communiste, pour lequel j'avais a priori de la sympathie (Argenteuil, évidemment) et qui se comporta en caricature stalinienne bornée, l'intelligence en berne et l'invective aux lèvres. Après, on s'étonne…

Bocal du 26 février 2006

On me demande souvent si j'ai mon mot à dire concernant le choix des invités de cette émission.

La réponse est non. C'est Marco qui choisit les invités et ce soir, je pose la question : qu'ai-je fait de mal pour qu'on m'inflige dans la même émission Frédéric François, Jordy et Arthur ?

Bon, c'est vrai, Marco, que vous avez des circonstances atténuantes, car en raison de la triste actualité, votre choix est limité. Oui, il faut savoir que, compte tenu des mesures de confinement des dindes, on ne peut recevoir aucune animatrice de TF1 ou de M6, ni aucune miss, on ne peut pas recevoir non plus de poules de luxe, mais bon, ça c'est pas grave, on n'avait pas prévu d'inviter Caroline Barclay.

Du coup, nous voilà ce soir avec Arthur, Frédéric François et Jordy. Honnêtement, je vous le dis, Marco, je ne sais pas si je vais pouvoir tenir…

En plus, avant l'émission, dans les loges, vous m'avez dit : « Ne sois pas dur avec Frédéric François car c'est un gentil garçon. » Non, ce n'est pas vrai, je dis ça parce que ça m'arrange pour la suite de mon texte, en fait vous m'avez dit : « Touche pas à Arthur, mais les autres tu peux y aller »…

Remarquez, pour être franc, je n'avais pas l'intention d'être méchant avec vous, Frédéric, car nous avons reçu ici il y a quelques semaines Frank Michael, et après Frank Michael, on peut tout subir dans le genre chanteur pour service gériatrique. De plus, j'ai écouté votre disque, Frédéric François, et vos chansons, à côté de celles de

Frank Michael, ressemblent à du Robbie Williams.

Frank Michael… Vous vous souvenez, Marco ? Le soir où il est venu, il tombait de sommeil, il piquait du nez, papy, c'était ahurissant. Remarquez, il faut le comprendre, voilà un garçon qui fait ses galas à 15 heures vu que son public doit être rentré pour *Des chiffres et des lettres*, donc évidemment à partir de 20 heures il est en décalage horaire. En plus, je ne voudrais pas rentrer dans les détails sordides, derrière votre écran vous ne pouviez pas vous en rendre compte, mais nous, le Frank Michael, on l'a eu là pendant deux heures et demie, et pendant tout ce temps-là, on n'a pas pu lui vider sa poche rectale…

À ce propos, il faut que je vous explique quelque chose. Vous avez remarqué que certains invités restent présents à la table pendant très longtemps pour n'intervenir qu'en fin d'émission, et quand ils ne sont plus très jeunes, c'est parfois difficile pour eux… Je me souviens de Jean Piat, c'était affreux, pendant chaque sujet, il regardait sa montre et il me disait : « Avec tout ça, à quelle heure on va se coucher ? » Ah, il est beau, le fantasme sexuel des secrétaires de direction divorcées ! Jacques Weber aussi a eu du mal, il avait dû oublier de prendre son yaourt, j'ai cru qu'il allait nous faire un malaise vagal.

Dans un autre genre, on a eu Francis Perrin et Chevallier, eux, ils étaient carrément figés, on aurait cru le musée Grévin, enfin, tout ça pour vous dire qu'avant chaque émission, on s'amuse avec Marco à désigner celui qui n'est plus tout jeune et qu'on va garder à la table pendant deux heures et demie pour le voir peu à peu se décomposer de fatigue, et ce soir, *the winner is*… Frédéric François ! Alors, chers téléspectateurs, restez avec nous et observez bien Frédéric François, vous allez voir comme c'est rigolo.

Mais revenons à nos invités. Avant l'émission, Marco m'a dit : « Ne sois pas dur avec Jordy, il est gentil. » J'ai répondu : « C'est pas grave, il reste Arthur. » Marco m'a dit : « Ne sois pas dur avec Arthur, il est méchant. » Non, je déconne… Marco m'a juste dit : « Tu es libre d'écrire ce que tu veux, mais n'oublie pas qu'Arthur a un lien indirect avec nous… » Enfin, pour faire simple, vous prenez le groupe Total, eh bien Arthur c'est Desmarets, et moi je suis le pompiste. Cela dit, je me plains pas parce que je suis sûrement mieux payé que les pompistes de Total.

Tiens, puisqu'on parle de Total, un mot quand même pour féliciter Monsieur Desmarets pour l'excellent résultat d'exploitation qu'il a communiqué avec fierté la semaine dernière.

Je voudrais lui transmettre aussi les félicitations de tous ceux qui ont eu honte en allant se prendre 10 euros de super 95 à la caisse d'une station service, sans oser croiser le regard de l'employé.

Heureusement que l'UMP nous a donné le moral cette semaine en nous dévoilant son nouveau slogan. Ce slogan dit : « Imaginons la France d'après ». Alors là, il y a un truc qui m'échappe, mais la France d'après, c'est très con ! Réfléchissez, si vous dites : « Imaginons la France d'après », c'est que la France d'aujourd'hui c'est pas bien, et donc, que ceux qui sont au pouvoir en ce moment sont de gros nuls. Mais en ce moment qui est au pouvoir ? C'est la droite ! Donc quand l'UMP dit : « Imaginons la France d'après », ça veut dire « Imaginons la France après la droite »… C'est-à-dire la gauche ! Ça s'appelle se tirer une balle dans le pied…

Un mot pour finir sur l'actu de la semaine. On a arrêté Youssouf Fofana, celui que les journalistes appellent « le cerveau » du gang des barbares. Surnommer ce mec-là « le cerveau », c'est comme appeler Jane Birkin « la poitrine », c'est pas logique…

Enfin, on va essayer d'oublier tout ça pendant deux heures et demie… Oui, je sais, je n'ai rien dit sur Arthur, ce n'est pas la peine de commencer à m'envoyer des SMS pour me le reprocher. Enfin, si, envoyez des SMS, ça fait des sous pour Marco, mais on parlera un peu plus tard de ce jeu où des candidats, généralement des filles court vêtues et filmées par en dessous, doivent choisir entre des boîtes contenant soit un porte-clés, soit 500 000 euros, un jeu dans lequel Arthur fait un défilé de chandails en cachemire de couleur pastel, et traite de chacal un soi-disant banquier qui téléphone pour proposer des échanges de valises.

Y a des jours comme ça où l'actu est tellement triste que les oiseaux grippés ont bien raison de se cacher pour mourir.

PLASMA DU 26 FÉVRIER 2006

Avant de vous parler des Césars, je voudrais vous signaler le petit bonheur télé de ces derniers jours, il s'agit de la nouvelle publicité de Johnny pour Optic 2000.

Et là, je crois qu'il faut rappeler aux plus jeunes qu'il y a très longtemps, Johnny Hallyday et Antoine se livraient une vraie guerre de rebelles par chansons interposées. Antoine, le Bob Dylan français, voulait mettre Johnny, l'Elvis français, en cage dans un cirque, et Johnny lui répondait que c'était une autre histoire que de l'y faire entrer.

Aujourd'hui, les deux rebelles continuent leur duel à distance en faisant de la publicité pour des lunettes de vieux. Antoine se fait chier dessus par un cacatoès sur un atoll du Pacifique et en voyant ça, franchement, on croyait bien avoir atteint le sommet de la connerie dans la publicité opticienne. Mais je vous conseille de regarder la nouvelle pub Optic 2000, dans laquelle vous verrez Johnny dans le grand Nord, qui chante *Quoi ma gueule* à un loup tremblant de peur. On devine que les gars de la pub sont allés chercher la pauvre bête dans la ménagerie d'un petit cirque minable, mais comme il y a le dresseur caché derrière le décor qui hurle : « Bouge pas, Sultan ! », il reste là face à Johnny qui lui tend ses lunettes en hurlant : « Optic 2000 »... Dans dix ans, Johnny et Antoine feront de la pub pour les couches Confiance, vous imaginez Johnny qui chante : « Oh, ma jolie Ténia, le pipi n'est qu'un jeu pour toi... » Eh bien, je vais vous dire, malgré ça, je suis sûr que Johnny aura toujours la classe.

Une autre qui avait la classe hier soir, c'est Valérie Lemercier aux Césars, qui a eu l'élégance à la fin de la cérémonie de citer le nom des auteurs qui lui avaient écrit ses textes très drôles.

Sinon, les Césars, c'était comme d'habitude... Pour paraphraser Audiard, le jour où on mettra les faux culs sur orbite, les Césars n'ont pas fini de tourner.

Alors, vous avez plusieurs types de faux culs aux Césars.

D'abord vous avez les lauréats qui déclarent : « Je ne m'y attendais pas, je n'ai rien préparé »... et qui enchaînent sur une tirade apprise par cœur.

Comme autre faux cul, vous avez aussi le comédien qui annonce que s'il a obtenu cette récompense, c'est grâce à son réalisateur, et qui brandit son trophée en disant : « Michel, ce César est pour toi, je te le donne ! » Tu parles s'il va lui donner ! Le gars va poser ça sur la cheminée de sa propriété dans le Lubéron pour faire son intéressant, faussement modeste, quand il invitera à dîner de jeunes comédiennes...

Aux Césars, vous avez aussi le ministre de la Culture qui fait semblant d'être à l'aise alors qu'il est terrorisé à l'idée d'être pris à partie par un lauréat ou par une intrusion d'intermittents.

Vous avez aussi le chiant de service. Le type que personne ne connaît, qui vient de gagner un César technique, le truc dont tout le monde se fout, et qui remercie pendant des plombes en s'écoutant parler. Hier c'était Monsieur Desplat, César de la meilleure musique, qui nous a saoulés.

Remarquez, au moins, cette année, on aura échappé au plan de coupe dans le public sur Jane Birkin qui regarde la scène, émerveillée comme si Dieu lui apparaissait.

Hier soir, une autre vache sacrée nous a bien énervés, c'est Carole Bouquet qui est venue réciter un extrait d'*Hamlet*. Manque de pot, elle ne connaissait pas le texte, et du coup, on avait l'impression d'une interro de récitation en classe de cinquième.

Pour en finir avec l'hypocrisie des Césars, pendant que Nathalie Baye dédiait son César à, je cite, « toutes ces actrices sans travail qui attendent près d'un téléphone », des vigiles évacuaient brutalement les intermittents qui s'étaient infiltrés dans la salle.

Je vais vous dire, on s'est beaucoup moqué de Brigitte Fossey et de ses phrases convenues aux Césars, du genre « le cinéma c'est la vie », pourtant, hier soir, on aurait juste aimé que les Césars soient un peu plus vivants et fassent un peu moins de… cinéma.

ÉMISSION DU 12 MARS 2006

Backstage

Ce soir-là, Jack Lang me donna une leçon de realpolitik. Vous allez lire juste après ce backstage une chronique dans laquelle j'évoque, de façon politiquement incorrecte, la venue cet été d'Harry Roselmack à la présentation du journal de TF1. À la fin de ma chronique, Jack, que j'aime plutôt bien, me lança : « Cher Guy Carlier, d'habitude j'aime beaucoup ce que vous faites, mais là, permettez-moi de trouver votre humour sur les Noirs un peu douteux… » Ah la vache… j'étais tellement sidéré que je marquai un temps avant de lui répondre qu'il s'agissait bien entendu de second degré, et je vis Jack Lang faire une moue qui indiquait à quel point il doutait de mon affirmation. Une semaine plus tard, je le croisai au Salon du livre. Il me saisit par le bras avec cette insupportable onctuosité mitterrandienne et m'entraîna à l'écart pour me dire à l'oreille : « Vous savez, Guy Carlier, il y a des choses que les gens ne sont pas prêts à entendre, même au second degré. » Je repensai alors à une anecdote que m'a racontée Patrice Bertin, le patron de la rédaction d'Inter, qui s'étonnait auprès de François Mitterrand de l'aplomb avec lequel il pouvait dire tout et son contraire selon les circonstances, à quoi il lui répondit : « C'est mon métier. » Ce métier où l'on simule pour faire plaisir aux clients, ça porte un nom, c'est faire la pute.

Bocal du 12 mars 2006

Dans la mode, la grande tendance cette année, c'est le vintage. Tout d'abord, qu'est-ce que le vintage ? Eh bien, ça consiste à prendre quelque chose d'ancien, et à le retaper pour le remettre au goût du jour.

À ONPP, nous suivons la mode, et ce soir, nous avons le plaisir de vous offrir une émission vintage, c'est-à-dire que nous recevons des invités anciens, retapés certes, mais toujours au goût du jour.

D'ailleurs, si notre réalisateur, Pat le Guen, pouvait faire un plan sur nos trois invités, regardez-les bien, on se croirait revenu en 1981.

81, souvenez-vous : à l'époque, Christine Ockrent présentait le journal télévisé, Jack Lang était ministre de la Culture et Michel Drucker animait des émissions le dimanche à la télé, dans lesquelles il faisait l'éloge de ses invités.

Vingt-cinq ans plus tard, tout a changé, Christine Ockrent ne présente plus le JT, Jack Lang n'est plus ministre et Michel Drucker n'anime plus d'émissions le dimanche à la télé où il fait l'éloge de…

Euh, bon d'accord, c'est vrai, Michel, vous êtes toujours là le dimanche après-midi, mais ce ne sont plus les mêmes vedettes qui viennent chez vous. D'ailleurs, j'ai repris la liste de vos invités d'une émission en mars 81, et ceux que vous avez reçus aujourd'hui même, et ça n'a rien à voir. En mars 1981 vous aviez reçu Michel Jonasz et Jane Birkin et cet après-midi sur France 2 vous avez reçu... Michel Jonasz et Jane Birkin... Bon, en tout cas, pour nos deux autres invités, il y a eu beaucoup de changements depuis 81. Jack Lang, vous n'êtes plus ministre de la Culture, vous êtes devenu député de Boulogne-sur-Mer, une ville surtout connue pour son port de pêche. On peut dire que votre candidature là-bas nous a tous surpris. C'est vrai, on ne savait pas que vous aimiez à ce point les morues... Enfin, il paraît que vous, vous n'avez accepté de vous présenter que lorsqu'on vous a certifié qu'on ne pêchait pas de thons à Boulogne-sur-Mer. Tiens, ça me donne une idée de titre pour le recueil de ces chroniques...

En tout cas, depuis que vous êtes élu, vous avez cloué le bec à ceux qui ricanaient en disant que vous ne connaissiez rien à la mer et qui avaient un peu tendance à oublier que lorsqu'on est l'un des dirigeants du PS, on est forcément un spécialiste du panier de crabes et des requins en eaux troubles.

Vous, chère Christine, en 1981 vous étiez la première femme présentatrice du journal télévisé. Aujourd'hui, sur les deux plus grandes chaînes de télé française, les femmes présentent le JT mais seulement le week-end. Ben oui, parce que le week-end, on est plus détendu. Mais la semaine, ça rigole pas, pas question d'avoir l'esprit détourné par une paire de seins sous un chemisier, alors hop on a droit à Pujadas et à PPDA. C'est un peu comme dans ces entreprises où on s'habille décontracté le vendredi. On appelle ça le *friday wear*. Eh bien, dans les journaux télévisés, les femmes, c'est le *week-end wear*.

À TF1, ils font même encore plus fort. On a une femme pour se détendre le week-end et on aura droit à un Antillais l'été prochain, comme ça les téléspectateurs qui ne peuvent pas partir en vacances auront l'impression d'être dans les îles. Moi, je serais Harry Roselmack, je me méfierais, ils sont capables de lui faire présenter le journal en chemise hawaïenne, avec un verre de ti-punch devant lui et de changer le générique du journal, de virer la musique angoissante avec des synthés et des percussions pour le remplacer par la Compagnie créole.

Rappelons quand même qu'Harry Roselmack s'était fait jeter sa candidature au visage avant que les minorités visibles soient à la mode. Avec Harry Roselmack, TF1 surfe sur le politiquement correct. À propos de politiquement correct, hier soir le journal de TF1 annonçait la mort de Milosevic. Ils veulent tellement être politiquement corrects qu'ils l'ont présenté comme l'ex-président de la Serbie. Mais non, Milosevic n'était pas président de la Serbie, il était président de la Serbie-Monténégro.

Seulement, à TF1, ils n'osent pas dire « Monténégro », à la limite ils disent : « Montez minorité visible. »

À propos de minorité visible, Michel Drucker, vous allez présenter l'Eurovision avec le représentant d'une minorité visible, un homme de couleur, comme disent ceux qui disent « israélite » ou « technicien de surface ». Un homme de couleur, c'est idiot. Est-ce qu'on dit d'un Blanc qu'il est un homme sans couleur ?

Mais concernant l'Eurovision, il y a longtemps que France Télévisions la fait commenter par des membres des minorités visibles. L'an dernier à Kiev, il y avait même deux présentateurs issus de minorités visibles, puisqu'il y avait un crétin et un gros. Quoique les crétins, je me demande si c'est vraiment une minorité. En plus, pour faire un mot, je viens de me fâcher à nouveau avec Julien Lepers avec qui j'ai passé deux jours dans un hôtel à Kiev.

Pour en finir avec les journaux télévisés et les Antilles, cette semaine, ce qu'on retiendra des images télé du voyage de Nicolas Sarkozy, c'est qu'il a dit deux phrases en créole, et qu'Aimé Césaire l'a appelé Laurent Sarkozy. Mais bon, le lapsus est compréhensible. On a dit à Aimé Césaire : « Tu vas recevoir un gars de la Métropole qui est prêt à tout pour être président de la République », il s'est dit, soit c'est Laurent Fabius, soit c'est Nicolas Sarkozy, finalement il a fait un mix des deux.

On se souviendra aussi des belles images des Antilles vues de l'hélicoptère de Nicolas, mais en revanche, je ne sais toujours pas comment la majorité des Antillais voient la Métropole, je ne sais pas le poids de la misère, de la délinquance et du chômage, mais tout ça c'est pas grave, puisqu'un Antillais présentera le journal en juillet prochain sur TF1, et ça, c'est bon pour le moral.

ÉMISSION DU 19 MARS 2006

Backstage

Ce soir-là, nous recevions Jean-Marc Morandini. Vous lirez ci-après « le bocal » où je comparais l'animateur à une ex-prostituée ayant longtemps fait le tapin pour une maison d'abattage nommée TF1. J'étais assez fier de ma métaphore mais lorsque le lendemain de l'émission Morandini m'appela pour me dire que sa maman avait été blessée par mes propos, je les regrettai. Et pourtant, à bien y réfléchir, qu'est-ce qui est le plus humiliant pour une maman : voir son fils présenter une merde honteuse comme l'émission *Tout est possible*, ou bien une chronique d'humour dans laquelle on souligne qu'il ne pratique plus cette activité ?

Ce soir-là également, trois vieux routiers, Jane Birkin, vache sacrée, outrée que je puisse ricaner de son maniérisme, de ses poses béates et de sa naïveté feinte. Thierry Lhermitte qui, en vieux malin, au lieu de répondre à ma question sur son cachet des *Bronzés 3*, me fit annoncer le mien, et Christine Ockrent, venue faire la promo d'un bouquin, qui fit le boulot, mais juste le boulot, rien que le boulot.

Bocal du 19 mars 2006

Aujourd'hui, cette chronique sera consacrée aux putes. Oui, j'ai dit « putes », mais qu'Isabelle Alonso ne s'affole pas, j'utilise ce mot au sens figuré. Sinon, j'aurais dit « prostituées ». Car vous le savez bien, chère Isabelle, nous sommes tous un peu putes sauf quelques prostituées.

Mais avant ça, puisque je parle de prostituées, vous avez vu qu'on allait faire venir quarante mille filles en Allemagne pour la Coupe du monde de football ? Comme dit *Charlie Hebdo*, le sport grandit l'homme, mais visiblement, ça lui grandit aussi la bite. Mais surtout, pensez que nous sommes en 2006, deux millénaires après Socrate, et qu'au mois de juin, des types vont se peindre le visage et hurler de joie quand d'autres hommes en culotte courte auront mis un ballon au fond d'un filet, puis, la nuit venue, ces hommes, la bedaine pleine de bière débordant d'un maillot de foot devenu trop court, iront balancer leur haleine fétide et leur semence alcoolisée dans les ventres de jeunes paysannes ukrainiennes. Le sport grandit peut-être la bite de l'homme, mais ce qui est sûr c'est que souvent il lui rétrécit le cerveau.

Ce soir, disais-je, cette chronique sera consacrée à la prostitution, la prostitution qui sera le fil rouge d'ONPP, avec en fin d'émission un témoignage bouleversant. Oui, d'habitude, je n'aime pas faire de la retape comme ça, mais je vous demande de rester avec nous car tout à l'heure, quand les enfants seront couchés, en raison du caractère monstrueux du témoignage, nous recevrons une personne qui s'est longtemps livrée à la prostitution dans l'une des plus grosses maisons d'abattage de France. Cette personne a travaillé dans un claque sordide. Cette personne, aujourd'hui repentie, osera se présenter à vous à visage découvert, elle accepte même qu'on dise son nom, elle se nomme Jean-Marc Morandini et viendra tout à l'heure raconter son passé terrifiant dans le bordel de TF1. Et c'est vrai que les tenanciers lui donnaient les clients les plus difficiles, les plus glauques. Il a dû se taper le cancer de Marcel Béliveau, le ligaturage des trompes de Julie Pietri, le livre de Rika Zaraï intitulé *La Ménopause par les plantes*, les fantasmes féminins sur les surdimensions africaines, la dame fétichiste qui ne pouvait éprouver d'orgasme qu'en faisant sentir ses pieds à ses partenaires et surtout la boulimie de Guy Carlier… Ah non, ça c'était aujourd'hui !

Mais oublions les putes un instant pour en venir à nos invités. Là, rien à dire, trois vaches sacrées : ma chouchoute Muriel Robin, qui vient défendre les grands singes, et là Muriel, comme disait Audiard, vous vous préparez des *nervous breakdowns*, parce qu'avec un combat pareil, vous allez avoir droit aux vannes merdiques de tous les mauvais humoristes, du genre : « Ah bon, vous défendez la sauvegarde des grands singes, Demis Roussos va refaire un disque ? », enfin toutes ces conneries, donc s'il vous plaît, si vous recevez Muriel prochainement, je vous préviens, elle n'est pas d'humeur, alors vos conneries sur les grands singes, vous vous les gardez…

Quant à vous, Thierry Lhermitte, hier soir, vous étiez chez Stéphane Bern, et à un moment, pour faire ricaner le public, vous avez lancé : « Ah, on se croirait chez Fogiel. » Eh bien maintenant mon gars, t'y es, chez Fogiel. Alors, on fait moins le fier ? Surtout que Marco t'a vu te foutre de sa gueule et je t'annonce qu'il a spécialement soigné ton interview. Déjà, cher Thierry, je vous annonce que vous pouvez vous préparer à nous dire exactement combien vous avez touché pour *Les Bronzés 3*, on ne vous lâchera pas et on vous le demandera jusqu'à ce que vous donniez le chiffre précis…

Quant à vous, Jane Birkin, on vous aime depuis si longtemps, un peu comme une belle-sœur anglaise, même si, pour être franc, parfois vous nous irritez. On connaît tous ces moments où ce qui nous a séduits chez les gens qu'on aime devient exaspérant… Vous qui nous regardez, vous éprouvez ça parfois, j'en suis sûr, envers l'autre à côté sur le canapé. Eh bien, avec vous, Jane, c'est pareil. Par exemple, quand vous penchez la tête en ouvrant très grand les yeux comme si Dieu vous apparaissait, pour bien montrer que vous êtes humaniste et que vous comprenez la souffrance de l'autre… Parfois, à la longue, c'est un peu crispant.

Pour finir, je voudrais vous annoncer un scoop en exclusivité : ça y est, le CPE va être retiré. Oui, j'en ai la certitude depuis que Patrick Devedjian est venu dire qu'il était contre à titre personnel. Bon, vous savez que lorsque Monsieur Devedjian dit qu'il s'exprime en son nom personnel, ça signifie qu'il parle au titre de l'UMP. Eh oui, Devedjian est un boute-en-train. Vous savez ce qu'est un boute-en-train ? C'est le cheval chargé d'exciter les juments avant que l'étalon ne vienne les couvrir. Devedjian est le boute-en-train de l'UMP, il excite la droite, et ensuite on amène Sarkozy qui n'a plus qu'à conclure.

Les jeunes dans la rue se foutent de Villepin et du CPE. Ce qui les rend dingues, c'est le cynisme du Medef, les profits records des boîtes et la hausse des revenus boursiers alors que leur père ou leur frère est au RMI.

Et quand ils jouent au foot, ils n'ont pas besoin que de vieux maquereaux russes leurs amènent des putes de l'Est.

En mai 68, les manifestants dans la rue criaient : « Nous sommes tous des juifs allemands », aujourd'hui, dans la rue, les enfants nous disent : « Nous ne sommes pas des putes allemandes. »

ÉMISSION DU 26 MARS 2006

Backstage

Ce soir-là, pour faire marrer les téléspectateurs, j'ai dansé un slow avec Dave, mais personne, à part moi, n'entendit le plus drôle de cette scène. Au moment où nous commencions à danser, Dave me souffla à l'oreille : « Bon alors c'est moi qui fais la fille. » Ce soir-là également, Jordy vint expliquer à quel point ce fut dur dur d'être un bébé spolié par son père. Richard Cocciante vint avec un certain culot se plaindre de l'acharnement des impôts à son égard et expliquer sans rire qu'il ne devait rien puisqu'il avait été résident monégasque puis irlandais et démontrer à quel point le fisc le saignait. Je n'eus pas le culot de dire à l'antenne que par la fenêtre de ma loge je l'avais vu arriver dans une Porsche rutilante qui roulait sur des routes financées par les impôts de types roulant en Mégane.

Bocal du 26 mars 2006

À chaque fois que je commence cette chronique, je sens les invités un peu tendus, comme s'ils avaient peur que je sois cruel avec eux. Eh bien, ce soir, tous les trois, rassurez-vous : je serai gentil. Je serai gentil avec Anna Mouglalis parce qu'on n'est pas méchant avec une dame. Je serai gentil avec Jordy parce qu'on n'est pas méchant avec un enfant – vous allez me dire : euh, c'est plus tout à fait un enfant, il est majeur. Euh oui, il est majeur, mais il est en classe de troisième à dix-huit ans, ce qui relativise quelque peu sa puberté…

Rassurez-vous, Jordy, il paraît qu'on reste toujours des enfants quelque part, eh bien, au moins pour vous, on sait que ce quelque part c'est une classe de troisième.

Donc, je ne dirai pas de mal de Jordy parce qu'on ne s'attaque pas à un enfant et je ne dirai pas non plus du mal de Dave parce qu'on ne s'attaque pas à un vieillard.

Et là, je devine que vous qui nous regardez, vous êtes déçu, vous venez même de dire à l'autre sur le canapé : « Ah bon, Carlier va être gentil, c'est chiant, regarde sur le programme ce qu'il y a sur les autres chaînes… » Attendez ! D'abord, le film de TF1 n'est pas terrible et en plus il a déjà été diffusé, mais surtout, je vous promets d'être méchant… un peu plus tard dans l'émission. Bon, pas avec Richard Cocciante qu'on va recevoir juste après, vu qu'il a suffisamment de soucis en ce moment. Bon, c'est vrai qu'on pourrait le vanner sur *Notre-Dame de Paris* qui est au spectacle ce que l'Hippopotamus est à la gastronomie, c'est-à-dire que c'est pas bon, mais que, malgré ça, c'est toujours plein, mais Cocciante a juste composé la musique. Et il faut bien dire que le pire dans *Notre-Dame*, c'étaient quand même les textes, écrits par Luc Plamondon. Pour vous donner une idée, à côté de Luc Plamondon, Barbelivien c'est Verlaine.

Ensuite, on va recevoir un chirurgien esthétique. Là non plus, je vais pas me moquer, j'ai mes raisons, et puis surtout, si Marco fait un sujet là-dessus, c'est qu'il sait comment ça va finir… Vous, madame, vous allez dire : « Tiens, je me ferais bien refaire les seins. » Vous, monsieur, vous allez répondre : « Mais non, ils sont très bien… Fais voir un p'tit peu ? » Vous allez vous énerver, ça va dégénérer et, pendant ce temps-là, vous restez sur France 3 et nous, on fait un bon audimat.

Ça me rappelle une séquence diffusée l'autre jour dans une émission très classe de TF1 qui s'appelle *Confessions intimes*, dans laquelle on voyait une dame qui n'avait qu'une idée en tête : subir une opération de chirurgie esthétique… Dès les premières images, on se disait : ben oui, la pauvre, elle a bien raison, avec le nez qu'elle a… C'est vrai, on aurait cru le nez de Louis de Funès dans *Oscar* quand il tire dessus, sauf que là, le nez était resté dans la position étirée, en plus il était épaté au bout, comme un bec d'ornithorynque, bref, une horreur. Donc la dame explique à son mari (*voix de canard*) : « Voilà, c'est plus possible, je veux enfin me sentir bien dans ma peau, et j'ai décidé de me faire opérer et de me faire refaire… les seins. » Bon, ses seins étaient pas terribles, mais pas pires que ses jambes. Le gros problème, c'était le pif… Et là, on comprenait que depuis des années, sa famille, par délicatesse, ne lui avait jamais parlé de son nez. Ils faisaient très attention, par exemple, quand ils étaient invités chez des gens pour la première fois, son mari prévenait avant pour pas que les enfants se moquent. Bon, finalement, la dame s'est fait refaire les seins, mais depuis la diffusion de *Confessions intimes*, elle est en dépression nerveuse et en a pris pour dix ans de psychanalyse.

Je ne serai pas méchant non plus avec le député Lassalle qui fait la grève de la faim, parce que même si sa démarche est le degré zéro de la démocratie, de la même façon qu'on dit que l'humour est la politesse du désespoir, la grève de la faim, c'est comme les manifestations anti-CPE, c'est l'impolitesse du désespoir.

Il y a juste un petit problème avec le député Lassalle : ce garçon a été élu sur une liste UDF, c'est-à-dire qu'il s'agit d'un libéral grand teint, d'un chantre de l'économie de marché, et le voilà qui demande à l'État d'intervenir pour empêcher une délocalisation. Pour vous donner une idée, Lassalle en grève de la faim pour que l'État intervienne, c'est comme si Marie-George Buffet faisait la grève de la faim pour augmenter les dividendes des actionnaires de Total.

Pour finir, je ne dirai pas de mal non plus du président Chirac. D'autant qu'en ce moment il ressemble à une ambulance sur laquelle tout le monde tire. Vous avez vu qu'il a quitté la réunion du Conseil européen parce que le baron Seillière a fait son discours en anglais. Mais on s'en fout que le baron parle anglais ! Le problème de Seillière, c'est pas qu'il parle en anglais, c'est qu'il parle actionnaire, et ça, l'actionnaire, c'est vachement dur comme langue, y a même des mots comme

« emploi stable » et « argent » qui font penser que, pour les jeunes, c'est devenu une langue morte...

ÉMISSION DU 2 AVRIL 2006

Backstage

Ce fut le soir de Luchini. J'étais déjà exaspéré avant de le voir tant il avait fait son numéro sur tous les plateaux de télé, chantant du Adamo, du Johnny et du Patricia Carli, jouant avec le public, fustigeant l'animateur, enfin son numéro habituel. Comme s'il avait pressenti notre lassitude, Luchini décida ce soir-là de nous la jouer effacée, arrivant sur le plateau en penchant la tête de timidité comme une rosière, prenant Marco à contre-pied par ses silences, plombant l'émission et quittant le plateau de la même façon la tête sur le côté, du style « je suis une toute petite chose fragile ». Gros malin ! Un autre gros malin était invité ce soir-là, je veux parler de Roland Courbis, mis en examen dans les comptes de l'OM et qui a inventé un concept : la tournée de promo judiciaire. Le principe en est simple : lorsque vous êtes mis en examen, vous faites le tour de toutes les grandes émissions de télévision pour jouer les victimes, vous rendre sympathique et influencer par là même le verdict des juges. En première instance, la tournée de Courbis ne fut pas couronnée de succès puisqu'il fut lourdement condamné, mais il reste l'appel et la tournée a repris. Ce soir-là enfin, un autre invité n'était pas un gros malin, mais un gros looser. Il s'agissait de Claude Lemoine, le père de Jordy, lourdement mis en cause par son fils et qui venait se défendre. Dès le début de l'émission on comprit qu'il venait plutôt s'enfoncer, tant le type était antipathique et tant ses arguments ne tenaient pas la route. De plus, des âmes bien intentionnées qui avaient connu cet homme pendant toute sa longue « carrière » (il a notamment été le Chouchou de *Salut les copains*, vous savez ce petit bonhomme avec sa frange et sa chemise à carreaux) nous avaient raconté de nombreuses anecdotes dépeignant ce personnage sous un jour… comment dire… négatif. C'était la première fois que je n'éprouvais aucune compassion pour un invité mis en cause, et je ne fis rien pour adoucir les questions de Marco qui, comme à l'habitude, appuyait là où ça fait mal. À la fin de l'émission, Claude Lemoine nous fit le coup du malaise cardiaque. Le lendemain il appela la prod de l'émission pour annoncer qu'il allait convoquer la presse pour tenir une conférence depuis sa chambre d'hôpital et, au bout du compte, il eut droit à un article dans… *France Dimanche*.

Bocal du 2 avril 2006

Cher Fabrice, j'ai vu votre film en projection privée… J'aime bien les projections privées, parce qu'on y voit toujours des vedettes et que, lorsqu'elles regardent un film, elles s'abandonnent, elles ne sont plus en représentation. Alors, moi, je les observe à la lueur de l'écran et j'ai l'impression de pénétrer dans leur intimité. À la projection de *Jean-Philippe*, il y avait Béatrice Schönberg… Je l'ai observée et j'ai découvert une autre Béatrice Schönberg, sans cette lumière à la con, façon David Hamilton, qu'on met sur elle lorsqu'elle présente le journal, et là elle était très émouvante, on aurait cru une petite fille…

Rassurez-vous, j'ai regardé le film aussi, dont je rappelle que le thème est : « Et si Johnny Hallyday n'avait jamais existé » et ça, évidemment, c'est une idée géniale. C'est une idée géniale, parce que c'est Johnny. Avec d'autres chanteurs, l'idée aurait perdu un peu de sa puissance… Tiens, imaginez qu'on fasse un film intitulé *Hervé*, oui, Hervé, c'est le vrai prénom de Dick Rivers. Vous imaginez l'affiche ? *Hervé*, et en dessous, *Si Dick Rivers n'avait jamais existé…*

Ou bien : *Herbert, si Herbert Léonard n'avait pas existé…* On s'en fout. Bon, à la rigueur, on aurait pu faire un court-métrage…

Jean-Philippe est un excellent film, qui en plus fait réfléchir. En sortant de la salle, on se demande comment on aurait pu vivre si les choses qui nous semblent essentielles n'avaient pas existé. Tiens, un exemple au hasard : si TF1 n'avait pas existé, dans quel monde aurions-nous vécu ? Imaginez un monde sans *Star Ac'*, c'est-à-dire sans chansons de qualité, un monde sans *Le Droit de savoir* de Charles Villeneuve, c'est-à-dire qu'on ne saurait pas ce qu'est le vrai journalisme d'investigation.

On n'aurait pas non plus connu Carole Rousseau, donc, on n'aurait jamais su *C'est quoi l'amour*, alors que moi, grâce à l'émission de Carole Rousseau, je sais que l'amour c'est une actrice du X qui tourne ses scènes devant son mec, je sais que l'amour selon Carole Rousseau n'existe qu'entre deux handicapés ou alors entre des personnes très âgées. Autrement dit, si tu as moins de soixante-dix ans, si tu mesures plus d'un mètre trente et si tu ne tournes pas dans un film X, tu ne sauras jamais ce qu'est l'amour… Bref, vous avez compris, si TF1 n'avait pas existé, la langue française se serait appauvrie et certains mots seraient tombés en désuétude, comme « populisme » ou « médiocrité », et c'est toujours triste, des mots qui disparaissent…

Et dans le sport, vous imaginez, si tous ceux qui nous font rêver n'avaient pas existé ? Tiens, imaginez que le PSG n'existe pas… Euh, oui, je sais, le PSG n'existe pas, enfin il n'existe pas sportivement, mais il existe pour les supporters marseillais qui viennent au Parc quand l'OM y joue, pour crier : « Paris, Paris, on t'encule ! » Alors, imaginez que le PSG n'existe pas, les supporters marseillais traîneraient dans les rues de la capitale en criant : « Paris, Paris, on t'encule ! » Bon, à part le quartier du Marais où ils seraient accueillis comme les Américains à la Libération, pour le reste, ils risqueraient d'être déçus.

Puisqu'on parle de ça, ça me fait penser que j'ai entendu un jour les crétins du Kop de Boulogne au Parc des Princes crier un jour à Barthez qui venait s'échauffer : « Barthez pédé, les pédés on les encule ! »

Vous voyez, on critique beaucoup le Kop de Boulogne, certains disent que ce sont des lâches, alors que ce sont des garçons qui assument courageusement leur homosexualité. Dorénavant, quand vous entendrez des supporters hurler : « On t'encule », soyez tolérants, c'est juste la Gay Pride qui passe dans le stade.

Et en politique… Cherchons un peu des leaders charismatiques et voyons ce qui se serait passé s'ils n'avaient pas existé. Pour changer, on va choisir quelqu'un de gauche… Tiens, si Fabius n'avait pas existé ! Ah non, j'ai dit à gauche… Bon eh bien, par exemple, si François Hollande n'avait pas existé, vous vous rendez compte, on n'aurait pas connu le Che Guevara français ! Je ne sais pas si vous avez remarqué, dans le couple Hollande, il y en a un qui possède le charisme, et l'autre qui possède les idées, il faudrait qu'on puisse les prendre en couple comme pour les canaris…

Tiens, il y a quelque chose qui va vraiment disparaître à partir de demain, c'est le 12, l'ancien numéro des renseignements téléphoniques. Désormais, vous le savez, il faudra composer le 118 et c'est comme un symbole de l'actualité.

Le 12, c'étaient les dames de la Poste qui, avant de vous répondre, finissaient d'abord leur conversation et vous parlaient sur un ton acariâtre. Là, c'est le 118 qui débarque. Déjà, ils nous ont pourri la vie avec leurs publicités à la con : vous entendez une voix insupportable qui hurle : « J'appelle le 118 je ne sais pas combien et je demande Monsieur Cloarec », ou bien vous avez aussi les deux crétins qui jouent à Véronique et Davina. Le 118 nous ramène aux débuts de la publicité, une espèce de bourrage de crânes imbécile, tout ça pour des opérateurs qui vont délocaliser leurs centres de renseignements, notamment à Dakar où on forme déjà les employés qui vont nous répondre…

Autrement dit, à partir de demain matin, on va appeler le 118 pour qu'une opératrice à Dakar nous passe le 22 à Asnières.

C'est sûr, le 118 c'est le progrès.

ÉMISSION DU 9 AVRIL 2006

Backstage

Ce soir-là, étaient invités :

- Gad Elmaleh
- Bruno Masure
- Jean Dujardin
- Édouard Baer
- Roger Carel
- Benoîte Groult

- Lorànt Deutsch
- Maître Alexandre Martin, l'avocat de Youssouf Fofana
- Le patineur artistique Brian Joubert.

J'aime beaucoup Bruno Masure. Il fait partie de ces gens dont on est certain qu'ils vous cacheraient dans leur cave si vous étiez poursuivi, même s'il aurait tendance à venir coucher à la cave avec vous. Sur le plan professionnel, outre le journaliste que l'on connaît, Bruno est un excellent chroniqueur, mais il a deux défauts. Dès qu'il doute, il se rassure en devenant graveleux, et surtout, compte tenu de son expérience et de son honnêteté foncière, il se croit autorisé à inonder les animateurs télé de SMS pédagogiques et déontologiques. Et comme ces gens-là se mettent la déontologie au cul, du coup c'est Bruno qui est dans la merde.

Bocal du 9 avril 2006

Bon, c'est les vacances, alors, vous qui nous regardez, soyez sympa, allez dire à cet enfant que vous avez envoyé se coucher : « Bon, ce soir, exceptionnellement, tu as le droit de regarder la télé avec nous, tu vas être content, y a Jean Dujardin. » Pendant que vous y serez, allez chercher aussi la grand-mère que vous avez envoyée se coucher et dites-lui : « Allez, mamie, remets ton audiozoom de Phonax et viens regarder la télé avec nous, tu vas être contente, y a Bruno Masure… »

Je sais qu'à cet instant, certains d'entre vous, qui se souviennent des poèmes de Bruno Masure chez Michel Drucker, sortent des crucifix, des gousses d'ail et des pattes de lapin. Je devine la panique qui vous envahit et je vous entends dire : « Mon Dieu, Bruno Masure est là, il va lire un poème, vite, chérie, regarde ce qu'il y a sur les autres chaînes !

– Mais y a rien, mon amour, même le match de foot sur Canal est nul, c'est Rennes-Sochaux, tu imagines ! »

Ça, il faut dire que regarder Rennes-Sochaux un dimanche soir avant d'attaquer une semaine de boulot, y a rien de plus déprimant à part peut-être la lecture d'un ouvrage de Monsieur Yves Simon, mais, Rennes-Sochaux, vous imaginez ? Pour vous donner une idée des stars présentes sur la pelouse, comme pointure il y aura Calvé, Mezague, Afolabi, Bourillon et Menez, c'est vous dire si on va flirter avec le haut niveau. L'autre jour, Canal + nous a déjà offert un Le Mans-Nantes qui a fait brutalement augmenter les statistiques nationales de suicide, mais là avec Rennes-Sochaux, on devrait battre des records.

Même si Bruno est à la poésie ce que le barde Assurancetourix est à la musique, tout n'est pas noir dans sa poésie et, comme en toute chose, on peut même en faire un usage positif. Il paraît que certains villages africains où des marabouts récitent en boucle les poèmes de Bruno Masure sont inexplicablement épargnés par l'invasion des nuées de sauterelles. D'aucuns prétendent également que dans certains hameaux du Limousin, des guérisseurs soignent les troubles de la ménopause en appliquant les poèmes de Bruno sur les poils pubiens des patientes et qu'ils obtiennent d'excellents résultats.

Mais pour toi, jeune, qui nous regardes, et pour qui Bruno Masure est synonyme de vers de mirliton, sache que Bruno a présenté le journal télévisé lorsque la télé était en noir et blanc, à l'époque du général de Gaulle. Malheureusement, la télévision ne laisse que des traces superficielles et ce qui restera de la carrière de présentateur de JT de Bruno, ce sont ses jeux de mots.

Il faut dire que Bruno Masure fut quand même le seul présentateur de JT à oser annoncer une grève à la SNCF en disant : « Demain, il n'y aura pas de train, alors… gare. »

Lorsqu'il présentait le journal, Bruno mettait un peu de fantaisie dans une litanie de nouvelles tragiquement routinières, et on se prend à regretter la petite flamme amusée qui aurait brillé dans ses yeux s'il avait annoncé cette semaine la nouvelle mise en examen de Charles Pasqua.

Tiens, à propos de l'actualité. On parle beaucoup en ce moment, et à juste titre, de zones de non-droit dans lesquelles l'État n'ose plus intervenir. Je voudrais vous parler aujourd'hui de l'un de ces quartiers difficiles, un endroit où la police ne s'aventure jamais, une cité-dortoir qui s'appelle le

Sénat. Oui, c'est ce qu'on appelle une cité-dortoir, oui, car les sénateurs ont coutume d'y dormir en permanence, mais c'est surtout, disais-je, une zone de non-droit puisque Monsieur Pasqua, mis en examen dans six affaires, peut s'y déplacer sans problème, et même y être salué comme un personnage honorable.

On l'a pas entendu, Pasqua, sur la précarité. C'est dommage, il faut dire que, lui, il a signé un CDI avec les affaires douteuses. En revanche, un qui n'arrivera pas au terme de son CPE, c'est de Villepin. Franz-Olivier Giesbert raconte dans son bouquin que de Villepin avait coutume de dire que la France avait les jambes écartées et attendait qu'on la baise, eh bien, monsieur de Villepin, non seulement la France a la migraine, mais à force de se faire baiser par des hommes qui ne lui donnent pas de plaisir, elle commence à désirer Ségolène, et il se pourrait bien qu'en 2007 la France devienne lesbienne.

ÉMISSION DU 16 AVRIL 2006

Backstage

Ce jour-là, Franz-Olivier Giesbert venait sur le plateau d'ONPP parler de son best-seller *La Tragédie du Président*, un bouquin dans lequel, au mépris de la déontologie, il rend publics les propos « off » d'un Chirac en bout de course, pour mieux encenser Sarkozy. On se souvient que, lors de la dernière élection présidentielle, Jospin a été battu en raison de propos tenus « off » dans un avion, au sujet de l'âge et de l'usure de Chirac. On imagine aisément les dégâts qu'aurait provoqués le bouquin de FOG sur la candidature Chirac s'il avait été publié en 2002. C'est ça qui est gênant. Comment ça s'appelle, ce truc-là, déjà ?... Ah oui... l'opportunisme. Le même jour, Séverine Ferrer est venue nous expliquer à quel point elle était certaine que sa chanson *Coco Dance* allait faire un malheur au concours de l'Eurovision tant elle était bonne. Finalement, elle ne parvint même pas à se qualifier. Remarquez, il est de bon ton de se moquer de Séverine Ferrer et d'encenser Corneille alors que la chanson de ce dernier pour la dénommée Virginie Pouchain était ce qu'il est convenu d'appeler... une grosse daube... Oui, mais c'est Corneille et il a beaucoup souffert. Ah bon, d'accord...

Bocal du 16 avril 2006

Aujourd'hui, en ce dimanche pascal où toutes les cloches sont parties à Rome... enfin, quand je dis toutes, je devrais dire presque toutes, il reste quand même une permanence à l'UMP et puis, surtout, on annonce qu'un vol de cloches n'est pas arrivé à Rome mais a été détourné vers le Brésil, il s'agit des participants à la nouvelle émission de télé-réalité de TF1 qui s'intitule *Sortez-moi de là, je suis une célébrité.*

Parmi ces cloches brésiliennes, il en est une qui résonne particulièrement à nos oreilles, c'est notre ami Richard Virenque.

Il paraît que lorsque les dirigeants de TF1 ont proposé à Virenque de participer à l'émission, ils lui ont dit : « Grâce à vous, on va doper l'audience ! » Virenque aurait répondu : « Mais il court dans quelle équipe, ce Laudience ? »

Non, sérieusement, ce qui est triste dans cette histoire, c'est que TF1 se moque totalement que Virenque ait été un grand champion. S'ils l'ont choisi, c'est parce qu'il ne dit que des conneries et qu'avec lui, ils sont sûrs d'alimenter les bêtisiers qu'ils nous diffuseront pendant des années.

Je disais qu'en ce dimanche pascal où toutes les cloches sont parties à Rome, cette chronique sera empreinte de respect et de dignité. Qu'on ne compte donc pas sur moi pour me moquer du père Guy Gilbert qui va nous rejoindre dans quelques instants. Non, même s'il croit être proche des jeunes en parlant argot comme Pierre Perret et en portant des pin's alors que les gamins n'en portent plus depuis vingt-cinq ans, je ne me moquerai pas du père Gilbert parce que sa démarche est sans arrière-pensée, contrairement à d'autres religieux qui savent parfaitement fanatiser des enfants même s'ils ne portent pas de pin's sur leur djellaba.

Je ne me moquerai pas non plus de Séverine Ferrer qui viendra tout à l'heure nous présenter son disque, intitulé *Coco Dance*, lequel représentera Monaco à l'Eurovision.

Non, je ne me moquerai pas de Séverine Ferrer d'autant qu'elle a rencontré le dalaï-lama, à qui elle a demandé quel était le sens de la vie. L'autre a répondu : le sens de la vie, c'est de représenter Monaco à l'Eurovision avec une chanson intitulée *Coco Dance* et il a éclaté de rire avec ses potes habillés en orange autour de lui… Bon, il faut dire que de la même façon qu'ici nous avons le beaujolais nouveau, le jour où Séverine a rencontré le dalaï-lama, ce dernier avait fait honneur au népalais nouveau.

On va pas se moquer non plus de Corneille même si la chanson qu'il a écrite pour l'Eurovision est paraît-il controversée. J'ai même lu dans la presse que cette chanson provoquait une bataille d'Hernani et que Pascal Sevran avait fait savoir qu'il ne l'aimait pas. Alors, je voudrais dire aux journalistes que l'expression « bataille d'Hernani » me paraît un peu exagérée. Rappelons que ce qu'on a nommé la bataille d'Hernani concernait une pièce de Victor Hugo jouée à la Comédie-Française et pour laquelle Gérard de Nerval et Théophile Gautier sont intervenus violemment. Là, à la place d'une pièce de Victor Hugo, il s'agit d'une chanson interprétée par Virginie Pouchain, et à la place de Gérard de Nerval, on a Pascal Sevran.

Chaque siècle a les batailles d'Hernani qu'il peut.

À propos de Virginie Pouchain, qui représentera donc la France à l'Eurovision, le problème, c'est que Pouchain, comme nom, ça ne le fait pas. Vous imaginez sur le fronton de l'Olympia, en lettres rouges : « Virginie Pouchain », non, on n'y croit pas... Remarquez, parfois un nom ridicule peut être un atout, prenez Monsieur Poirot-Delpech, voilà un type dont personne ne sait exactement ce qu'il fait, on sait juste qu'il la ramène dans tous les débats de société, mais tout le monde connaît son nom... Poireau-Delpech, en fait, c'est un pseudonyme, le type s'appelait Carotte-Sardou, mais il a trouvé que ça faisait un peu con, alors il a changé de légume et de chanteur.

Finalement, la plus belle cloche de Pâques est sans conteste notre ami Bernard Tapie. Dans l'émission *On refait le match* sur LCI, le journaliste Pascal Praud annonçait la vente imminente du PSG, qui a finalement eu lieu cette semaine, et Tapie lui a répondu : « Si je ne me retenais pas, je serais en train de pisser de rire », puis, après une brillante démonstration financière dans laquelle il expliquait que si le PSG était vendu, le cours de l'action Canal + s'effondrerait aussitôt, il a conclu : « Le PSG n'est pas près d'être vendu, faites-moi confiance... » Ça, quand Tapie conclut une phrase en disant : « Faites-moi confiance », généralement c'est le contraire qui arrive, et là, on n'a pas été déçus puisque, comme vous le savez, le PSG a été vendu cette semaine.

Alors, si vous rencontrez Bernard Tapie dans les jours qui viennent, appelez-le Bernadette et demandez-lui si c'est à Lourdes qu'il entend des voix qui lui soufflent de telles conneries.

ÉMISSION DU 23 AVRIL 2006

Backstage

Je ne sais pas si on a le droit de dire que, ce soir-là, les propos d'Olivier Rey, repreneur de *France Soir*, perdirent, auprès des présents autour de la table, beaucoup de leur force de persuasion en raison de l'haleine fortement imprégnée d'alcool du journaliste. Cela dit, depuis lors, j'ai eu l'occasion d'acheter le nouveau *France Soir*, qui est effectivement devenu une sorte de tabloïd, mais pas pire que ce qu'il était depuis quelques années. Et les journalistes qui avaient le cul coincé devant Olivier Rey ne devaient probablement pas lire leur propre journal qui depuis bien des lustres avait perdu celui de l'époque Lazareff.

Bocal du 23 avril 2006

Ce soir, permettez-moi pour une fois d'être sérieux, car je voudrais évoquer un sujet d'une importance capitale : la cuisson des merguez et des chipolatas au barbecue.

Oui, je sais, à cet instant, vous pensez que je suis devenu fou, et pourtant, réfléchissez un peu... Euh, quand je dis « réfléchissez un peu », c'est une clause de style, à l'impossible nul n'est tenu, et tous ceux à qui dame Nature n'a pas donné de quoi réfléchir peuvent vaquer à d'autres occupations. Par exemple, Madame Ève Angeli peut continuer à s'enduire les ongles des pieds de vernis rose et Monsieur Richard Virenque continuer à bouffer des insectes tropicaux en faisant des fautes de français dans la jungle brésilienne, mais ceux qui le peuvent, réfléchissez un peu...

Au milieu de toutes les nouvelles angoissantes qui nous assaillent, l'un des rares moments de bonheur de ces derniers temps a été ce premier week-end ensoleillé que nous venons de vivre et qui a permis à beaucoup d'entre vous de déjeuner dehors et de cuisiner au barbecue des merguez et des chipolatas.

À cet instant, je viens de voir passer un SMS me reprochant de ne pas parler de la saucisse de Toulouse, « si bonne lorsqu'elle est grillée », me dit notre correspondant. C'est vrai, la saucisse de Toulouse est excellente au barbecue, mais il faut l'acheter en spirales chez votre charcutier et la découper juste avant la cuisson... Quand je pense que nous sommes en *prime time* sur une grande chaîne nationale et que je peux dire des conneries du genre : « La saucisse de Toulouse est excellente au barbecue », franchement, c'est enivrant.

Pourtant, avec mes merguez et mes chipolatas, on n'est pas très loin de la culture. Un homme de lettres disait : « La culture, c'est ce qui reste quand on a tout oublié. » Eh bien, le barbecue, c'est ce qui nous reste lorsqu'on veut tout oublier.

Mais revenons aux choses sérieuses, où en étais-je ? Ah oui, la saucisse de Toulouse. Il est impératif de l'acheter en spirales chez un charcutier artisanal et de ne la découper qu'au moment de la poser sur le gril… Ah, un autre SMS me demande quelle est la bonne taille pour couper la saucisse de Toulouse au barbecue. Eh bien, je dirais que la bonne taille, c'est une demi-bite… Une demi-bite en érection… Et là, madame, vous me dites : « Une demi-bite d'accord, mais une demi-bite de qui ? Parce que si je mets une demi-bite de Michel ça va passer entre les barreaux de la grille du barbecue. »

Sérieusement, c'est vrai que ce premier déjeuner dehors a été un petit bonheur. Vous aviez fait des salades et des chips à l'ancienne, un peu picolé de rosé de Provence et là, l'espace d'un instant, vous étiez bien. Oh, bien sûr, vos enfants ne sont pas restés très longtemps près du barbecue, ils ont pris leur assiette de saucisses et un paquet de chips à l'ancienne et sont rentrés regarder la télé (oui, ils ont leurs émissions de jeunes, et ça, nous on ne peut pas comprendre), ils sont allés s'enfermer regarder la télé, car cet après-midi, la télé diffusait un programme spécial jeunes : Michel Drucker recevait Pierre Perret. Je vais vous dire, dans les banlieues, vers

15 heures, y avait plus personne dans les cages d'ascenseur. C'est normal, à cet âge on est insoumis, ils ont avalé deux saucisses sans même s'asseoir et ont disparu aussitôt. Ne leur en veuillez pas, c'est l'âge ingrat, ils ont des plaisirs que vous ne pouvez pas comprendre, c'est ce qu'on appelle la crise de l'adolescence.

Un qui a dû se gaver de merguez et de chipos aujourd'hui, c'est le député Lassalle, qui a retrouvé ses Pyrénées heureux, puisqu'on lui a fait croire que les deux cents emplois de l'usine polluante de sa vallée étaient sauvés. Peu importe que les investisseurs japonais, effrayés par son chantage, n'investissent plus en France pendant les vingt ans à venir, peu importe qu'on ait annoncé cette semaine dans le reste du pays dix mille licenciements pour délocalisation, ça ne va pas lui couper l'appétit, et du coup, ce sont dix mille salariés qui dans quelques mois feront une grève de la faim imposée.

Des merguez et des chipos…

Vous voyez, ça paraît puéril mais à part ça, qu'est-ce qu'il reste ? L'Iran veut la bombe atomique, la révolte couve dans les banlieues, Cauet sort un hamburger qui donne la diarrhée et une revue pour s'essuyer, et même les Népalais font la révolution contre leur roi qui est paraît-il la réincarnation de Vishnu. Ça va mal, voilà des types qui cultivent la méditation et la non-violence, et qui sont en train de s'égorger dans les rues…

La culture, c'est ce qui reste quand on a tout oublié ; les merguez et les chipolatas, c'est ce qui reste quand on veut tout oublier.

Plasma du 23 avril 2006

Je ne dirai pas de mal de *Je suis une célébrité, sortez-moi de là*. Pourtant, y avait de quoi être inquiet, comme à chaque nouveau jeu de télé-réalité. Surtout lorsque ce jeu est basé sur l'exploitation de la détresse de has been vieillissants, il faut dire qu'on a tous en tête des exemples terribles, et pas seulement sur TF1 ou M6. Oui, pour être honnête, Marco, le service public n'est pas à l'abri de cette dérive, et je voudrais profiter de cette chronique pour dire à Laurent Ruquier que c'est pas très joli-joli d'exhiber comme il le fait Gérard Miller, qui est un peu à la psychanalyse ce que Julie Pietri est à la chanson.

Tout ça pour vous dire que je n'étais pas rassuré en regardant *Je suis une célébrité, sortez-moi de là.*

En plus, on nous annonçait des candidats perdus au cœur de la jungle brésilienne, dans des conditions d'hygiène effroyables et là, on s'attendait au pire, surtout quand on se souvient des images terribles de Danièle Gilbert ou de Régine se réveillant dans une ferme du Vaucluse, alors vous imaginez, la jungle du Brésil !

Bon, cela dit, j'avais déjà été un peu rassuré après avoir vu le sujet diffusé dans + *clair* où on nous expliquait que cent quatre-vingts techniciens ont été envoyés sur place, au Brésil, pour assurer le tournage de l'émission de TF1. Vous imaginez bien que tous ces gens-là, il faut les nourrir, les loger, les emmener aux putes à la ville la plus proche, bref, par définition, un tel tournage ne peut pas se dérouler en plein cœur de l'Amazonie.

Et puis surtout, ce qui m'a rassuré, c'est la présence de Jean-Pierre Foucault. Voilà un homme qui n'a pas précisément une image d'aventurier, non, c'est vrai, dans la vie courante, la plus grande prise de risque de Jean-Pierre Foucault consiste à prendre le taxi pour se rendre de chez lui à RTL. En plus, il ne supporte pas la chaleur, souvenez-vous, dans ses émissions de variétés, si on braquait pas un ventilateur à pleine puissance sur son visage, il faisait un malaise, alors vous imaginez bien que la chaleur des tropiques, c'est pas pour lui. En fait, il passe son temps à boire des piñas coladas dans sa suite d'un cinq étoiles, puis Franck Provost vient lui refaire le brushing, deux habilleuses lui apportent ses chemises d'aventurier de chez Givenchy et il ne sort qu'au dernier moment pour aller tourner les lancements dans les jardins de son hôtel.

Bref, vous l'avez compris, Jean-Pierre Foucault c'est comme Bernard Lavilliers. Il fait croire qu'il a affronté les pièges de la jungle tropicale mais il passe son temps dans une suite du Bahia Beach Palace.

Quant au jeu lui-même, rassurez-vous, *Je suis une célébrité* est une émission totalement inoffensive, c'est du *Fort Boyard*, sauf que le nain c'est pas Passe-Partout mais Christophe Dechavanne, et que le vieux à la place du père Fouras, c'est Jean-Pierre Foucault.

ÉMISSION DU 30 AVRIL 2006

Backstage

Ce jour-là, nous recevions Bernard-Henri Lévy et Ève Angeli. Comme je ne voulais pas dire du mal de BHL, pour des raisons personnelles, je ne me sentais pas la lâcheté de tirer sur une ambulance et d'allumer Ève Angeli qui poursuit un chemin de croix qui l'a menée d'une éphémère carrière de chanteuse à *La Ferme Célébrités* et qui, ce dimanche-là, venait nous annoncer sa participation au Salon de l'érotisme (*sic !*). J'avais donc décidé d'être gentil avec elle. À son entrée sur le plateau, je passe donc sous silence sa tenue surréaliste, jarretières sur minishort, d'autant plus pathétique qu'Ève est dotée d'une tache de vin sur la cuisse, ce qui atténue fortement, convenez-en, l'effet érotique d'une jarretière. Mais peu importe, je fais semblant de ne pas avoir remarqué le grotesque de la tenue d'Ève, je fais semblant également de n'avoir pas entendu ses premières paroles qui sont autant de conneries, quand, soudain, la voilà qui, s'adressant à moi, se met à me reprocher de ne pas avoir le courage de la vanner en face. Que voulez-vous que je fasse ? Je lui répondis, et commença alors une boucherie, qui atteignit son point d'orgue lorsque Marco, à l'entrée du footballeur mythique Raymond Kopa, également invité de l'émission, annonça : « Maintenant nous accueillons une légende », et qu'Ève s'écria : « Ah bon ? je croyais que c'était un footballeur. »

Bocal du 30 avril 2006

Merci, Marco, merci. Ce soir, vous vouliez me faire plaisir et vous n'avez invité que des gens que j'aime : Magalie de la *Star Ac'*, Ève Angeli, bon, c'est simple, si l'on pense « femme », il y eut Marie Curie, Simone de Beauvoir et Ève Angeli, et mon chouchou, Bernard-Henri Lévy, qui est un peu l'Ève Angeli des philosophes. Il ne manque qu'Élisabeth Tessier, qui affirme être la réincarnation de Jeanne d'Arc. Je rappelle que l'autre était pucelle, tu t'es encore trompée, Élisabeth…

Alors, à propos de ça, je suis face à un cas de conscience. Faut-il chambrer Ève Angeli et Magalie qui m'écoutent dans leur loge ? Soyez tranquilles, la réponse est non. Faut-il chambrer Bernard-Henri Lévy qui peut d'un coup de fil faire virer la journaliste d'un grand journal dont l'interview lui a déplu ? La réponse est oui. Parce que personne n'a peur de Magalie ou d'Ève Angeli, et si vous avez vu les prestations de BHL dans les différents talk-shows, le problème c'est que tous ces gens-là se foutent de sa gueule, mais craignent les réseaux.

ÉMISSION DU 14 MAI 2006

Backstage

Ce soir-là, nous avons reçu : Philippe Labro, qui ne rêve plus du prix Goncourt, Marina Vlady, qui ne rêve plus d'amour, Bixente Lizarazu, qui ne rêve plus de l'équipe de France de foot, Valérie Mairesse, qui rêve encore de Coluche, et Florent Pagny, qui fait des cauchemars fiscaux.

Bocal du 14 mai 2006

Ce soir, Marco, vous n'avez invité que des fantasmes vivants. Valérie Mairesse, c'est votre fantasme, messieurs, vous l'imaginez en robe d'été légère se soulevant au gré d'une bise provençale… Lizarazu, c'est votre fantasme, mesdames. Ah, qui dira combien de femmes ont fait semblant de s'intéresser à un match de foot aux côtés de leur époux, juste pour admirer les cuisses musclées de Bixente, luisantes sous les huiles de massage, combien d'épouses fidèles ont fantasmé sur son maillot collé par la sueur, combien d'entre elles ont eu du mal à respirer lorsqu'à la fin du match elles vous ont vu retirer votre maillot pour l'échanger avec un adversaire puis sortir du terrain torse nu, combien de femmes enfin ont crié à leur mari « Prends-moi » en vous imaginant, cher Liza, dans la vapeur moite des vestiaires, prendre votre douche et vous savonner généreusement la toison pubienne en chantant *I will survive*…

Pourtant, mesdames, votre fantasme va en prendre un coup, car Liza vient d'annoncer la fin de sa carrière… Eh oui, après Zidane, ça fait mal, et du coup, on a très peu parlé d'une autre annonce encore plus étonnante : Marcel Desailly a déclaré cette semaine qu'il prenait sa retraite. Oui, je dis que c'est surprenant, parce que pour tous ceux qui s'intéressent au foot, on pensait que déjà à la Coupe du monde 2002, Desailly avait pris sa retraite. Je ne sais pas si vous vous souvenez, il était en permanence accroché au téléphone portable pour lequel il faisait de la publicité, au point qu'on avait l'impression que, même sur le terrain, il était en double appel…

Mais revenons à nos fantasmes, Valérie Mairesse, le fantasme des hommes, Lizarazu le fantasme des femmes, et Florent Pagny, le fantasme… des inspecteurs des impôts. Non, sérieusement, c'est vrai, il paraît que dès que vous apparaissez sur l'écran, la respiration des inspecteurs des impôts devient saccadée, leur pouls s'accélère, et à cet instant, leur épouse n'a qu'une chose à faire : c'est leur montrer la déclaration de revenus d'un ouvrier licencié de chez Moulinex. Là, ça les calme.

À part ça, l'actualité de la semaine ressemble un peu à un inventaire à la Prévert, on nous a encore saoulés avec la réintroduction des ours dans les Pyrénées, c'est incroyable la place que prend cette affaire, il me semble qu'il y a d'autres choses plus urgentes à réintroduire dans les Pyrénées : déjà, si on pouvait réintroduire du travail, ça serait bien, ensuite, si on pouvait aussi réintroduire aussi un peu d'intelligence à certains crétins dont le béret basque a bloqué le développement de la boîte crânienne, ce serait pas mal non plus. Quand je parle de crétins à béret, ce sont ceux qui dispersent dans la nature des pots de miel avec des morceaux de verre brisé à l'intérieur pour faire crever les ours. Heureusement, parmi eux, y en a certains qui sont tellement cons qu'ils ont laissé les couvercles sur les bocaux, mais pour les autres, je vous laisse imaginer l'état d'un ours qui va s'avaler un bocal de verre brisé...

Oui, car l'ours adore le miel. Contrairement à ce qu'on croit, il n'est pas carnivore, à l'exception rarissime de l'agneau, dont il raffole de la cervelle. C'est pour ça que ceux qui dispersent des pots de confiture dans la nature sont vraiment très cons, ils n'ont rien à craindre puisque la seule viande humaine que pourraient manger les ours, c'est la cervelle... et qu'ils en sont totalement dépourvus.

À part ça, aux États-Unis, Moussaoui a fait appel, il veut être rejugé, et franchement on le comprend. Voilà un gars qui s'attendait à être condamné à mort, et qui se disait : « Super, je vais avoir droit à mes soixante-dix vierges pour l'éternité. » En le condamnant à la prison à vie, la justice américaine a été odieuse avec Moussaoui, puisque au lieu de soixante-dix vierges pour l'éternité, il n'aura droit qu'à cinq doigts, pour le reste de sa vie.

Toujours à propos de terrorisme, dans *VSD*, on apprend que la Cicciolina a proposé un marché à Ben Laden, à savoir que s'il met fin au terrorisme, elle est prête à coucher avec lui. Rappelons que la Cicciolina connut son heure de gloire il y a vingt-cinq ans. Déjà à l'époque, elle était pas terrible, heureusement qu'elle sortait un sein pour créer une diversion, mais là, j'ai vu une photo d'elle aujourd'hui, on dirait la mère de Danièle Gilbert.

Autrement dit, Ben Laden a le choix entre soixante-dix vierges pour l'éternité ou une vieille pute à consommer immédiatement.

À mon avis, le terrorisme risque prochainement de redoubler dans le monde.

ÉMISSION DU 21 MAI 2006

BACKSTAGE

Ce soir-là, Clémentine Célarié vint avec sa « tribu », ses trois garçons, et tout le monde fut bouleversé par l'émotion spontanée de Clémentine et leur improvisation à quatre voix. Bon, après ça, on vit Clémentine et ses fils dans d'autres talk-shows avec, à chaque fois, la même émotion... spontanée et la même... improvisation.

Jeune qui nous regardes, si tu es rebelle et insoumis, si tu traverses une période d'insurrection contre cette société de merde, si ce soir tu as quitté brutalement la table familiale pour monter t'enfermer dans ta chambre en claquant très fort la porte et que tu t'es jeté sur ton lit pour téléphoner à un copain et lui dire à quel point tes parents sont fascistes, eh bien, jeune révolté, l'émission de ce soir n'est pas pour toi et tu peux d'ores et déjà zapper sur une autre chaîne plus subversive, une chaîne qui prône les vraies valeurs révolutionnaires, comme TF1.

Car ce soir, ONPP sera une émission travail famille patrie et pour vous en convaincre, regardez notre premier plateau. Que des représentants de la droite bourgeoise et réactionnaire. C'est bien simple, on dirait un congrès de l'UMP. Tiens, prenons par exemple Doc Gynéco. Sa nouvelle chanson, je vous jure que c'est vrai, s'intitule *Maman* et sortira pour la fête des Mères. Au moins, cher Doc, avec cette chanson, vous faites progresser la science puisqu'on a enfin trouvé le chaînon manquant entre Joey Starr et Tino Rossi. Non, sérieusement, le Doc sort également un nouvel album intitulé *Arrête la bagarre*. Le titre original, c'était *Arrête la bagarre mes lunettes sont cassées et j'vais le dire à ma mère*, mais la maison de disques le trouvait trop long…

Quoi qu'il en soit, sur ce nouvel album gangsta rap de Doc Gynéco, on sent nettement l'influence de son maître Yves Duteil. Et qui d'autre, à part Yves Duteil la racaille, aurait pu inspirer les chansons de cet album, aussi violentes que *Le Roi des animaux* ou bien encore *La Langue française*. D'ailleurs, il paraît que sur votre prochain disque, on trouvera des chansons qui remettent en cause la société, comme ce pamphlet qui s'intitule *Une peluche fait dodo sur mon lit*. Y aura aussi *Bambi est malheureux* et surtout une chanson courageuse qui va déranger beaucoup de monde et qui s'intitule *Oui-Oui a bien travaillé à l'école.*

Ce soir donc, sur notre plateau, la France qu'on aime, la France traditionnelle. Dans quelques minutes, nous allons recevoir les Bellemare père et fils. Pour être franc, c'est Doc Gynéco qui l'a exigé, car il veut acheter un convecteur à chaleur radiale au *Téléachat*, donc Pierre Bellemare viendra tout à l'heure avec son fils dont on sent qu'il l'a élevé dans l'enseignement de Kipling et de son poème *Tu seras un homme mon fils*. Vous connaissez tous ce poème, dont chaque vers commence par « Si tu peux… » : « Si tu peux être fort sans cesser d'être tendre… », et le poème se termine par « …tu seras un homme, mon fils ».

Pierre Bellemare, disais-je, a élevé son fils Pierre Dhostel dans le culte de Kipling, au point qu'il lui a écrit un jour un poème inspiré de Kipling, un poème que Bellemare a intitulé : *Tu seras au Téléachat mon fils* et dont voici un extrait :

Si tu peux vendre un jour, sans craindre pour ton image
Des conneries inutiles à des pauvres au chômage
Qui regardent la télé à huit heures du matin
Si tu peux leur faire croire à tout ton baratin
Si tu les impressionnes avec ton air sérieux
Pour qu'enfin ils te donnent leur code de carte bleue
Tu seras au Téléachat mon fils...

Venons-en à des choses moins poétiques : l'affaire Clearstream. Vous êtes comme moi, vous n'y comprenez plus rien, mais au bout du compte, qu'est-ce qui remonte à la surface, c'est que Villepin a voulu se faire Sarko. C'est pas un scoop. Sarko, en roi de la com qu'il est, se sert de la connerie des autres pour jouer les victimes, c'est pas un scoop non plus, et Chirac, comme d'habitude dépassé par les événements, inaugure le tramway de Mulhouse… Pendant ce temps-là, Monsieur Rondot, qui est paraît-il un as des services secrets, n'arrête pas de faire des révélations. Voilà un métier où on apprend aux gars à ne pas parler, même sous la torture, et nous on a un espion à qui on demande de la fermer vu qu'il y a le secret de l'instruction et qui, au contraire, n'arrête pas de parler. Bref, Clearstream, c'est une affaire qui pue et notre ami Rondot ça serait plutôt le rondo à la turque…

Chirac a déclaré l'autre jour que la République n'est pas la dictature de la rumeur, nous on aimerait juste que la République soit la dictature de la vérité…

À part ça, on dit que les cons sont partout, eh bien c'est faux. Du 25 au 28 mai prochain, ils seront rassemblés à Saint-Bonnet-Tronçais dans l'Allier, pour chasser le blaireau. Et là, on se demande qui sont les vrais blaireaux puisqu'il s'agit d'une chasse d'enfoirés qui consiste dans un premier temps à obturer les différentes issues des terriers du blaireau, puis d'y introduire les chiens. Une fois la bestiole localisée, les chasseurs creusent avec des pelles et des pioches et extirpent l'animal à l'aide de pinces métalliques spéciales, avant de le mettre à mort…

Bref, cette semaine, les hommes ont joué aux corbeaux, la semaine prochaine, ils vont jouer les blaireaux, la civilisation est en marche, Brigitte Bardot doit être contente, c'est déjà ça…

Plasma du 21 mai 2006

L'autre soir, à *Qui veut gagner des millions ?*, Jean-Pierre Foucault a posé la question suivante :

« Le mot “antépénultième” signifie : a) le premier d'un classement, b) le dernier, c) l'avant-dernier, ou bien d) l'avant-avant-dernier. »

Eh bien, je voudrais remercier notre chaîne et tous ceux qui ont participé à la sélection française de l'Eurovision. Grâce à Virginie Pouchain et à Corneille, la France entière connaît aujourd'hui la définition précise du mot « antépénultième », donc antépénultième signifie : celui ou celle qui est classé(e) avant-avant-dernier et dont toute l'Europe se fout de la gueule.

Pour être franc, on était un peu inquiet avant l'Eurovision, mais on n'osait rien dire à cause du politiquement correct. On sentait bien que la chanson de Corneille était nulle, mais il ne faut pas dire de mal de Corneille, c'est comme ça. On a le droit de se moquer d'Obispo, mais pas de Corneille, même quand il écrit des chansons nulles. C'est parce que Corneille a beaucoup souffert, du coup, quand on écoute sa chanson, c'est nous qui devons souffrir en silence…

Alors ce soir, qu'on ne compte pas sur moi pour me moquer de Virginie Pouchain, parce que je me souviens du sujet qu'on a diffusé ici même sur le salon de coiffure d'où elle vient dans une galerie marchande de Montélimar, un salon de coiffure où Virginie va retourner faire des rinçages bleutés à des mamies permanentées tandis que Corneille continuera à fréquenter le café Costes.

En plus, on aurait dû se méfier. Hier soir, juste avant l'Eurovision, France 3 a diffusé une publicité pour le disque de Virginie Pouchain qui disait : « Découvrez la voix singulière de Virginie Pouchain. » Vous avez bien entendu, ils ne disent pas : « Écoutez la voix envoûtante, ou mélodieuse », non « la voix singulière », un peu comme on le dirait de la voix de Donald, et à la fin de la pub, on voyait le nom de la maison de disques : Wagram. Hier soir, à Athènes, ce ne fut pas Wagram mais Waterloo…

Mais ce n'est pas seulement pour ça que j'étais triste hier soir. D'abord, l'Eurovision n'est plus ce qu'elle était car le rituel des « France five points » n'existe plus, car maintenant, jusqu'à sept points, c'est instantanément affiché par l'ordinateur. Remarquez, hier soir, « France five points », ça ne risquait pas d'arriver. Et puis, surtout, il s'est passé un autre drame dont personne n'a parlé : Séverine Ferrer n'a pas été admise à participer à la finale de l'Eurovision. Elle a été éliminée aux sélections, autrement dit elle est dans la position d'une équipe de foot qui veut gagner la Champion's League et qui perd en Intertoto. Pourtant elle y croyait ! Souvenez-vous, il y a quelques semaines, elle était venue présenter son disque *Coco Dance* qui représentait la principauté de Monaco et, ce soir-là, nous avons tous été subjugués par la qualité de cette chanson, *Coco Dance*, qui nous rappelait les plus grands, Léo Ferré, Gainsbourg et Bernard Menez.

À part ça, ce concours de l'Eurovision aurait été d'une tristesse infinie s'il n'y avait eu Nana Mouskouri. Bon déjà, en la voyant arriver sur scène, j'ai cru à un gag. Je me suis dit que les Grecs avaient fait venir le type qui imite Nana chez Michou, l'erreur est excusable, elle avait une robe froissée et du rouge à lèvres sur les dents, mais non, c'était bien elle. Hier soir, Nana avait décidé de nous faire rire, vous savez que les téléspectateurs ont dix minutes pour voter, et pour décompter ces dix minutes, il y avait sur scène un grand sablier composé de deux cœurs inversés, l'un sur l'autre. Nana devait renverser le sablier pour donner le signal de départ des votes. Tout de suite, on l'a devinée inquiète, elle se demandait comment un truc pareil pouvait tenir droit… Et effectivement ça ne tenait pas. Le sablier a fait deux tours sur lui-même, un peu plus ça lui écrasait le bras, et à cet instant, Nana s'est rendu compte qu'elle devait continuer à tenir le sablier avec le présentateur grec, mais le Grec s'est dit : la vieille va bien se démerder toute seule, et hop, il a lâché le sablier, et Nana est restée toute seule en lançant des regards désespérés de tous les côtés. Du coup, les Grecs ont envoyé les clips, pendant lesquels une équipe est venue réparer le sablier et placer Nana Mouskouri sous une tente à oxygène.

Bref, vous l'avez compris, hier soir, pour Nana Mouskouri, comme dit Virginie Pouchain, il était temps…

ÉMISSION DU 28 MAI 2006

Backstage

Ce soir-là, étaient invités : Patrick Sébastien, Jean-Pierre Foucault, Roselyne Bachelot, Pierre-Luc Séguillon, Hervé Vilard et Jean-Charles de Fontbrune.

Ce fut le soir de « l'altercation spontanée » entre Sébastien et Foucault, chacun jouant en réalité son numéro de vieux pro qui ne m'amuse guère. En revanche, celui qui m'amusa beaucoup ce soir-là fut Jean-Charles de Fontbrune, le « traducteur » de Nostradamus, dont je n'avais, pour être honnête, jamais lu la moindre ligne. Et là, j'ai compris. De Fontbrune « interprète » des textes écrits en vieux français, mais à la lecture on s'aperçoit qu'il s'agit d'une interprétation en fonction de l'actualité. Le problème, c'est que ça fait des décennies qu'il traduit, et qu'il n'a jamais prévu d'événements justes, il confirme après coup. Enfin, vous avez compris, il s'agit d'un piège à gogos.

Bocal du 28 mai 2006

Nous voici fin mai et un peu partout ça sent déjà les vacances. Même cette émission a un air de vacances, vous savez, un peu comme à la fin de l'année scolaire, quand les notes n'ont plus d'importance, parce qu'on connaît déjà le nom de ceux qui vont changer de classe et celui des redoublants…

Bon, par exemple, nous, avec Marco, on sait déjà qu'on ne va pas redoubler cette classe. À la rentrée prochaine, on change d'école. On aurait pu en profiter pour glander ou faire un *best of*, mais comme nous sommes de bons élèves, nous avons continué à travailler, même si, pour être francs, on n'a pas fait trop d'efforts dans le choix de nos invités.

Par exemple, vous vous doutez bien que dans une émission normale d'ONPP au cours de l'année, on ne vous aurait jamais infligé Jean-Pierre Foucault venant parler des cigales, ça évidemment, mais restez quand même, vous allez voir, on va se marrer, parce que Marco a également invité Patrick Sébastien qui vient, lui, d'écrire un bouquin où il flingue TF1 et la télé-réalité en général, et, normalement, ces deux-là devraient sérieusement se friter.

Cela dit, je vous ai entendu, Patrick, stigmatiser ceux qui vont jouer les aventuriers au Brésil, et je vous trouve bien injuste avec Jean-Pierre Foucault. En effet, j'ai regardé l'émission *Je suis une célébrité, sortez-moi de là*, et je vous assure que qualifier Jean-Pierre Foucault d'aventurier est quelque peu excessif. Certes, il s'était habillé en baroudeur (oui, s'habiller en baroudeur pour Foucault, ça veut dire porter des mocassins Weston et un pantalon de toile avec le pli du repassage), mais il n'avait pas renoncé à son brushing. Et là, Jean-Pierre Foucault prenait des risques, car il paraît que les Indiens qui vivent encore dans la jungle brésilienne n'avaient jamais vu un brushing de Franck Provost. En plus, quand ils ont vu les cheveux de Jean-Pierre se soulever à cause du ventilateur posé devant lui, ils ont cru à un signe des dieux et, depuis, ils racontent à leurs enfants que s'ils ne sont pas sages, l'homme aux cheveux qui volent leur ordonnera de manger des larves d'insectes.

Non, sérieusement, Jean-Pierre, c'est vrai qu'au Brésil vous n'avez pas eu à affronter de grosses épreuves, à part l'haleine de Marielle Goitschel au réveil…

Tiens, en parlant des invités, si vous avez aimé ma rencontre avec Élisabeth Tessier, surtout restez avec nous, car nous allons recevoir un peu plus tard Jean-Charles de Fontbrune, vous savez, celui qui interprète les prédictions de Nostradamus. J'ai lu son livre, 562 pages, quand je vous dis qu'on n'est pas en vacances… J'ai donc lu le livre des prédictions de Nostradamus et comment vous dire… Bon, depuis le début de l'année, nous avons reçu Candeloro, le père de Jordy, le député Lassalle, Séverine Ferrer, Pierre Dhostel, Ève Angeli, c'est vous dire si on a entendu des conneries sur ce plateau, mais à côté des prévisions de Nostradamus, tous ceux que je viens de citer ressemblent à des agrégés de philo.

Oui, je sais, je n'ai rien dit sur Roselyne Bachelot. À ceux qui s'étonnent, chère Roselyne, de votre présence parmi nous compte tenu de votre actualité aussi pauvre que le programme de politique internationale de Ségolène Royal, je répondrai que nous avons reçu ici la semaine dernière Nicolas Dupont-Aignan, qui nous a beaucoup fait rire, et que nous tenons ici à respecter la parité.

À propos, le président Chirac est en Amérique du Sud. Juste avant, il avait passé des examens médicaux au Val-de-Grâce et un communiqué nous a affirmé que tout allait bien. Et en lisant *Le Monde*, on a pu constater à quel point le Président était en forme, puisqu'on apprend qu'avant son départ pour le Brésil il s'est rendu gare Montparnasse à une exposition sur l'accessibilité des lieux publics aux handicapés. Là, il a serré quelques mains. Bon, au début ça partait bien, Chirac était concentré, il évitait de tendre la main aux manchots, mais soudain, selon *Le Monde*, tout a dégénéré. Alors qu'on lui présentait un non-voyant, le Président lui a serré la main chaleureusement en lui disant : « Je suis très content de vous voir. » L'article ne dit pas si l'autre lui a répondu : « Moi, je suis très content de ne pas vous voir »… Et là, le Président était sans doute troublé par sa gaffe puisque à un paralytique en chaise roulante qui voulait absolument lui parler Chirac a déclaré : « Si vous désirez me parler, prenez donc l'escalier avec moi. »

Pour finir, un mot de foot : vous vous souvenez que Domenech a provoqué un scandale en donnant l'exclusivité de ses commentaires sur le choix de Barthez comme gardien à un opérateur de téléphonie mobile. Moi, j'étais content parce que je suis abonné à cet opérateur, je me suis dit : chouette je vais avoir le scoop. Et là, sur une image saccadée, j'ai entendu Domenech dire : « J'ai choisi Barthez, ce n'est pas une surprise, ç'aurait été Coupet, ça n'aurait pas été une surprise non plus, c'était du 50-50, ça n'a pas été facile de choisir. » Il paraît qu'il a touché 50 000 euros pour ça.

Juste après cette chronique, nous allons parler du triste phénomène du *happy slapping*, qui consiste à filmer gratuitement des agressions avec des téléphones portables. Domenech, lui, vient d'inventer le *happy connering*, c'est-à-dire filmer pas gratuitement du tout des déclarations idiotes avec un téléphone portable.

ÉMISSION DU 4 JUIN 2006

Backstage

Ce soir-là étaient invités Stéphane Bern, Michèle Laroque, Garou, et surtout Dominique Strauss-Kahn et Anne Sinclair. Tous les journalistes qui le connaissent vous le diront : DSK, de tous les hommes politiques sans doute, possède la plus brillante mécanique intellectuelle. C'est d'autant plus dommage de le voir se servir d'Anne Sinclair comme d'une quelconque Cécilia.

Bocal du 4 juin 2006

J'aime autant vous prévenir tout de suite, ce soir, cette chronique ne volera pas très haut, d'abord parce qu'on reçoit Garou, et vous imaginez bien que je ne vais pas me risquer à faire une thèse de philosophie qui pourrait provoquer chez lui un claquage de synapse, mais surtout je ne me suis pas foulé parce qu'il ne reste que deux émissions et que, comme m'a dit Marco hors antenne, on n'en a plus rien à foutre…

En plus, ce soir, je suis particulièrement énervé, oui je suis « vénère », comme dit Stéphane Bern... parce que je ne sais même pas si vous, qui nous regardez, êtes en vacances ou pas, avec le bordel intégral qu'est devenu le lundi de Pentecôte qui devait être la soi-disant journée de solidarité avec les vieux.

Je vous rappelle les faits. Tout a commencé après la canicule quand le gouvernement précédent a merdé avec les déclarations du ministre Mattei. Vous vous souvenez, on le voyait en polo dans son jardin, avec le barbecue qui fumait derrière lui. Comme à la même époque le patronat gueulait contre la série de ponts du mois de mai, le Premier ministre de l'époque, Jean-Pierre Raffarin (eh oui, Raffarin, c'est drôle, on l'a presque oublié celui-là, vous vous souvenez c'était pas une épée, mais c'était quand même le bossu, mais comme personne n'a osé toucher sa bosse, du coup, ça a porté malheur à la France), donc Raffarin s'est dit : tiens, je vais faire un cadeau au patronat, je vais niquer le lundi de Pentecôte aux travailleurs, sous prétexte de solidarité avec les p'tits vieux.

Du coup, après deux ans d'attente, les petits vieux qui ne sont pas morts ont reçu un brumisateur, ils sont contents, surtout que, depuis, il n'arrête pas de pleuvoir, et demain, lundi de Pentecôte, une partie de la France va travailler et l'autre partie va glander au lit. Autant vous dire que le public présent ici ce soir et qui ne va pas être rentré avant minuit est essentiellement constitué de feignasses qui ne vont pas travailler demain.

Malheureusement, comme toujours, ceux qui travaillent les jours fériés sont généralement ceux qui accomplissent les tâches les plus ingrates. Un exemple au hasard, nous ! Eh oui, nous, on travaille même le dimanche de Pentecôte et on reçoit Garou, c'est vous dire si on accomplit une tâche ingrate.

En revanche, un qui ne va pas travailler le lundi de Pentecôte, c'est Antoine Zacharias, l'ancien patron de Vinci qui s'est accordé 55 millions d'euros en guise de cadeau de départ. Voilà un garçon prévoyant qui en cinq ans s'est mis dans la poche 300 millions d'euros, vous comprenez maintenant pourquoi je suis énervé… Parce que, sans faire de démagogie, vous imaginez le bien que feraient ces 300 millions, par exemple au budget de la Justice dont ça réduirait un peu la lenteur légendaire.

À propos de lenteur de la justice, une autre chose qui m'énerve, c'est l'amnistie de Guy Drut. Voilà un homme que personne n'est parvenu à battre il y a trente ans en finale olympique et qui, aujourd'hui, se fait rattraper par une justice connue pour sa lenteur. Vous imaginez l'humiliation…

À part ça, la grande nouvelle de la semaine, c'est quand même que Nicolas Sarkozy est de gauche. Ben oui, parce qu'en comparaison du programme sécuritaire de Ségolène Royal, Sarko ressemble à un baba cool qui fumerait le pétard. Et là, franchement, on est perdus. Apprendre la même semaine qu'Albert de Monaco ne sait pas se servir de capotes et que Ségolène Royal est de droite, ça fait un choc.

Quelle confusion ! Au moins, avant, tout était simple. Lorsque comme moi on affichait une sensibilité de gauche, on ricanait de Nicolas Sarkozy, de son programme électoral basé sur le tout-sécuritaire et de la démagogie grossière de ses soutiens médiatiques. Pourtant, à peine a-t-on fini de rire en voyant Sarko s'afficher avec Faudel, qu'on a vu Ségolène chez Denisot faire du rap avec Jamel, un peu comme si chaque candidat devait avoir sa caution beur. Pendant qu'on y est, pourquoi pas Le Pen chantant *Fais-moi du couscous, chéri* avec Bob Azzam !

Heureusement, en ces temps de confusion politique, il en est certains qui ne changeront jamais et dont on sait qu'ils resteront toujours conformes à leur ligne de conduite. Et là, je voudrais rendre l'hommage qui convient à Monsieur Charles Pasqua qui, cette semaine, a une fois de plus été mis en examen pour prise illégale d'intérêts. En langage juridique, ça veut dire « magouille ».

Monsieur Pasqua, que je voudrais du fond du cœur remercier pour sa fidélité aux valeurs qui ont guidé toute sa vie politique, et je vais vous dire, en ces temps où l'on a un peu tendance à penser des politiques qu'ils sont « tous pourris », souvenons-nous toujours que Charles Pasqua, lui, est unique.

Plasma du 4 juin 2006

Hier, on a deviné très tôt que la soirée sur TF1 serait placée sous le signe de l'intelligence, puisque dans *Le Maillon faible*, à la question : « Qui a écrit *Les Misérables* ? », un candidat, après avoir longtemps hésité (on sentait qu'il mourait d'envie de répondre « Luc Plamondon »), a fini par dire : « Je ne vois pas ! »

La candidate suivante fut sans doute stimulée par cette brillante entrée en matière, puisque à la question : « Quelle partie du bikini enlève-t-on lorsqu'on fait du topless ? », elle répondit sans hésiter : « La ficelle. »

Pendant que je m'interrogeais sur les motivations de ces gens qui se moquent d'être humiliés en montrant leur crétinerie à la télévision (peut-être parce que le mot « télévision » est devenu pour eux plus fort que le mot « humiliation »), Boccolini a demandé à un autre candidat : « En quel mois l'hiver s'achève-t-il ? »

Sans sourciller, le candidat répondit : « En juillet. »

Et là, soudain, je fus pris d'inquiétude pour le type qui rédige les questions du *Maillon faible*, parce que si les candidats ne sont pas capables de répondre à des questions de ce niveau-là, ce pauvre garçon va avoir du mal à en trouver de plus faciles, ou alors on leur fera faire des empilements de cubes comme à la garderie…

La fin de l'hiver en juillet, c'était sans doute le concept de TF1, hier soir, puisqu'en soirée la chaîne diffusait ensuite une « chose » intitulée : *Le Grand Défi de la glace*…

Je vous explique le principe : d'anciennes célébrités du patinage artistique apprenaient à patiner à des presque people, ceux qu'on voit partout dans ce genre d'émissions, n'en déplaise à Jean-Pierre Foucault qui fait semblant de s'offusquer lorsqu'on parle de has been.

T'as raison, Jean-Pierre, dans ce genre d'émission, il n'y a que des stars à leur top niveau, la preuve c'est qu'hier le casting était exceptionnel puisqu'on trouvait mon amie Ève Angeli, Jean Pascal, l'ancien élève de la *Star Ac'*, Caroline Barclay, Raphaëlle Ricci, la prof de la *Star Ac'*, une prof d'expression scénique qui n'a jamais fait de scène, y avait aussi Philippe Corti, que je pensais plus à l'aise dans la poudreuse que sur la glace, et, pour finir ce parterre de stars, la comédienne qui joue la fille de Navarro… Tout ça nous a donné un spectacle du niveau d'une fête de patronage, grâce notamment à Caroline Barclay et Ève Angeli… Mais ce qui était surprenant, hier soir, c'est que TF1 n'a pas hésité à casser les deux filles avec les commentaires perfides d'une voix off qui, pour Caroline Barclay, n'hésita pas à dire : « Caroline a peur, ce qui est normal, mais surtout, avec elle, on se heurte à un deuxième problème, celui de sa capacité mémoire. » Autrement dit, vous avez compris, on nous expliquait que Caroline a une capacité de stockage égale à celle d'un poulpe. Cela dit, ce n'est pas une surprise.

C'est alors qu'arriva notre chouchoute, Ève Angeli, qui d'entrée annonça : « Je vous garantis qu'on va être très glamour et très sexy et même torrides… »

À cet instant, comme pour lui donner le coup de pied de l'âne, la voix off nous précisa : « Malheureusement Ève Angeli part avec un grand handicap : une difficulté à assimiler les informations qu'on lui donne. » Vous voyez, pour une fois c'est pas moi qui l'ai dit, c'est TF1.

En tout cas, ce qui est sûr c'est qu'hier soir on a pu constater que, pour Ève Angeli, l'hiver intellectuel n'était pas prêt de se terminer…

ÉMISSION DU 11 JUIN 2006

Backstage

La dernière.

Évidemment nous étions émus. Mais Marco, je ne sais pas vraiment pourquoi, avait décidé de ne rien faire pour marquer la fin de l'aventure, aucun de ces gags dont on saupoudre habituellement les dernières. J'avais proposé deux ou trois conneries mais la froideur de l'accueil de Marco m'avait fait comprendre qu'il ne souhaitait rien de particulier. Du coup, malgré la présence de Laurent Ruquier et de Kad, ce fut une émission sans relief, au point que Macha Béranger venue protester contre son éviction de France Inter fut finalement la plus drôle.

Bocal du 11 juin 2006

À cet instant, madame, vous appelez votre mari qui regarde dans une autre pièce le match Angola-Portugal sur TF1. D'ailleurs, à ce propos, je voudrais avoir une pensée pour cette grande chaîne généraliste qui a acquis très cher les droits de diffusion de la Coupe du monde de foot, et qui se retrouve un dimanche soir avec un match Angola-Portugal… C'est les gars de la Fifa qui doivent se marrer, ils n'avaient plus autant rigolé depuis le jour où France Télévisions avait acheté très cher la coupe Intertoto.

Donc, à cet instant, madame, vous criez à votre mari : « Chéri, viens voir, c'est la dernière émission de Fogiel sur France 3, il va sûrement se passer des trucs extraordinaires ! »

Oui, parce que, pour ceux qui ne le sauraient pas, je rappelle que nous ne serons plus sur cette chaîne l'an prochain à cette heure-ci. Pour être francs, on s'y attendait un peu… Depuis quelque temps certains signes ne trompaient pas. Tiens, un exemple au hasard : le changement de sponsor de cette émission. Souvenez-vous, au début de l'année, nous étions parrainés par une marque branchée d'écrans plasma et de matériel high-tech. Cet hiver, France 3 a remplacé cet annonceur par un nouveau sponsor nettement moins prestigieux puisqu'il s'agissait… des sardines Le Connétable, et là, honnêtement, se faire refiler l'ancien sponsor de *Thalassa*, déjà ça nous a fait un choc. Mais notre chemin de croix publicitaire n'était pas terminé puisque ces dernières semaines, vous l'avez sans doute remarqué, ONPP est sponsorisé par un médicament contre la constipation des chiens et des chats, et là, je vais vous dire, quand on essaie de faire une émission qui n'ennuie pas les humains, être sponsorisé par un produit qui fait chier les caniches, c'est humiliant. Les producteurs d'émissions devraient faire attention aux sponsors que leur infligent les chaînes. Par exemple, il paraît que l'an prochain, l'émission *Des racines et des ailes* va être sponsorisée par les dragées Fuca… Moi, à leur place, je serais inquiet.

Oui, c'est vrai, il va se passer des choses ahurissantes ce soir, je ne sais pas, peut-être Mathilde Seigner fera-t-elle l'éloge d'une émission de France Culture consacrée à l'influence de Schoenberg sur son époque…

Non, il ne s'agit pas de Béatrice, mais d'Arnold Schoenberg…

Sérieusement, c'est vrai, il va se passer des trucs ce soir, et là, je voudrais dire à la France entière que nous sommes en direct, que nous n'avons plus rien à perdre et que tout peut arriver... Je vous laisse imaginer à cet instant l'état de stress de la direction de France 3.

D'ailleurs, ils nous ont collé un technicien en régie, prêt à couper l'image et à balancer la mire en cas de dérapage... Attendez, on va se marrer...

Il est temps que la France entière sache que Monsieur de Carolis n'est pas tout à fait ce qu'il veut nous faire croire. Le 12 mars 2006, Monsieur de Carolis a été surpris par une patrouille de police (*coupe*).

Non, sérieusement, on n'en a plus rien à foutre. Avec Marco, on est venus pour la petite fête qui a lieu dans les loges après l'émission. Tiens, regardez les invités qui sont venus là pour vendre leur film ou leur spectacle, eh bien on ne va pas dire un mot de leur actualité, on va leur poser que des questions people, en plus, eux aussi ne sont là que pour la petite fête, on va expédier l'émission vite fait. En plus, moi, j'ai déjà vu le buffet, y a les mini-toasts, vous savez avec les petites pointes d'asperge dessus, ou une rondelle de saucisson, c'est bon mais si ça reste trop longtemps dehors, le pain de mie devient humide, y a du mousseux aussi et puis on va s'échanger des cadeaux. Le mien est une surprise mais Marco a décidé de m'offrir le sien pendant l'émission, il a fait venir Adriana Karembeu. Il a fait ça juste pour me faire plaisir, parce qu'elle, elle n'a pas d'actualité, non, c'est vrai, aujourd'hui elle n'a rien de spécial à dire – oui, c'est vrai, les autres jours non plus d'ailleurs – mais ça ne fait rien, Adriana Karembeu, on la fait surtout venir pour la regarder.

C'est une pratique courante dans les émissions de télé… Par exemple, Steevy non plus n'a rien à dire mais Laurent Ruquier le fait venir quand même dans son émission juste pour le regarder.

Une autre qui va avoir droit à son pot de départ, c'est Macha Béranger que nous allons recevoir tout à l'heure, Macha Béranger que la direction de France Inter pousse vers la sortie, malgré les promesses du P-DG de Radio France qui avait déclaré à son arrivée : « Il n'y aura pas de chasse aux sorcières » et le voilà qui chasse Macha, si c'est pas une chasse à la sorcière ça ? Remarquez, à TF1 aussi la chasse aux sorcières a commencé, ils ont déjà viré Évelyne Thomas…

Pour en revenir à Macha Béranger, je l'aime bien, même si son chien Œdipe chiait toutes les nuits sur les moquettes de Radio France.

En plus, si Macha quitte l'antenne, à qui pourront parler tous les dépressifs qui l'appelaient chaque soir, pour lui dire pendant une demi-heure que le drame dans ce monde de solitude, c'est que les gens ne s'écoutent pas… Macha répondait : « Vous avez raison, Xavier… » et elle continuait à pointer ses relevés de banque. Le dépressif expliquait que sa compagne l'avait quitté après quelques mois de vie commune, soi-disant parce qu'elle ne pouvait plus le supporter, nous, au bout de dix minutes, on avait déjà envie de le tuer, mais Macha, imperturbable, continuait à dire : « Vous avez raison, Xavier, mais est-ce qu'il vous arrive de vous demander qu'est-ce que c'est que ce chèque de 123 euros… euh, excusez-moi, je veux dire est-ce qu'il vous arrive de vous demander si vous n'avez pas également commis des erreurs ? »

Déjà, quand j'étais petit, j'aimais pas quand arrivait le mot « fin » sur l'écran de mon cinéma de banlieue. Quand c'étaient des films américains, il y avait écrit « the end » , je détestais les gens qui partaient avant la fin du générique, alors, surtout, restez jusqu'à la fin de mon générique.

Pendant ces deux saisons, j'ai beaucoup appris sur les hommes, sur la vanité des choses, je n'oublierai jamais l'élégance de Darry Cowl venant nous dire quelques semaines avant sa mort : « Dans deux mois, tout ça ne sera plus qu'un mauvais souvenir. » Et puis, surtout, je voudrais embrasser le petit Raphaël et lui dire : « Courage », je voudrais aussi embrasser Élisabeth Teissier. Elle sait pourquoi.

Alors, Marco, comme après l'émission tu auras un peu abusé du mousseux tiède et que demain tu ne t'en souviendras plus, je vais d'ores et déjà te souhaiter de tout cœur : que la force soit avec toi !

« *Et pour terminer ce flash d'information, allons prendre des nouvelles du trafic routier en direct du PC de Rosny-Sous-Bois...* »

Le chauffeur de taxi, indifférent aux tueries bagdadiennes trente secondes plus tôt, augmente le volume de son autoradio pour mieux écouter un gradé de la gendarmerie annoncer que la circulation est fluide sur le boulevard périphérique parisien.

Ce type doit vraiment être un inquiet, car nous roulons sur le périph, il est près de deux heures du matin et il lui suffit de regarder devant lui pour constater qu'il n'y a pas le moindre bouchon en vue.

Maintenant que le voilà rassuré sur l'état de la circulation, il décide de s'intéresser à moi. Après plusieurs regards à la dérobée dans son rétroviseur, il finit par me poser *LA* question, celle que j'ai entendu pendant deux ans dans les taxis nocturnes, au retour d'*On ne peut pas plaire à tout le monde*, à l'instant où, maquillé comme un travelo brésilien, épuisé par ces deux heures trente de direct, j'observe machinalement les pubs gigantesques pour du matériel hi-fi japonais sur le toit des HLM de la porte de Saint-Ouen. Le chauffeur me regarde dans son rétro et me demande : « Alors, comment c'est la télé ? »

Comme la vie, monsieur, juste comme la vie.

TABLE

CARLIER LIBRE

UN AN DANS LE BOCAL

Composé par Nord Compo
à Villeneuve-d'Ascq

Achevé d'imprimer en février 2008
dans les ateliers de Normandie Roto Impression s.a.s.
61250 Lonrai
N° d'impression : 080574
Dépôt légal : mars 2008

Imprimé en France